Die hier erstmals zusammengestellten Dokumente aus den Jahren 1879–1880 sollen darauf hinweisen, daß der Universitäts-Antisemitismus, der dann 1933 zum offenen Ausbruch kam, eine lange Vorgeschichte hat, damals aber zum Scheitern verurteilt war, solange eine starke rechtsstaatliche und liberale Gruppe sich ihm zu widersetzen bereit war. Die hier vorgelegten Dokumente zeigen aber auch, daß der Antisemitismus nicht ein isoliertes, erschreckendes Phänomen innerhalb einer sonst intakten Gedankenwelt war. Er erweist sich als eng verschwistert mit einer ganzen Fülle anderer Anti-Gefühle, denn es geht nicht nur gegen die Juden, sondern deutlich auch gegen den Liberalismus, gegen die Bildung, gegen den Sozialismus, gegen die Aufklärung, gegen den Unglauben, gegen die Strafrechtsreform, gegen die Emanzipation.

insel taschenbuch 1098

Der Berliner Antisemitismusstreit

Der Berliner Antisemitismusstreit

Herausgegeben von Walter Boehlich

Insel Verlag

Der Text folgt der Ausgabe: Der Berliner Antisemitismusstreit.
Herausgegeben von Walter Boehlich. sammlung insel 6.
Insel Verlag Frankfurt am Main 1965.
Das Nachwort dieser Ausgabe wurde vom Herausgeber überarbeitet und erweitert.
Umschlagabbildung: Treitschke vor seinen Hörern (1879).
Bildarchiv Preussischer Kulturbesitz.

insel taschenbuch 1098
Erste Auflage 1988

Vertrieb durch den Suhrkamp Taschenbuch Verlag
Umschlag nach Entwürfen von Willy Fleckhaus
Druck: Nomos Verlagsgesellschaft Baden-Baden
Printed in Germany

1 2 3 4 5 6 — 93 92 91 90 89 88

Inhalt

Heinrich von Treitschke, Unsere Aussichten

Unterdessen arbeitet in den Tiefen unseres Volkslebens eine wunderbare, mächtige Erregung. Es ist als ob die Nation sich auf sich selber besänne, unbarmherzig mit sich in's Gericht ginge. Wer, wie der Schreiber dieser Zeilen, die letzten Monate im Auslande verlebte und nun plötzlich wieder eintritt in die stürmische deutsche Welt, der erschrickt fast vor diesem Erwachen des Volksgewissens, vor diesen tausend Stimmen, die sich unter einander entschuldigen oder verklagen. Der Hergang ist um so erstaunlicher, da er sich fast ganz unabhängig von der Presse vollzieht; denn noch nie sind unsere Zeitungen so wenig ein treues Spiegelbild der öffentlichen Meinung gewesen. Wenn man die Mehrzahl der deutschen Blätter durchmustert, so sollte man meinen, die liberalen Wunschzettel der sechziger Jahre und der naive Glaube an die unfehlbare sittliche Macht der »Bildung« beherrschten noch immer unser Volk. In Wahrheit steht es anders. Die wirthschaftliche Noth, die Erinnerung an so viele getäuschte Hoffnungen und an die Sünden der Gründerzeiten, der Anblick der zunehmenden Verwilderung der Massen, die mit der Verbreitung der Geheimkünste des Lesens und Schreibens mindestens gleichen Schritt hält, und nicht zuletzt das Gedächtniß jener Gräueltage vom Frühjahr 1878 – das Alles hat Tausende zum Nachdenken über den Werth unserer Humanität und Aufklärung gezwungen. Tausende fühlen, daß wir Gefahr laufen über unserem Bildungsdünkel den sittlichen Halt des Menschenlebens ganz zu vergessen. Während breite Schichten unseres Volks einem wüsten Unglauben verfallen, ist in anderen der religiöse Ernst, der kirchliche Sinn unverkennbar wieder erstarkt. Auf der evangelischen Generalsynode fiel manches häßliche zelotische Wort, die alte Theologensünde, die Gleichgiltigkeit gegen das positive Recht des weltlichen Staates, verrieth sich in einzelnen unerfreulichen Beschlüssen; der hoffentlich unausführbare Versuch, die theologischen Facultäten der kirchlichen Parteiherrschaft zu unterwerfen, erregte gerechtes Befremden; aber Eines haben diese Verhandlungen auch den Gegnern bewiesen: daß diese Kirche noch lebt, daß sie eine wirksame Macht ist, festgewurzelt im Volke, voll sittlichen Ernstes und keineswegs arm an geistigen Kräften.

Das erwachte Gewissen des Volks wendet sich vornehmlich gegen die weichliche Philanthropie unseres Zeitalters. Recht als ein Zeichen der Zeit erschien in den letzten Wochen die Schrift von O. Mittelstädt »Gegen die Freiheitsstrafen« – ein kräftiger Protest wider jene Verhätschelung und Verzärtelung der Verbrecher, welche unsere Zuchthäuser übervölkert hat und zur Grausamkeit gegen die rechtschaffenen Leute wird. Warum ist diese streng sachlich gehaltene Schrift bereits durch Entrüstungsmeetings und grimmige Verachtungsresolutionen der radikalen Parteien beantwortet worden? Weil die Helden der philanthropischen Phrase im Stillen fühlen, daß der tapfere Verfasser, obwohl seine Sätze im Einzelnen sich vielfach bestreiten lassen, im Wesentlichen doch nur ausspricht was Hunderttausende denken. Der ganze Zug der Zeit drängt dahin, daß die unerbittlich strenge Majestät des Rechts in unseren Gesetzen wie in ihrer Handhabung wieder zur vollen Anerkennung gelangen muß.

Unter den Symptomen der tiefen Umstimmung, welche durch unser Volk geht, erscheint keines so befremdend wie die leidenschaftliche Bewegung gegen das Judenthum. Vor wenigen Monaten herrschte in Deutschland noch das berufene »umgekehrte Hep Hep Geschrei«. Über die Nationalfehler der Deutschen, der Franzosen und aller anderen Völker durfte Jedermann ungescheut das Härteste sagen; wer sich aber unterstand über irgend eine unleugbare Schwäche des jüdischen Charakters gerecht und maßvoll zu reden, ward sofort fast von der gesammten Presse als Barbar und Religionsverfolger gebrandmarkt. Heute sind wir bereits so weit, daß die Mehrheit der Breslauer Wähler – offenbar nicht in wilder Aufregung, sondern mit ruhigem Vorbedacht – sich verschwor unter keinen Umständen einen Juden in den Landtag zu wählen; Antisemitenvereine treten zusammen, in erregten Versammlungen wird die »Judenfrage« erörtert, eine Fluth von judenfeindlichen Libellen überschwemmt den Büchermarkt. Es ist des Schmutzes und der Roheit nur allzu viel in diesem Treiben, und man kann sich des Ekels nicht erwehren, wenn man bemerkt, daß manche jener Brandschriften offenbar aus jüdischen Federn stammen; bekanntlich sind seit Pfefferkorn und Eisenmenger die geborenen Juden unter den fanatischen Judenfressern immer stark vertreten gewesen. Aber verbirgt sich hinter diesem lärmenden Treiben wirklich nur Pöbelroheit und Geschäftsneid? Sind diese Ausbrüche eines tiefen, lang verhaltenen Zornes wirklich nur eine flüchtige Aufwallung, so hohl und grundlos wie einst die teutonische Judenhetze des Jahres 1819? Nein, der Instinkt der Massen hat in der That eine schwere Gefahr, einen hochbedenklichen Schaden des neuen deutschen Lebens richtig erkannt; es ist keine leere Redensart, wenn man heute von einer deutschen Judenfrage spricht.

Wenn Engländer und Franzosen mit einiger Geringschätzung von dem Vorurtheil der Deutschen gegen die Juden reden, so müssen wir antworten: Ihr kennt uns nicht; Ihr lebt in glücklicheren Verhältnissen, welche das Aufkommen solcher »Vorurtheile« unmöglich machen. Die Zahl der Juden in Westeuropa ist so gering, daß sie einen fühlbaren Einfluß auf die nationale Gesittung nicht ausüben können; über unsere Ostgrenze aber dringt Jahr für Jahr aus der unerschöpflichen polnischen Wiege eine Schaar strebsamer hosenverkaufender Jünglinge herein, deren Kinder und Kindeskinder dereinst Deutschlands Börsen und Zeitungen beherrschen sollen; die Einwanderung wächst zusehends, und immer ernster wird die Frage, wie wir dies fremde Volksthum mit dem unseren verschmelzen können. Die Israeliten des Westens und des Südens gehören zumeist dem spanischen Judenstamme an, der auf eine vergleichsweise stolze Geschichte zurückblickt und sich der abendländischen Weise immer ziemlich leicht eingefügt hat; sie sind in der That in ihrer großen Mehrzahl gute Franzosen, Engländer, Italiener geworden – soweit sich dies billigerweise erwarten läßt von einem Volke mit so reinem Blute und so ausgesprochener Eigenthümlichkeit. Wir Deutschen aber haben mit jenem polnischen Judenstamme zu thun, dem die Narben vielhundertjähriger christlicher Tyrannei sehr tief eingeprägt sind; er steht erfahrungsgemäß dem europäischen und namentlich dem germanischen Wesen ungleich fremder gegenüber.

Was wir von unseren israelitischen Mitbürgern zu fordern haben, ist einfach: sie sollen Deutsche werden, sich schlicht und recht als Deutsche fühlen – unbeschadet ihres Glaubens und ihrer alten heiligen Erinnerungen, die uns Allen ehrwürdig sind; denn wir wollen nicht, daß auf die Jahrtausende germanischer Gesittung ein Zeitalter deutsch-jüdischer Mischcultur folge. Es wäre sündlich zu vergessen, daß sehr viele Juden, getaufte und ungetaufte, Felix Mendelssohn, Veit, Riesser u. A. – um der Lebenden zu geschweigen – deutsche Männer waren im besten Sinne, Männer, in denen wir die edlen und guten Züge deutschen Geistes verehren. Es bleibt aber ebenso unleugbar, daß zahlreiche und mächtige Kreise unseres Judenthums den guten Willen schlechtweg Deutsche zu werden durchaus nicht hegen. Peinlich genug, über diese Dinge zu reden; selbst das versöhnliche Wort wird hier leicht mißverstanden. Ich glaube jedoch, mancher meiner jüdischen Freunde wird mir mit tiefem Bedauern Recht geben, wenn ich behaupte, daß in neuester Zeit ein gefährlicher Geist der Ueberhebung in jüdischen Kreisen erwacht ist, daß die Einwirkung des Judenthums auf unser nationales Leben, die in früheren Tagen manches

Gute schuf, sich neuerdings vielfach schädlich zeigt. Man lese die Geschichte der Juden von Graetz: welche fanatische Wuth gegen den »Erbfeind«, das Christenthum, welcher Todhaß grade wider die reinsten und mächtigsten Vertreter germanischen Wesens, von Luther bis herab auf Goethe und Fichte! Und welche hohle, beleidigende Selbstüberschätzung! Da wird unter beständigen hämischen Schimpfreden bewiesen, daß die Nation Kants eigentlich erst durch die Juden zur Humanität erzogen, daß die Sprache Lessings und Goethes erst durch Börne und Heine für Schönheit, Geist und Witz empfänglich geworden ist! Welcher englische Jude würde sich je unterstehen, in solcher Weise das Land, das ihn schützt und schirmt, zu verleumden? Und diese verstockte Verachtung gegen die deutschen Gojim ist keineswegs blos die Gesinnung eines vereinzelten Fanatikers. Keine deutsche Handelsstadt, die nicht viele ehrenhafte, achtungswerthe jüdische Firmen zählte; aber unbestreitbar hat das Semitenthum an dem Lug und Trug, an der frechen Gier des Gründer-Unwesens einen großen Antheil, eine schwere Mitschuld an jenem schnöden Materialismus unserer Tage, der jede Arbeit nur noch als Geschäft betrachtet und die alte gemüthliche Arbeitsfreudigkeit unseres Volkes zu ersticken droht; in tausenden deutscher Dörfer sitzt der Jude, der seine Nachbarn wuchernd auskauft. Unter den führenden Männern der Kunst und Wissenschaft ist die Zahl der Juden nicht sehr groß; um so stärker die betriebsame Schaar der semitischen Talente dritten Ranges. Und wie fest hängt dieser Literatenschwarm unter sich zusammen; wie sicher arbeitet die auf den erprobten Geschäftsgrundsatz der Gegenseitigkeit begründete Unsterblichkeits-Versicherungsanstalt, also daß jeder jüdische Poetaster jenen Eintagsruhm, welchen die Zeitungen spenden, blank und baar, ohne Verzugszinsen ausgezahlt erhält.

Am Gefährlichsten aber wirkt das unbillige Uebergewicht des Judenthums in der Tagespresse – eine verhängnißvolle

Folge unserer engherzigen alten Gesetze, die den Israeliten den Zutritt zu den meisten gelehrten Berufen versagten. Zehn Jahre lang wurde die öffentliche Meinung in vielen deutschen Städten zumeist durch jüdische Federn »gemacht«; es war ein Unglück für die liberale Partei und einer der Gründe ihres Verfalls, daß grade ihre Presse dem Judenthum einen viel zu großen Spielraum gewährte. Der nothwendige Rückschlag gegen diesen unnatürlichen Zustand ist die gegenwärtige Ohnmacht der Presse; der kleine Mann läßt sich nicht mehr ausreden, daß die Juden die Zeitungen schreiben, darum will er ihnen nichts mehr glauben. Unser Zeitungswesen verdankt jüdischen Talenten sehr viel; grade auf diesem Gebiete fand die schlagfertige Gewandtheit und Schärfe des jüdischen Geistes von jeher ein dankbares Feld. Aber auch hier war die Wirkung zweischneidig. Börne führte zuerst in unsere Journalistik den eigenthümlich schamlosen Ton ein, der über das Vaterland so von außen her, ohne jede Ehrfurcht abspricht, als gehöre man selber gar nicht mit dazu, als schnitte der Hohn gegen Deutschland nicht jedem einzelnen Deutschen in's tiefste Herz. Dazu jene unglückliche vielgeschäftige Vordringlichkeit, die überall mit dabei sein muß und sich nicht scheut sogar über die innern Angelegenheiten der christlichen Kirchen meisternd abzuurtheilen. Was jüdische Journalisten in Schmähungen und Witzeleien gegen das Christenthum leisten ist schlechthin empörend, und solche Lästerungen werden unserem Volke in seiner Sprache als allerneueste Errungenschaften »deutscher« Aufklärung feilgeboten! Kaum war die Emancipation errungen, so bestand man dreist auf seinem »Schein«; man forderte die buchstäbliche Parität in Allem und Jedem und wollte nicht mehr sehen, daß wir Deutschen denn doch ein christliches Volk sind und die Juden nur eine Minderheit unter uns; wir haben erlebt, daß die Beseitigung christlicher Bilder, ja die Einführung der Sabbathfeier in gemischten Schulen verlangt wurde.

Ueberblickt man alle diese Verhältnisse – und wie Vieles ließe sich noch sagen! – so erscheint die laute Agitation des Augenblicks doch nur als eine brutale und gehässige, aber natürliche Reaction des germanischen Volksgefühls gegen ein fremdes Element, das in unserem Leben einen allzu breiten Raum eingenommen hat. Sie hat zum Mindesten das unfreiwillige Verdienst, den Bann einer stillen Unwahrheit von uns genommen zu haben; es ist schon ein Gewinn, daß ein Uebel, das Jeder fühlte und Niemand berühren wollte, jetzt offen besprochen wird. Täuschen wir uns nicht: die Bewegung ist sehr tief und stark; einige Scherze über die Weisheitssprüche christlich-socialer Stump-Redner genügen nicht sie zu bezwingen. Bis in die Kreise der höchsten Bildung hinauf, unter Männern, die jeden Gedanken kirchlicher Unduldsamkeit oder nationalen Hochmuths mit Abscheu von sich weisen würden, ertönt es heute wie aus einem Munde: die Juden sind unser Unglück!

Von einer Zurücknahme oder auch nur einer Schmälerung der vollzogenen Emancipation kann unter Verständigen gar nicht die Rede sein; sie wäre ein offenbares Unrecht, ein Abfall von den guten Traditionen unseres Staates und würde den nationalen Gegensatz, der uns peinigt, eher verschärfen als mildern. Was die Juden in Frankreich und England zu einem unschädlichen und vielfach wohlthätigen Elemente der bürgerlichen Gesellschaft gemacht hat, das ist im Grunde doch die Energie des Nationalstolzes und die festgewurzelte nationale Sitte dieser beiden alten Culturvölker. Unsere Gesittung ist jung; uns fehlt noch in unserem ganzen Sein der nationale Stil, der instinctive Stolz, die durchgebildete Eigenart, darum waren wir so lange wehrlos gegen fremdes Wesen. Jedoch wir sind im Begriff uns jene Güter zu erwerben und wir können nur wünschen, daß unsere Juden die Wandlung, die sich im deutschen Leben als eine nothwendige Folge der Entstehung des deutschen Staates vollzieht, rechtzeitig erkennen. Da und dort bestehen jüdische Vereine gegen den Wucher, die im Stillen viel Gutes wirken; sie sind das Werk einsichtiger Israeliten, welche einsahen, daß ihre Stammgenossen sich den Sitten und Gedanken ihrer christlichen Mitbürger annähern müssen. Nach dieser Richtung ist noch viel zu thun. Die harten deutschen Köpfe jüdisch zu machen ist doch unmöglich; so bleibt nur übrig, daß unsere jüdischen Mitbürger sich rückhaltslos entschließen Deutsche zu sein, wie es ihrer Viele zu ihrem und unserem Glück schon längst geworden sind. Die Aufgabe kann niemals ganz gelöst werden. Eine Kluft zwischen abendländischem und semitischem Wesen hat von jeher bestanden, seit Tacitus einst über das odium generis humani klagte; es wird immer Juden geben, die nichts sind als deutsch redende Orientalen; auch eine specifisch jüdische Bildung wird immer blühen, sie hat als kosmopolitische Macht ihr gutes historisches Recht. Aber der Gegensatz läßt sich mildern, wenn die Juden, die so viel von Toleranz reden, wirklich tolerant werden und einige Pietät zeigen gegen den Glauben, die Sitten und Gefühle des deutschen Volks, das alte Unbill längst gesühnt und ihnen die Rechte des Menschen und des Bürgers geschenkt hat. Daß diese Pietät einem Theile unseres kaufmännischen und literarischen Judenthums vollständig fehlt, das ist der letzte Grund der leidenschaftlichen Erbitterung von heute. –

Ein erfreulicher Anblick ist es nicht, dies Toben und Zanken, dies Kochen und Aufbrodeln unfertiger Gedanken im neuen Deutschland. Aber wir sind nun einmal das leidenschaftlichste aller Völker, obgleich wir uns selbst so oft Phlegmatiker schalten; anders als unter krampfhaften Zuckungen haben sich neue Ideen bei uns noch nie durchgesetzt. Gebe Gott, daß wir aus der Gährung und dem Unmuth dieser ruhelosen Jahre eine strengere Auffassung vom Staate und seinen Pflichten, ein gekräftigtes Nationalgefühl davontragen.

15. November 1879

Manuel Joël, Offener Brief an Herrn Professor Heinrich von Treitschke

Herr Professor!

Sympathisch berührte mich der erste Satz eines längeren Citats aus Ihrer jüngsten Arbeit, mit welchem die »Schlesische Zeitung« uns bedacht hat. Sie sagen mit gewohnter ergreifender Rhetorik: »Es arbeitet in den Tiefen unseres Volkslebens eine wunderbare, mächtige Erregung. Es ist, als ob die Nation sich auf sich selber besänne, unbarmherzig mit sich in's Gericht ginge«. Es ist wahrlich einer edlen Nation würdig, sobald Schäden auf die Oberfläche kommen, in die eigenen Tiefen hinabzusteigen, um durch Selbsterkenntniß Heilung herbeizuführen. Aber Sie können Sich von meiner schmerzlichen Enttäuschung keine Vorstellung machen, als ich die Resultate des unbarmherzigen Gerichts, welches die deutsche Nation nach Ihrer Meinung an sich selbst vollzieht, bei Ihnen angegeben fand. Es ist mir wahrlich nicht spaßig zu Muthe, aber Sie wissen, daß auch der Schmerz bisweilen zu einem Spaße drängt. Wissen Sie, woran Ihr Ergebniß mich erinnert? An die bekannte Geschichte, nach welcher eine in ihrem Gewissen beunruhigte Dame lange über die Buße nachdachte, die sie sich auferlegen könnte, bis sie dann nach Verwerfung aller übrigen Sühnmittel auf den glücklichen Gedanken kam: Ich werde mein Gesinde ein paar Tag lang fasten lassen.

Machen Sie es anders? Sie schaffen sich einen Sündenbock, die Juden, Sie sagen, der große Sünder ist gefunden, und das unbarmherzige Gericht, das die Nation an sich üben sollte, üben Sie an einem winzigen Bruchtheil derselben, dem Sie nicht einmal die Ehre der Zugehörigkeit zur deutschen Nation einräumen wollen.

Wahrlich, das heißt eine edle Nation irre leiten, nicht zur Einkehr bringen, wie Sie es doch wollen. So spricht nicht ein Historiker, sondern ein Pamphletist. Sie gehören zu den Männern, die mit dem Herzen schreiben, und das giebt Ihrer

Schreibweise etwas Packendes, aber das *pectus* ist doch ein gefährlicher Führer, es macht leidenschaftliche Rhetoren, aber keine Lehrer der Wahrheit. Sie haben darin große Aehnlichkeit mit dem von Ihnen geschmähten Börne. Ihr Patriotismus braucht sich nicht zu schämen, neben den eines Börne gestellt zu werden. Börne liebte sein deutsches Vaterland mit einer Gluth, die selbst in seinen Scheltworten lodert. Aber Börne ist dennoch mein Mann nicht. Und wissen Sie warum? Aus demselben Grunde, aus dem auch Sie mein Mann nicht sind. Wie man gesagt hat: *Timeo virum unius libri,* so fürchte ich Alle, die von einer Idee, und sei es auch die edelste, so besessen sind, daß sie für Anderes absolut kein Auge haben. Börne war ein Monomane der Freiheit, auch Sie sind ein Monomane, ein Monomane der nationalen Idee. Sie sind der Letzte, der die im Eifer für seine Idee von Börne vorgebrachten Ungehörigkeiten mit »schamlos« bezeichnen dürfte. Waren Sie denn so decent, als Sie, ein geborener Sachse, 1865 schrieben: »Wer weiß, in welcher Felsenspalte der sächsischen Schweiz man die dareingeworfene Krone des Hauses Wettin suchen müßte«? Ich gestehe, daß, so sehr ich damals auf Ihrer Seite stand, – erschrecken Sie nicht, ich meine nur mit meiner preußischen Gesinnung – ich ein solches Wort über sein angestammtes Königshaus von einem geborenen Sachsen für unpassend hielt. Sie scheinen wirklich mit Schopenhauer, dem philosophischen Thersites, zu glauben, daß die Abwesenheit oder Anwesenheit der verecundia sich blos nach der Unbeholfenheit oder Eleganz des Ausdruckes richtet. Doch nein, das glauben Sie nicht. Aber Sie sind ein Feuerkopf alias Fanatiker, der alles versengen möchte, was der ihn beherrschenden Idee wirklich oder vermeintlich in den Weg tritt. Nur so kann ich es mir erklären, daß ein Mann von Ihrer Gelehrsamkeit und Ihren Talenten bei der Losung: Hie Lessing! Hie Marr! sich für Marr entscheidet. Denn das glauben Sie doch wohl selbst nicht, daß Ihre Verwahrung gegen die Rohheit der Judenhetzer uns beruhigen kann, daß es uns etwa blos darum zu thun ist, statt im Rothwälsch der Pöbelsprache, in elegantem Professorendeutsch abgethan zu werden. Ja, nur aus Ihrer Eigenthümlichkeit kann ich es mir erklären, daß Sie, ein Professor von ungewöhnlicher Begabung, da keine Antwort finden, wo jeder Handwerker sie finden könnte. Sie sagen: »Über die Nationalfehler der Deutschen, der Franzosen und aller anderen Völker durfte Jedermann ungescheut das Härteste sagen, wer sich aber unterstand, über irgend eine unläugbare Schwäche des jüdischen Charakters gerecht und maßvoll zu reden, ward sofort fast von der gesammten Presse des Landes als Barbar und Religionsverfolger gebrandmarkt«. Lassen wir einmal die »Gerechtigkeit«, das »Maß« und die »Brandmarkung« als thatsächlich gelten, ist es nicht erstaunlich, daß ein Historiker so etwas registriert, ohne sich selbst die Antwort darauf zu geben? Sehen Sie, damit verhält es sich so. Wenn Herr Tissot die große deutsche Nation angreift, so ist das, um bei dem vulgären Sprüchwort zu bleiben, wie wenn der Hund den Mond anbellt. Und mit Verlaub, wenn Sie, Herr Professor, Artikel gegen die Franzosen schreiben, so bleibt Paris Paris. Ihre geistreichen Aufsätze haben keine Bresche in die Pariser Festungsmauern gemacht, das haben die Kanonen des Kaisers Wilhelm geleistet, nachdem er mit seinem Heere erst Wunder der Tapferkeit gethan. Und mit diesen mächtigen Nationen stellen Sie in Parallele eine vor nahezu 2000 Jahren – denken Sie 2000 Jahren – zerschlagene Nationalität, deren Nachkommen national zu den verschiedensten Völkern gehören und die verschiedensten Sprachen und Sitten aufweisen, die nichts mit einander gemein haben als die gleiche Religion und die durch solche »gerechte und maßvolle« Beurtheilungen ihrer »unläugbaren Schwächen« mit aller Gewalt als Sonderkörper, als Abscesse im nationalen Organismus sollen bezeichnet und bewahrt werden. Glauben Sie mir, der kleine Theil der Presse – in Ihre Sprache übersetzt heißt das »fast die gesammte Presse des Landes«, – der kleine Theil der Presse, der solche »Gerechtigkeit« als »Barbarei brandmarkte«, war mehr von Lessings Geiste beseelt als Sie, der Sie die großen deutschen Namen mit solcher Emphase im Munde führen. Doch ich muß leider noch etwas mehr in's Einzelne eingehen.

Den Schmerz, »daß breite Schichten unseres Volkes dem Unglauben verfallen sind«, theile ich mit Ihnen. Sie lieben die Religion und ich bin ein Lehrer der Religion, urtheilen Sie, ob ich in diesem Stücke mit Ihnen sympathisire. Wenn Sie aber zu verstehen geben, daß die jüdische Haltung gegenüber dem Christenthume eine Mitschuld trägt an dem heute verbreiteten Unglauben, so muß ich Ihnen sagen, daß ich für Sie nicht blos als Menschen, sondern auch als Historiker erröthe. Also Sie wissen nicht, aus welcher Quelle in Deutschland der Unglaube geflossen? Auf die Gefahr hin, daß Sie als gewohnte jüdische Anmaßung bezeichnen werden, wenn ich es wage, einen Professor der Historie auf seinem Gebiete zu belehren, werde ich historisch. Nicht von Kant, wie man wohl fälschlich sagt, mit dessen Lehren aber die edelste Frömmigkeit sich verträgt, sondern von Hegel fing das Spiel an. Sein sogenannter Pantheismus war ein verschleierter Atheismus, sein System eine heidnische Theogonie, bei der freilich keine Götter geboren wurden, sondern sich selbst vergötternde Menschen. Und diese sich selbst vergötternden Menschen nannte man das »junge Deutschland«, welche das Geheimniß des Lehrers unter die Leute brachten. Es ist wahr, daß die Hegel'sche Philosophie, als ihr wahres Gesicht erschaut wurde, in Deutschland ihren Credit verlor, aber leider nicht, um einer Gott zugewendeten Philosophie Platz zu machen, sondern um zu einer verbesserten Auflage des *système de la nature* zu führen. Haben dabei wirklich die Söhne der »hosenverkaufenden jüdischen« Menschen so beträchtlich mitgewirkt? Haben die Eltern von Feuerbach, Moleschott, Vogt u. s. w. mit Hosen gehandelt? Oder ist der Fanatiker des Atheismus, Schopenhauer, ein Jude gewesen?

Wissen Sie, was er war? In der Judenfrage tiefer blickend als Sie. Weil er die Gottesidee bitter haßte, darum haßte er ebenso bitter »die Schweizergarde des Theismus« die Juden. Ebenso scheinen Sie der Wirksamkeit Straußen's, von Hartmann's und andererseits Häckel-Darwin's weniger Einfluß beizumessen als dem Witze der jüdischen Literaten, deren Namen Sie selbst vielleicht anzugeben in Verlegenheit wären. Daß ich es für frech halte, wenn ein jüdischer Literat das Christenthum bewitzelt, dürfen Sie mir glauben. Aber die tiefe Quelle des Uebels unberührt lassen und vereinzelte Tactlosigkeiten jüdischer Scribenten in dunkeln Andeutungen denunciren, ist, ich muß es leider wiederholen, nicht Sache eines Historikers, sondern eines Pamphletisten.

Wollen Sie ernste Selbstprüfung, so will ich Ihnen dazu verhelfen. Sie treten als frommer und kirchlich gesinnter Mann auf. Wahrlich, ich bin der Letzte, der das nicht lobenswerth finden sollte. Aber warum acceptiren Sie dann die Argumente des Atheismus gegen die Juden? Ein wirklich frommer und kirchlich-gesinnter Christ, der nicht blos aus Staatsraison fromm ist, kann nicht wegwerfend über die Semiten reden. Er erinnert sich, daß beide Bibeln semitischen Ursprungs sind, daß die höchsten Lehrer der Christenheit Semiten waren. Er kann unmöglich denken, daß der germanische Geist so unverträglich mit dem semitischen ist, wenn er erwägt, daß man unter dem germanischen Geist gegenwärtig ja nicht den Geist Hermann des Cheruskers versteht, sondern daß dieser Geist vertieft worden ist durch Aufnahme des Christenthums, daß dieser Geist jetzt einherbraust mit der gedoppelten Kraft des alten Germanenthums und des von ihm organisch seinem Wesen assimilirten Christenthums, das doch historisch und menschlich betrachtet semitischen Ursprungs ist. Oder glauben Sie, daß Luther, Lessing und andere Heroen des germanischen Geistes keinen biblischen und, wie ein Historiker doch nun einmal sagen muß, semitischen Geistesfunken in sich hatten?

Wie Ihre Rhetorik Sie zu Übertreibungen führt, ist aus folgendem, nehmen Sie mir die Bezeichnung nicht übel, lächerlichen Ausrufe zu ersehen: »Wir haben erlebt, daß die Beseitigung christlicher Bilder, ja die Einführung der Sabbathfeier in gemischten Schulen verlangt wurde.« Also weil in ein Paar Orten die jüdischen Gemeinden ihre besonderen Schulen zu Gunsten einer gemeinschaftlichen aufgaben und dabei mit den städtischen Behörden eine gewisse Rücksicht in der Stundenlegung für jüdische Lehrer und Schüler vereinbarten, ohne daß dem Schul-Unterrichte am Sabbath irgendwie Abbruch geschah, sprechen Sie von einem Erlebniß, als handelte es sich um die Judaisirung von Europa. »Hört es, Ihr Völker Alle!«

Wenden wir uns aber im Ernste zu den Völkern. Sie scheinen auf Ihrer Reise gemerkt zu haben, daß unser edles Land bei den Culturvölkern Europa's durch die Judenhetzer lächerlich gemacht wird, daß die Marr, die Stöcker u. s. w. nicht gerade zur Erhöhung unseres nationalen Ruhmes beitragen. Da rufen Sie den Völkern zu: »Ihr kennt uns nicht, Ihr lebt in glücklicheren Verhältnissen, Eure Juden, das sind ganz andere Juden«. Herr Professor! Wie kommen Sie dazu, der rumänischen Intelligenz ihre besten Sachen zu nehmen? Den Theil Ihrer Rede kennt man in London und Paris schon seit Jahren auswendig. Wollen Sie es als Historiker beschwören, daß der elsässische Jude in »spanischen« Erinnerungen schwelgt, daß sein Bildungsniveau höher ist als das der Juden im übrigen Deutschland? Nun, und warum hat sich denn in Frankreich zur Zeit, als das Elsaß noch dahin gehörte, kein Treitschke'scher Schmerzensschrei erhoben zu dem Zwecke, die Juden aus ihren Menschenrechten zu drängen? Warum? Darauf haben Sie eine Antwort, die ich Ihnen unmöglich ungeprüft durchgehen lassen kann.

Sie sagen: »über unsere Ostgrenze aber dringt Jahr für Jahr aus der unerschöpflichen polnischen Wiege eine Schaar strebsamer hosenverkaufender Jünglinge herein, deren Kinder und Kindeskinder dereinst Deutschlands Börsen und Zeitungen beherrschen sollen. Die Einwanderung wächst zusehends, und immer ernster wird die Frage, ob wir dies fremde Volksthum mit dem unseren verschmelzen können«.

Ich weiß nicht, aus welchem statistischen Material Sie diese Masseneinwanderung östlicher Juden geschöpft. Einstweilen erkläre ich Ihnen, daß Sie, wie häufig, *in majorem gloriam* übertreiben. Die Zunahme der jüdischen Bevölkerung in Deutschland ist durchaus nicht so massenhaft, wie Sie es schildern. Der polnische Jude, wenn er geht, geht mindestens ebenso häufig nach England, nach Frankreich, nach Amerika. Und gesetzt der Satz, der nicht bewiesen ist, wäre bewiesen, wie steht es mit Ihrer weiteren Behauptung: »Wir Deutschen aber haben es mit jenem polnischen Judenstamme zu thun, dem die Narben vielhundertjähriger christlicher Tyrannei sehr tief eingeprägt sind; er steht erfahrungsmäßig dem europäischen und namentlich dem germanischen Wesen ungleich fremder gegenüber...? Ich setze dem entgegen: Ihre Erfahrung ist falsch. Der *polnische* Jude, das ist der *deutsche* Jude, der einst nach Polen getrieben worden. Wie zähe er an seinem Deutschthum festhielt, beweist der überraschende Umstand, daß die Juden in Polen und Rußland noch bis heutigen Tages deutsch, natürlich verdorbenes Deutsch reden. Sie haben mit rührender Treue immer wenigstens einen schmalen Verbindungscanal bis zu den Quellen deutscher Bildung sich offen gehalten. Und ich frage ferner: Wenn, wie Sie sich ausdrücken, »vielhundertjährige christliche Tyrannei« etwas an den Juden verschuldet, wie stimmt das mit Ihrem Gerechtigkeitssinn, daß die Nachkommen der Mißhandelten die Sünden ihrer Peiniger büßen müssen? Interpretiren Sie das für die Weltgeschichte ja gewiß bitter wahre biblische Wort: »Er sucht die Sünden der Väter heim an den Kindern«, dahin, daß die Kinder büßen müssen, was anderer Leute Väter gesündigt?

Das ganze Gerede übrigens von der Schwierigkeit der Verschmelzung ist professoraler Doctrinarismus. Daß wir hierländische Juden Orientalen sind, ist gerade so wahr, wie daß die heutigen Deutschen Asiaten sind. Wir sollen fremd sein, weil unsere Väter vor 1800 Jahren muthmaßlich in Palästina gewesen. Ich sage muthmaßlich, weil es bekanntlich schon große jüdische Gemeinden vor der Entstehung des Christenthums in Europa gab, ja diese Thatsache die Verbreitung des Christenthums erst möglich machte. Damals hätte es Herrn Marr gelohnt, gegen die Juden vorzugehen, er hätte gleich das Christenthum mit erstickt. Kann denn Herr von Treitschke angeben, wo seine Väter vor 1800 Jahren waren? Wollen Sie, Herr Professor, einen körperlichen Eid leisten, daß Sie ein wirklicher Nachkomme der Germanen sind, die einst in den deutschen Eichenwäldern gelebt? Ich glaube nicht, daß Ihr Familienname damals bei den Germanen schon vorkommt. Baut sich denn eine heutige, eine moderne Nationalität aus lauter Menschen von gleicher Abstammung auf? Wollen Sie jedem Deutschen das Bürgerrecht versagen, dessen Backenknochen bezeugen, daß er von Mongolen stammt? Sind die Engländer keine große Nation, weil sie ein Mischvolk sind, ja sind sie nicht vielleicht gerade darum eine so große Nation? Friedrich Wilhelm der Große, gesegneten Andenkens, der Schöpfer der preußischen und mittelbar der deutschen Größe, wußte, daß die Franzosen keine Deutschen seien, und daß die Juden von Abraham stammen, aber darum nahm er wie die französische Refugié's, so auch die einst aus der Mark vertriebenen Juden wieder auf. Wollen Sie, Herr von Treitschke, uns Altpreußen wirklich als Preuße erscheinen, so ahmen Sie die preußischen Heroen, nicht die Krakehler nach. Sie scheinen ja ohnehin die »Menschenmäkelei« nicht consequent zu betreiben. Sie sprechen ja sogar von Ihren »jüdischen Freunden«, von denen Sie merkwürdiger Weise voraussetzen, Sie würden Ihre Predigt gegen »jüdische Ueberhebung« in dem Momente für opportun finden, wo eine Preßverfolgung der ekelhaftesten Art, wie Sie selbst zugeben, gegen die Juden eingeleitet ist. Aber welchen Werth diese Voraussetzung hat, beweist die Thatsache, daß Sie sogar den Ekel, den Sie empfinden, gegen die Juden verwenden. Sie sagen: »Leider ist des Schmutzes und der Rohheit nur allzuviel in diesen Kreisen, und man kann sich des Ekels nicht erwehren, wenn man bemerkt, daß manche jener Brandschriften offenbar aus jüdischen Federn stammen«. Manche! Wollen Sie uns nicht angeben, wie viel ungefähr von den ungezählten und ungemessenen Artikeln und Broschüren, die uns moralisch vernichten sollen, von Juden verfaßt sind? Ich gestehe, daß mir für den Glauben an so etwas die nöthige Phantasie fehlt und überlasse Ihnen das *onus probandi*. Und wie schnell Sie diesen Ekel überwinden, was für eine kerngesunde Natur Sie haben! Kaum haben Sie Ihrer sittlichen Entrüstung einen wohl abgerundeten Ausdruck gegeben, so sind Sie ängstlich, man könnte am Ende meinen, daß sich »hinter diesem lärmenden Treiben wirklich nur Pöbelrohheit und Geschäftsneid« verbirgt. Dieser Supposition muß gesteuert werden. 1819 meinen Sie, ja da war es Rohheit, aber 1879 – lächerlich! Erlauben Sie, daß auch ich zu Worte komme. Wenn Sie unter »Pöbel« das in treuem Fleiße arbeitende Volk meinen, so gebe ich Ihnen Recht. Das Volk ist unschuldig an der Judenhetze, muß vielmehr, wie zu alten Zeiten, zum Hasse erst abgerichtet werden. Der Judenhaß war stets ein Giftstoff, der *absichtsvoll* von den Fanatikern sei es der Religion, sei es einer Doctrin, und von denen, die sich um des Vortheils willen Ihnen zu Diensten stellten, eingeimpft wurde. Wie einst unter den Westgothen in Spanien die Juden unangefochten lebten, Aemter bekleideten und Kriegsdienste verrichteten, bis diese Duldsamkeit künstlich zerstört und die berüchtigte westgothische Gesetzgebung gegen die Juden ausgesonnen wurde, so war es *immer*. Daher die Erscheinung, daß heute, wo das Volk nicht mehr ganz Heerde ist, weder Bürger noch

Arbeiter mit den »gebildeten Hetzern« gleichen Schritt halten können. Was Sie vom »Instinct der Massen« sagen, ist rhetorischer Schnickschnack. Die Masse hat, wenn man sie nicht verführt, den Instinct, daß der Jude an Humanität seinem christlichen Mitbürger nicht nachsteht.

Es hieße ein Mißtrauen in Ihr publicistisches Geschick setzen, wollte man bezweifeln, daß Sie auch die Glagau'schen Lorbeeren sich um das Haupt winden und das Gründerunwesen ins Gefecht führen würden, das Unwesen, an dem »auch das Semitenthum einen großen Antheil hatte«. Für einen Historiker ist hier der Ausdruck »Semitenthum« lächerlich, da das altjüdische Semitenthum gar keinen Handelsgeist hatte und lieber seinen Acker bebaute. Wie die Juden zum Handel kamen, werde ich doch einem Professor der Geschichte nicht erst expliciren dürfen. Ich zweifle nicht, unter den Gründern waren viel Juden aus dem einfachen Grunde, weil unter den Juden viele Kaufleute sind. Aber ich zweifle ebenso wenig, daß ein Theil derselben mit noch mehr Geneigtheit Präsidenten, Regierungsräthe, Stabsoffiziere, Posträthe u. s. w. werden würden, wenn man sie dazu machte. Etwas muß doch der Mensch sein dürfen. Und meinen Sie wirklich, daß das Vaterland keinen Nutzen hat von der Handelsthätigkeit der Juden? Ich bin kein Nationalökonom, Herr Professor, aber so viel verstehe ich doch davon, um die Erhöhung an Macht zu begreifen, die ein Land erfährt durch eine große Zahl fleißiger und intelligenter Kaufleute. Daß gerade die Juden so materialistisch gesinnt seien, werde ich Ihnen so lange nicht glauben, als ich ihre Treue gegen die ererbte Religion gewahre. Glauben Sie denn, daß die Juden blos um des Genusses willen, von Ihnen abgekanzelt zu werden, Juden bleiben? Wahrhaftig, hier können Sie die »Schuhe abziehen«, hier ist heiliger Boden.

Da Sie aber einmal bei dem Gründerthum waren, wäre es vielleicht ohne Schaden gewesen, wenn Sie sich erinnert hätten, daß das »Semitenthum« in der Kammer – um im neudeutschen Jargon zu reden – eine gar weithallende Stimme gegen das Gründungsunwesen erhoben. Meiner unmaßgeblichen Meinung nach hätte Ihnen das mehr Ehre gemacht, als der Hymnus, den Sie anstimmen, daß in Breslau Männer wie Lasker und Freund gerade als Juden nicht gewählt worden seien. Diese Ehrenmänner mögen Ihnen nicht sympathisch sein, aber als Patriot hätten Sie sich sagen müssen, daß in der weiten Welt der Name Lasker Deutschland mindestens so viel Ehre macht, wie der Ihrige. Für diesen Ausfall giebt es so wenig eine Rechtfertigung, wie für die famose Wendung, deren Sie sich später, nachdem Sie alles Mögliche gegen uns vorgebracht, bedienen: »Und wie Vieles ließe sich noch sagen«. O, wir zweifeln nicht daran, daß Sie aus der Rüstkammer der nach Tausenden von Bänden zählenden judenfeindlichen Schriften alten und neuen Datums noch gar vieles Sagbare herholen könnten.

Uebrigens können Sie sich beruhigen, Sie sagen ja genug. Einmal sogar etwas so Merkwürdiges, daß man an einen schlechten Spaß denkt. Da ist bei Ihnen der Satz zu lesen: »Kaum war die Emancipation errungen, so bestand man dreist auf seinem Schein«. Also ein *»Schein«* sollte der »Schein« bleiben nach Ihrer Ansicht? Die Juden hätten, wenn es nach Ihnen gegangen wäre, sagen müssen: Wir wollten das Ghetto nur im Princip zerstört wissen, im Uebrigen bleibt Alles beim Alten, das öffentliche Leben geht uns nichts an, wir behalten die Ghettodemuth, eingedenk der historisch ja wohl unanfechtbaren Thatsache, daß Titus uns für so und so viel Groschen als Kammerknechte verkauft hat. Und das hätten Sie gebilligt, Herr von Treitschke? Sie citiren den Tacitus, Ihren Bruder in Apollo. Warum aber schlagen Sie ihn nicht nach? Warum citiren Sie ihn, wie ich glaube, aus Fichte, der ein mächtiger, großer Denker war, aber unter allen deutschen Philosophen der am wenigsten gelehrte? Was der große Römer in seinem heidnischen Grolle gegen das von ihm unverstandene junge Christenthum sagt, es

seien seine Anhänger »überführt worden des Hasses gegen das ganze Menschengeschlecht«, das führen Sie gegen uns an und prunken mit dem Citat *odium generis humani*. Das ist eines so gelehrten Mannes, wie Sie sind, nicht würdig, das überlassen Sie den vielen Ignoranten, die in Judenhaß machen.
Ob es ferner wahr ist, daß die Juden eine zu große Herrschaft in der Presse haben, das kann ich wegen meiner fehlenden Beziehungen zur Presse nicht sagen. Philippson jedoch, dem ich mehr Objectivität und Sachkunde darin zutraue als Ihnen, Herr Professor, bestreitet das. Aus eigenem Wissen constatire ich, daß das Judenthum als solches in keinem politischen Journal auch nur mehr als die flüchtigste Rücksichtnahme erfährt. Daß es ein Judenthum in Deutschland gebe mit culturellen Einrichtungen u. s. w., das würde man, von den religiös-jüdischen Fachblättern abgesehen, fast nur aus ausgeschriebenen Vacanzen für Cultusämter ersehen. Sie citiren das Geschichtswerk von Grätz, um die Fehler des modernen Juden zu zeigen. Aber wir sind nicht identisch mit Grätz, so hoch wir auch seine wissenschaftlichen Verdienste anschlagen. Grätz hat die Fehler seiner Tugenden, er hat ein heißblütiges Temperament und ist durch Specialstudien über das jüdische Mittelalter etwas bitter. Was wollen Sie? Grätz hat auch *pectus* und Sie wissen, mit solchen Männern geht die Feder bisweilen durch. So viel Anklang sonst sein Geschichtswerk gefunden, gerade nach der Richtung, die Ihnen mißfällt, hat er uns Juden entschieden nicht aus der Seele gesprochen. Studiren Sie doch einmal die moderne jüdische Literatur, ich bin überzeugt, Sie werden milder urtheilen. Dagegen darf ich Ihnen Folgendes nicht vorenthalten. In den edelsten Büchern christlicher Gelehrten, namentlich auch Theologen, in Büchern, in denen ich mit Freuden lese, werden Sie die wegwerfendsten Bezeichnungen finden, so oft von Juden und Judenthum die Rede ist. Ich weiß schon, daß Sie staunen werden über diesen meinen kecken Vergleich. Wozu ist denn das Judenthum da, wenn nicht, um als Folie

zu dienen? Indeß daß *wir* mit dieser providentiellen Bestimmung, die man uns giebt, nicht ganz einverstanden sind, werden Sie vielleicht zugeben. Regt sich auch einmal bei uns ein Unmuth, so ist es wahrlich natürlich. Indeß, es ist das ein Capitel, über das zu reden »peinlich« ist, um Ihre Worte zu gebrauchen. Aber ich frage Sie: *quis tulerit Gracchos de seditione querentes.* Sie predigen uns Toleranz? Ist das nicht ein Hohn? Ich behaupte es dreist, daß ein jüdischer Prediger, der es wagen würde, intolerant gegen christliche Mitbürger zu werden, in ganz Deutschland nicht die Aussicht hätte, den kleinsten Rabbinatssitz zu bekommen. Es wage es einmal Einer bei uns in der Religionsstunde, Haß gegen Andersgläubige zu säen statt Liebe, er könnte sich sofort sein Ränzel schnüren. Wir haben Fehler wie alle Menschen, aber unsere Fehler sind gar nicht asiatisch, sondern sehr europäisch, gar nicht antik, sondern sehr modern.

Sie haben selbst gefühlt, Herr Professor, daß Ihre Expectorationen doch schließlich ein greifbares Ziel haben müssen. Man frägt: Was will Herr von Treitschke? Soll man uns austreiben? Soll man uns die »geschenkten« Menschenrechte – eine wundervolle Vorstellung vom Wesen des Rechts – soll man uns die »geschenkten Rechte« wieder nehmen? Nein, so etwas sagt ein eleganter Schriftsteller nicht, diese gröbere Arbeit überläßt man gröberen Leuten. Sie wollen uns nur ermahnen, tolerant zu sein und Ihre Gefühle zu schonen. Nun, wir haben auch Gefühle, der Jude ist sozusagen auch ein Mensch. Vielleicht kommt einmal ein Jahrhundert, wo selbst große Schriftsteller das einsehen.

Heinrich Graetz, Erwiderung an Herrn von Treitschke

Sie haben im Novemberheft der Preußischen Jahrbücher in einem politischen Artikel auch eine nur wenig in Baumwolle gewickelte Angriffswaffe gegen die Juden in Deutschland geschwungen. Ihr Artikel ist im Grunde nach gewissen nicht mißverständlichen Wendungen eine Anklage gegen die Gesammtjudenheit. Diese abzuwehren, ist aber nicht meine Aufgabe heute. Aber das kann ich nicht unterdrücken: Der Genius des deutschen Volkes möge Ihnen verzeihen, daß Sie das unüberlegte Wort ausgesprochen haben: Die Juden seien ein Unglück für das deutsche Volk. Sie stellen damit diesem Volke ein wenig schmeichelhaftes Zeugniß aus, das dieses in seiner Kernhaftigkeit mit Unwillen zurückweisen wird. Wie? 40 Millionen Deutsche sollen in Gefahr sein, von einer Handvoll Juden corrumpirt und entsittlicht zu werden? Es ist ein Schimpf, den Sie ihnen anthun, wie Sie überhaupt dieses Heldenvolk beleidigen, indem Sie ihm volles Nationalgefühl absprechen. Was sollen Franzosen und Russen dazu sagen? Auch der Genius der Menschheit möge Ihnen verzeihen, daß Sie in einer, wie Sie meinen, leidenschaftlich erregten Zeit mit diesem Schlagwort den Fanatismus der Menge gegen eine schwache Minorität zu schüren sich nicht scheuten. Glücklicherweise stehen die Sachen anders. Die Bewegung gegen die Juden ist keineswegs tief und groß. Zählen oder wägen Sie die judenfeindlichen Stimmen, denen Sie sich zugesellen – auch ohne Vergleich mit den judenfreundlichen – und Sie müssen finden, daß sie ebenso vereinzelt, wie wenig bedeutend sind. Der Ausfall der Nachwahl in Breslau ist keineswegs ein Symptom, sondern nur Folge eines verunglückten Wahlmanövers. – Doch das ist nicht meine Sache hier.

Nur als Historiker dem Historiker gegenüber will ich einige von Ihnen aufgestellte Motivirungen beleuchten. Sie berufen sich für ihre judenfeindliche Antipathie auf Tacitus' Ausspruch gegen Juden: *odium generis humani:* Sie sollten aber wissen, daß dieser einseitige römisch-aristokratische Geschichtsschreiber *diesen Ausdruck* nur von den Christen gebraucht, da, wo er von deren Verfolgung unter Nero erzählt: . . . *correpti (Christiani) haud perinde in crimine incendii, quam odio humani generis convicti sunt.* Sie behaupten ferner, die Juden des Westens und Südens (Sie nennen sie cavaliermäßig Israeliten) d. h. die in Frankreich, England und Italien wohnenden Juden sind deswegen edle Menschen und gute Patrioten, weil sie vermöge ihrer verhältnißmäßig stolzen Geschichte sich der abendländischen Weise ziemlich leicht eingefügt hätten, die Juden in Deutschland dagegen, vom polnischen Judenstamme, *»denen die Narben vielhundertjähriger christlicher Tyrannei eingeprägt* seien, stünden erfahrungsgemäß dem europäischen und namentlich dem germanischen Wesen ungleich fremder gegenüber«. Nehmen Sie es nicht übel, es ist ein historischer Schnitzer. Meine Geschichte, die Sie doch gelesen haben wollen, hätte Sie darüber eines Besseren belehren können. Abgesehen davon, daß die Mehrzahl der französischen Juden deutschen Ursprungs sind, haben die spanischen und portugiesischen Juden unendlich mehr und länger von der »christlichen Tyrannei« gelitten, als die polnischen. Diese haben von der Zeit ihrer Ansiedlung an bei Königen, Fürsten und auch beim Volke Duldung genossen. Erst im 17. Jahrhundert erlitten sie blutige Verfolgungen, aber nicht von den Polen, sondern von wilden Kosakenhorden. Judengemetzel wegen Hostienschändung und Christenkindermord kamen in Polen äußerst selten und Ausweisung niemals vor. Die Juden der pyrenäischen Halbinsel dagegen haben vom 14ten Jahrhundert an blutige Verfolgungen erlitten und diese endeten damit, daß ein großer Theil aus dem Lande gejagt und der kleinere mit empörender Grausamkeit zum Christenthum gezwungen wurde. Gegen diese wüthete bis ins 18. Jahrhundert hinein das Feuer der Scheiterhaufen und die Schmach des San Benito. Von diesem Geschlechte der Marranen, der gewaltthätig bekehrten Juden, entstammt die Mehrzahl der Israeliten des Südens und Westens, die sich in das europäische Wesen hineingelebt haben trotz der Narben vielhundertjähriger christlicher Tyrannei. Die aus Polen eingewanderten Juden aber

haben keine Narben mitgebracht, sie haben sich auch mehr germanisirt und sind ungleich patriotischer als die Wasserpolaken in Oberschlesien und andere slavische Stämme in Deutschland.
Auch Ihre Behauptung von der Einwanderung hosenverkaufender polnisch-jüdischer Jünglinge ist unrichtig. Statistiker werden Ihnen durch Zahlen belegen, wie wenig Juden gegenwärtig vom Osten nach Deutschland übersiedeln. In Galizien genießen die Juden thatsächlich die Gleichstellung voll und uneingeschränkt und verspüren wenig Lust zur Auswanderung; ihre intelligenten Söhne steigen nicht selten zum Offiziersrang auf; Rußland läßt keinen militärpflichtigen Jüngling über die Grenze. Woher kommen also die hosenverkaufenden Jünglinge? Sie sind in Ihrer statistischen Motivirung ebenso unglücklich, wie in der historischen. Doch dieses nur nebenher.
Hauptsächlich will ich hier meine eigene Sache vertreten. Sie haben meine »Geschichte der Juden« unverantwortlicher Weise als christenfeindlich angeklagt. Da ich nicht voraussetzen darf, daß alle edler denkenden Christen die zwölf Bände meiner Geschichte gelesen haben oder lesen werden und vielleicht Ihrer so entschieden ausgesprochenen Anschuldigung Glauben schenken könnten, so bin ich genöthigt, sie mit der Schärfe, welche das Bewußtsein der Unschuld eingiebt, in das rechte Licht zu setzen. Der von Ihnen gebrauchte Ausdruck, daß in meiner Geschichte eine fanatische Wuth gegen den *»Erbfeind«*, das Christenthum, enthalten sei, ist, parlamentarisch gesprochen, eine Illoyalität. Dieses von Ihnen unterstrichene Wort kommt in keinem Theile meiner Geschichte vor. Ich hatte es nicht mit der Gegenwart, sondern mit der Vergangenheit zu thun, ich hatte die tausendfachen, blutigen, unbarmherzigen Verfolgungen gegen meine Stamm- und Religionsgenossen zu erzählen und wollte sie der Wahrheit gemäß erzählen. Hätte ich die Geschichte fälschen sollen? Wenn Sie meine Geschichte der Juden gelesen

haben, so müssen Sie auch meine Darstellung vom Urchristenthum gelesen haben. Haben Sie da auch nur ein entfernt anstößiges Wort gefunden? Ich mußte allerdings auch von dem späteren Christenthum sprechen, von dem gefälschten Christenthum, dem Christenthum der Lieblosigkeit, der Herzenshärte, der Menschenschlächterei, welches das Wort seines Meisters von hingebender Menschenliebe, Milde und Demuth verläugnet hatte. Ich hatte die tausendfachen Leiden der Juden durch dieses Christenthum zu schildern, habe mit Gefühlswärme geschildert, und kein Blatt vor den Mund genommen. Wenn Sie selbst den Grund der Verfolgung der Juden *»christliche Tyrannei«* nennen, wie dürfte ich ihn verschweigen oder vertuschen, der ich aus den unmittelbaren Martyrologien geschöpft und gewissermaßen die Aussagen aus dem röchelnden Munde der zu Tode Verbluteten aufgefangen habe?

Illoyal ist Ihre vom Zaum gebrochene Anschuldigung gegen meine Geschichtsdarstellung, daß sie *»Todhaß* gerade wider die reinsten und mächtigsten Vertreter deutschen Wesens von Luther bis herab auf Goethe und Fichte« enthalte. Ich habe im Gegentheil die überwältigende Größe dieser Heroen ins rechte Licht gesetzt. Von Luther schrieb ich (Band IX, Seite 191 fg.): »Diese Natur war beherrscht von Gottdurchdrungenheit, von einer in dieser Zeit beispiellosen Hingebung an Gott und die Anforderung des Glaubens ... auch von einem fleckenlosen Wandel und wahrhafter Demuth!« Athmen diese Worte Todhaß? Aus Luthers kleiner Schrift: daß Jesus ein geborener Jude gewesen, zog ich einen Passus aus (S. 211), der recht zeitgemäß ist: »Unsere Narren, die Papisten ... haben bisher also mit den Juden verfahren, daß wer ein guter Christ gewesen, hätte wohl mögen ein Jud werden, und wenn ich ein Jude gewesen wäre und hätte solche Tölpel und Knebel das Christenthum regieren und lehren gesehen, so wäre ich eher eine Sau geworden, als ein Christ.« Durfte ich aber nach diesem verschweigen, was Luther 20 Jahre später in der Hitze des Kampfes gegen auftauchende Sectirer und gereizt durch eine anonyme polemische Schrift eines Unitariers (hinter der Luther einen jüdischen Autor vermuthet hatte) im Widerspruche mit seinen eigenen Worten Liebloses gegen Juden geschrieben und gepredigt hat? Er verlangte, daß man ihre Synagogen einriß, ihnen sogar die heiligen Schriften entziehe, ihre Häuser zerstöre, sie in einen Stall wie Zigeuner einsperre und noch viel Härteres. Sie werden doch nicht für Luther Unfehlbarkeit beanspruchen? Ist es überhaupt eines Historikers würdig, in der treuen Geschichtserzählung Blasphemie zu suchen?

Ebenso illoyal ist das, was Sie meiner Geschichte bezüglich Goethe's und Fichte's vorwerfen. Als zu Ende des vorigen Jahrhunderts die Juden in Frankreich und Holland bereits völlig gleichgestellt waren, und Dohm seine bahnbrechende Schrift zu Gunsten der Emancipation der Juden in Deutschland veröffentlicht hatte, handelte es sich in diesem Lande zunächst darum, ihnen die tief ins Fleisch schneidenden Fesseln zu lösen, den Leibzoll aufzuheben, der sie mit Schweinen in einen Rang stellte. Hätte man da nicht von den deutschen Kraftgeistern ein kräftiges Wort der Humanität erwarten sollen, wie es Klopstock gesprochen hatte? Aber statt dessen erwiesen sich Goethe und Fichte judenfeindlich. Ich sagte von ihnen: »Zwei Männer ersten Ranges, der größte Dichter und der größte Denker jener Zeit, Goethe und Fichte, beide zwar mit dem Christenthum zerfallen und als Atheisten geltend, verabscheuten nichtsdestoweniger die Juden im Namen Jesu«. Ist das »Todhaß«, wenn man die Thatsachen der Geschichte erzählt?

Was Sie sonst noch gegen mich bezüglich der von Börne und Heine ausgegangenen Veredelung der deutschen Prosa vorbringen, ist Geschmackssache. Darf man auch nicht von ihrem Einflusse auf den deutschen Stil sprechen, ohne sich den Vorwurf des »Todhasses« zuzuziehen?

Mit Ihrer Anklage gegen jüdische Überhebung von der Sie

so viel Redens machen, gehen Sie mit Lord Beaconsfield, gegenwärtig Ministerpräsident Ihrer britannischen Majestät, zu Gerichte. Kein jüdischer, noch so national gesinnter Literat der Gegenwart hat den stolzen Satz geschrieben, der in Disraeli's Schriften so oft vorkommt: »Sie können nicht eine reine Rasse von kaukasischer Organisation zerstören. Es ist ein physiologisches Factum, ein Naturgesetz, welches die egyptischen und assyrischen Könige, römische Kaiser und christliche Inquisitoren beschämt hat. Kein Strafgesetz, keine physische Tortur kann bewirken, daß eine höhere Rasse von einer niederen aufgesogen oder zerstört werde.« Rechten Sie mit Lord Beaconsfield oder mit einem Naturgesetz.

Zum Schlusse will ich Ihnen nur noch das eine Wort sagen. Sie nennen mich einen Fanatiker. Bei eingehender Selbstprüfung müßten Sie finden, wo der »Fanatiker« steckt.

7. Dezember 1879

Heinrich von Treitschke,
Herr Graetz und sein Judenthum

Als ich die letzte tagespolitische Uebersicht der Jahrbücher mit einigen Bemerkungen über das deutsche Judenthum abschloß, hegte ich keineswegs den Ehrgeiz, irgend etwas Neues zu sagen. Ich führte vielmehr nur einige Gedanken näher aus, welche ich schon vor acht Jahren in der vierten Auflage meiner historischen und politischen Aufsätze (III. 557) ausgesprochen habe. Die Bemerkung über das umgekehrte Hep-hep-Geschrei unserer Zeitungen, welche heute so viel Zorn erregt, findet sich schon dort; das Wiederholen gehört nun einmal zu den leidigen Pflichten des Publicisten. Meine Absicht war lediglich, zu zeigen, daß nicht blos Roheit, Neid, nationale und religiöse Vorurtheile an jener Bewegung schuld sind, welche heute unverkennbar unser gutmüthiges Volk ergriffen hat, sondern daß der wachsende Uebermuth eines

Theiles der deutschen Juden selbst in den Schichten der Nation, welche an der vollzogenen Emancipation kein Jota ändern wollen, schwere Besorgnisse und einen tiefen Unwillen hervorgerufen hat, dessen stetiges Anwachsen jeder nüchterne Beobachter unseres Volkslebens schon seit Jahren bemerken konnte. Wenn gleichwohl meine einfachen Worte einen Sturm von erbitterten Erklärungen heraufbeschworen haben, so wird damit nur bewiesen, daß die deutsche Judenfrage, deren Dasein man abzuleugnen sucht, in der That vorhanden ist.

Allen diesen Erwiderungen gemeinsam ist die vollendete Selbstgerechtigkeit; in keiner wird auch nur die Frage aufgeworfen, ob die Haltung des Judenthums selber nicht vielleicht doch einige Mitschuld trägt an dem Unfrieden des Augenblicks. Den meisten steht es überdies auf der Stirn geschrieben, daß ihre Verfasser sich nicht einmal die Mühe genommen haben, meine kurzen vier Seiten zu lesen und trotzdem sich berechtigt glaubten, auf Grund einiger von den Zeitungen herausgerissener Sätze, das ganze Füllhorn deutscher Entrüstungssuperlative über mich herabzuschütten. Ich begnüge mich, von dieser Thatsache Akt zu nehmen; sie liefert eine erwünschte Bestätigung und Ergänzung zu Allem, was ich über das jüdische Literatenthum gesagt, und – zu Allem, was ich aus Schonung verschwiegen habe. Da ich an meinen Behauptungen nichts zu mildern oder zurückzunehmen weiß, so will ich die Geduld der Leser nicht mißbrauchen und mich lediglich mit einer jener Erwiderungen befassen, mit dem offenen Briefe des Herrn Professors Graetz – nicht weil sich dies Schriftstück irgendwie durch Mäßigung vor den anderen auszeichnete, sondern weil mir die Betrachtung der Gedanken dieses Schriftstellers den willkommenen Anlaß giebt, unseren Lesern mit höchster Bestimmtheit zu zeigen, um was es sich in diesem Streite eigentlich handelt.

Zunächst einige Beweise für meine von Herrn Graetz angefochtenen Angaben. Ich habe daran erinnert, daß die jüdische Bevölkerung in Deutschland weit stärker ist als im übrigen Westeuropa und durch Einwanderung beständig wächst. Herr Graetz bestreitet dies und versichert, die Statistiker würden mich darüber belehren, daß die jüdische Einwanderung neuerdings abgenommen habe. Er hütet sich aber weislich, diese Statistiker zu nennen; denn bekanntlich bringen die amtlichen Tabellen schon seit vielen Jahren keine Angaben mehr über die Confession der Eingewanderten. Man ist also auf Wahrscheinlichkeitsrechnungen angewiesen, und selbstverständlich kommen bei der Beurtheilung eines wichtigen ethnographischen Prozesses nicht einzelne Jahre in Betracht, da jede wirthschaftliche Krisis die Zahl der einwandernden Geschäftsleute vorübergehend vermindern muß, sondern nur längere Zeiträume. Hier einige beredte Zahlen. Im Jahre 1871 betrug die jüdische Bevölkerung (nach der aus amtlichen Nachweisungen geschöpften Berechnung Morpurgo's) in Spanien 6000 Köpfe, in Italien 40 000, in Frankreich 45 000, in Großbritannien 45 000, im deutschen Reiche 512 000 (1875 bereits 520 575); heute leben in der einen Stadt Berlin fast ebenso viel Juden wie in ganz Frankreich. Die Zahl der Juden wächst aber bei uns unverhältnißmäßig schneller als die übrige Bevölkerung, obgleich Deutschland sich unter den Culturvölkern durch rasche Volksvermehrung auszeichnet. In Preußen wohnten im Jahre 1816 (nach den Mittheilungen des statistischen Bureaus) 123 921 Juden, 1846 schon 214 857 und 1875: 339 790. Im Jahre 1816 kam ein Jude auf 83 Einwohner des preußischen Staates, 1846 einer auf 75, obgleich während dieser drei Jahrzehnte 2891 Juden (d. h. $2^1/_3$ Procent der jüdischen Bevölkerung von 1816) zum Christenthum übertraten. Das Jahr 1867 zeigt dann einen scheinbaren Rückgang – 1 Jude auf 77 Einwohner – weil inzwischen die neuen Provinzen mit verhältnißmäßig geringer jüdischer Bevölkerung hinzugetreten waren. Aber schon 1871 stellt sich trotz der Annexionen das alte Verhältniß

1:75 wieder her; im Jahre 1875 folgt dann, wegen der wirthschaftlichen Nöthe, ein vorübergehendes geringfügiges Absinken auf 1:75,8. Im Großen und Ganzen ist die unverhältnißmäßig schnelle Vermehrung der jüdischen Bevölkerung seit 1816 unverkennbar. Sie erklärt sich nicht allein aus der bekannten Thatsache, daß bei den Juden die Zahl der Todesfälle etwas geringer und demnach der Ueberschuß der Geburten etwas größer ist als bei den durchschnittlich weniger wohlhabenden Christen; sie wird nur verständlich, wenn man das Vorhandensein einer starken jüdischen Einwanderung annimmt, und diese läßt sich in der That ziffernmäßig nachweisen für die Jahre, während deren die Confession der Eingewanderten noch amtlich mitgetheilt wurde.

Die Kopfzahl allein und ihre Vermehrung giebt aber noch keinen sicheren Anhalt zur Schätzung der socialen Machtstellung unseres Judenthums. Es kommt hinzu, daß die Juden aus den entlegenen Winkeln des Reichs mehr und mehr in die größeren Städte hinüberströmen, wo sie auf Handel und Wandel eine ungleich stärkere Einwirkung ausüben. In vielen Städten, die vor wenigen Jahrzehnten noch keine oder eine kaum nennenswerthe jüdische Bevölkerung besaßen, ist das Judenthum heute eine wirthschaftliche Macht; so in München, in Freiburg i. B. In Berlin befand sich im Jahre 1816 ein Jude unter 59 Einwohnern, 1846 einer unter 49, i. J. 1871 einer unter 22,8, heute höchstwahrscheinlich einer unter zwanzig. Es kommt ferner hinzu der durchschnittlich größere Wohlstand der Juden, der ihnen ermöglicht ihren Kindern eine bessere Erziehung zu geben als die Masse der Christen dies vermag. Auf den Gymnasien Preußens war i. J. 1875 ein Jude unter 9,5 Schülern, auf den Realschulen erster Ordnung einer unter 10,26. In einer nahen Zukunft wird sich also unter je zehn gebildeten preußischen Männern ein Jude befinden. Bedenkt man zudem den starken Einfluß der Juden auf die Presse und auf nahezu alle Schichten unserer Gesellschaft, betrachtet man den Charakter unserer Börsen und die Zusammensetzung des Central-Ausschusses der Deutschen Reichsbank, erwägt man die charakteristische Thatsache, daß das schönste und prächtigste Gotteshaus der deutschen Hauptstadt eine Synagoge ist – was natürlich nicht den Juden, sondern den Christen zum Vorwurfe gereicht – so läßt sich schlechterdings nicht in Abrede stellen, daß die Juden in Deutschland mächtiger sind als in irgend einem Lande Westeuropas.

Ich erinnerte ferner daran, daß jener spanisch-portugiesische Judenstamm, welcher den Kern der israelitischen Bevölkerung Westeuropas bildet, auf eine vergleichsweise stolze Geschichte zurückblickt, während unserem deutsch-polnischen Judenstamme die Narben vielhundertjähriger christlicher Tyrannei sehr tief eingeprägt sind. Was ich damit sagen wollte, ist jedem Unbefangenen klar. Die spanischen Juden haben unter der Herrschaft der Omejaden eine reiche Zeit literarischer Nachblüthe erlebt, bürgerliches Behagen und Ansehen genossen und sogar Kriegshelden hervorgebracht; sie empfanden nachher unter den christlichen Königen den namenlosen Jammer, aber auch die erhebende und begeisternde Macht des Martyriums. Den polnischen Juden wurde das zweifelhafte Glück einer in der Form milderen, in der Sache verderblicheren Willkürherrschaft. Sie traten, nachdem der sarmatische Adel die deutschen Bürger aus ihren alten Pflanzungen, den polnischen Städten, nahezu vertrieben hatte, in die also leer gewordenen Stellen ein, übernahmen manche Aufgaben eines nationalen Bürgerthums, das sich dort niemals bilden konnte, beherrschten den Geldverkehr, blieben in ihrer Religion und Sitte ziemlich unbelästigt; dafür wurden sie tagaus tagein von den Magnaten und Schlachtizen mit Füßen getreten. Weil ich nicht verletzen wollte, so vermied ich absichtlich, den Schluß aus diesen Thatsachen zu ziehen, sondern überließ den Lesern selbst zu schließen: daß eine vielhundertjährige Knechtung bei leidlichem wirthschaftlichen Wohlbefinden den Charakter eines

Volkes nothwendig schwerer schädigt als eine Geschichte voll großer Leiden und Kämpfe. Da nun unsere abendländische Geschichte trotz aller Verirrungen und Rückschläge im Wesentlichen eine Geschichte der Freiheit ist, so müssen die Marannen des Westens unserem Wesen näher stehen als der polnische Judenstamm. Dieser Unterschied zwischen den beiden großen Stämmen des modernen europäischen Judenthums wird allgemein anerkannt, selbst von einem so judenfreundlichen Historiker, wie der verstorbene H. Wuttke war. Auch Herr Graetz giebt den Unterschied zu, indem er beständig wider die aristokratischen Marannen eifert. Er stellt sich jedoch, als ob er meinen einfachen Gedankengang nicht verstände; er schiebt mir unter, ich wüßte nicht, daß die polnischen Juden milder behandelt worden seien als die spanischen – und was der Verdrehungen mehr ist.

Ich sagte sodann, eine vollständige Verschmelzung des Judenthums mit den abendländischen Völkern könne niemals ganz erreicht werden, nur eine Milderung des Gegensatzes lasse sich herbeiführen, da jener Gegensatz selbst in einer uralten Geschichte begründet sei. Ich erinnerte dabei an die bekannte Stelle des Tacitus vom *odium generis humani*. Nun kommt Herr Graetz, citirt die Stelle, die von den Christen redet, und behält natürlich in den Augen der ungelehrten Leser Recht. Jeder Historiker aber weiß – und Herr Graetz weiß es am Besten – daß das Christenthum bis auf Trajan als eine Sekte des Judenthums galt. In den Tagen des Nero, von denen Tacitus spricht, wurden die Christen häufig noch *Judaei* genannt, der Vorwurf des »Hasses gegen das Menschengeschlecht« richtete sich gleichmäßig wider die Altjuden und die Neujuden, die Christen. Die werdende Weltkirche fand ihren stärksten Anhang zunächst unter »den Juden und Judengenossen«, wie die Apostelgeschichte sagt; sie wurde dadurch einerseits gefördert, da die Juden überall im *orbis terrarum* zerstreut wohnten, andererseits gehemmt, da sie von dem wüthenden Nationalhasse der Römer gegen die

Juden mitgetroffen ward. Jene Stelle des Tacitus ist nie anders verstanden worden und kann auch gar nicht anders verstanden werden, als dahin, daß sie ein Zeugniß ablegt ebensowohl für den religiös-politischen Widerwillen des antiken Bürgerthums gegen die junge Weltreligion wie für den Judenhaß der Abendländer.

In diesem Judenhasse sind fast alle Schriftsteller des späteren Alterthums einig: Plinius, Quintilian, Tacitus, Juvenal und wie viele Andere. Die nämliche Empfindung lebte späterhin in sämmtlichen germanischen und romanischen Völkern; zu welchen Gräueln sie führte, das ist in der bekannten Schleiden'schen Flugschrift soeben wieder mit grellen Farben geschildert worden. Die Schrift des »christlichen« Botanikers wird mir von den Freunden des Herrn Graetz als ein leuchtendes Gegenbild vorgehalten. Leider ist aber Herr Schleiden dem gewöhnlichen Loose der in der Geschichte dilettirenden Naturforscher nicht entgangen: er zeigt neben einem achtungswerthen compilatorischen Fleiße einen vollständigen Mangel an historischem Sinn. Wer auch nur die Elemente unserer Wissenschaft kennt, muß sofort einsehen: es ist rein undenkbar, daß ein zweitausendjähriger Kampf auf der einen Seite nur Grausamkeit, Herrschsucht, Habgier, auf der anderen nur duldende Unschuld aufweisen sollte. Die Frage läßt sich gar nicht abweisen: warum haben so viele edle, hochbegabte Nationen die gemeinen, ja – ich scheue das Wort nicht – die diabolischen Kräfte, die in den Tiefen ihrer Seele schlummerten, grade an dem jüdischen Volke, und nur an ihm, ausgelassen? Die Antwort ist einfach. Das Judenthum bewegte sich seit seiner Zerstreuung über die Welt in einem unlösbaren inneren Widerspruche; es erlag dem tragischen Schicksal einer Nation ohne Staat. Die Juden wollten immer unter dem Schutze abendländischer Gesetze leben, von dem Verkehre des Abendlandes Vortheil ziehen und beanspruchten doch eine streng abgesonderte Nation zu sein. Eine solche Haltung steht aber in so schneidendem

Gegensatze zu der harten Nothwendigkeit der Staatseinheit, daß sie stets neue Kämpfe hervorrufen mußte.

Romanas autem soliti contemnere leges
Judaicum ediscunt et servant ac metuunt jus –

dieser Vorwurf des Juvenal klingt in den mannichfachsten Formen durch die gesammte neuere Geschichte hindurch. Heute ist der unselige Kampf beendet, die bürgerliche Gleichberechtigung der Juden in allen Culturstaaten längst durchgesetzt, und ich kenne in Deutschland keinen verständigen Politiker, der diese vollzogene Thatsache umstoßen möchte. Die deutschen Juden erfreuen sich der unbeschränkten Freiheit ihres Cultus; Niemand stört sie in ihren alten Sitten und Traditionen, noch in ihrer eigenthümlichen kosmopolitischen Wissenschaft; der bürgerliche Verkehr nimmt sogar auf ihren Sabbath, der doch unleugbar eine für uns Christen sehr lästige Einrichtung ist, vielfach Rücksicht. Aber mit der vollzogenen Emancipation ist auch der alte Anspruch der Juden, eine Nation für sich zu sein, gänzlich hinfällig geworden. In diesem Jahrhundert der nationalen Staatsbildungen können die europäischen Juden nur dann eine friedliche und der Gesittung förderliche Rolle spielen, wenn sie sich entschließen – soweit Religion, Ueberlieferung und Stammesart dies erlaubt – in den Culturvölkern, deren Sprache sie reden, aufzugehen. Jedermann erkennt willig an, daß ein Theil der deutschen Juden diesen nothwendigen Entschluß längst gefaßt hat und darnach handelt; aber ein anderer, ein sehr einflußreicher Theil unseres Judenthums denkt durchaus nicht so. Zum Beweise dessen erlaube ich mir auf den elften Band der Geschichte der Juden des Herrn Graetz einen Blick zu werfen.

Da jedes große Volk nur aus seinem eigenen Wesen heraus gerecht beurtheilt werden kann, so muß ein Historiker, der die deutschen Dinge vom specifisch jüdischen Standpunkte betrachtet, unvermeidlich Manches schief und einseitig auffassen; wenn Herr Graetz unseren Lessing als »den größten

Mann, den Deutschland bis dahin erzeugt hatte«, bezeichnet, so ist das freilich grundfalsch, jedoch im Munde eines eifrigen Israeliten sehr begreiflich. Desgleichen wird ein solcher Schriftsteller über das Christenthum oft scharf sprechen, Uebertritte seiner Glaubensgenossen streng verurtheilen müssen; ja selbst einige Bitterkeit und manche Ungerechtigkeiten mag man ihm nachsehen, da er so viel Trauriges zu berichten hat. Nur zwei Forderungen dürfen wir an ihn stellen: daß seine Polemik gegen die Religion der ungeheuren Mehrheit seiner deutschen Landsleute die Schranken der Mäßigung nicht gänzlich überschreite, und daß er von dem Volke, dessen milde Gesetze ihn selber beschützen, mit einiger Achtung und Schonung rede. Wie genügt Herr Graetz diesen bescheidenen Ansprüchen? Sein Band predigt von der ersten bis zur letzten Seite Haß, wilden Haß gegen das Christenthum und hoffärtige, herausfordernde Verachtung gegen das deutsche Volk. Ich sagte neulich, Herr Graetz nenne das Christenthum den Erbfeind. Er aber antwortet mir mit der heiligen Entrüstung tief gekränkter Unschuld, dies Wort komme in seinem Buche gar nicht vor. Nun wohl, hätte ich mit Herrn Graetz einen Wechselprozeß auszufechten, so müßte ich unterliegen; denn sein Schein ist buchstäblich in Ordnung, der meine leidet an einem kleinen Formfehler. Vor dem sittlichen Urtheile unserer Leser hoffe ich jedoch zu bestehen, wenn ich bekenne, daß ich den Band schon im letzten Sommer gelesen und mir keine Notizen daraus gemacht habe; so hat mir denn mein Gedächtniß den unverzeihlichen Streich gespielt – – die beiden Buchstaben b und z zu verwechseln. Herr Graetz nennt das Christenthum allerdings nicht den Erbfeind (wenigstens ist mir beim nochmaligen Durchblättern dieser Ausdruck nicht aufgefallen) – wohl aber »den Erzfeind, welcher das Heil vom Judenthum empfangen hatte und es dafür einkerkerte und anspie« (S. 389). Erbfeind oder Erzfeind – was ist wohl milder, anständiger, würdiger eines Mannes, der beständig über christliche Unduldsamkeit eifert?

Und jene Stelle steht keineswegs allein, sie giebt vielmehr den Ton an, worauf der ganze Band gestimmt ist. Wenn Juden sich taufen lassen, so »gehen sie ins feindliche Lager über« (172) oder »sie verlassen die Quelle lebendigen Wassers um sich Labung aus übertünchten Gruben zu holen« (183). Und so sprudeln die Schmähreden weiter über »die übermüthige Tochter der geknechteten Mutter«, »den gekreuzigten Gott«, und »die Kluft, welche das Christenthum zwischen sich und der Vernunft gehöhlt hat«. Dann wird rundweg für unwahr erklärt, daß das Christenthum die allgemeine Menschenliebe und die Brüderlichkeit predige (197); und wieder: »faktisch war kein Jude ein Shylock, wohl aber ein Christ«. Wenn Israel Jacobsohn einige deutsche Gebete und die Confirmation (das »Ableiern des Glaubensbekenntnisses« sagt unser Buch) in die Synagoge einführt, so ist Herr Graetz damit nicht einverstanden. Ich rechte nicht mit ihm, da ich mich grundsätzlich nicht in die inneren Angelegenheiten eines fremden Cultus mische. Aber auch hier wieder der gleiche Ton: Herr Graetz findet es »beschämend und lächerlich, der ergrauten Mutter den schimmernden Plunder der Tochter umzuwerfen, der sie mehr entstellte als zierte« (412). Nach solchen Aeußerungen über das Christenthum können die maßvollen Urtheile über unsere Theologen nicht mehr befremden. Schleiermachers Reden über die Religion – jene geniale Schrift, mit der das Wiedererwachen des kirchlichen Sinnes unter den gebildeten Protestanten begann – werden bezeichnet als »die Zwillingsschrift« von Friedrich Schlegels Lucinde, dem nahezu frivolsten Buche unserer gesammten Literatur; und da Schleiermacher bekanntlich viele Berliner Juden zum »Christeln« verführte (so drückt unser Buch sich aus), so stellt Herr Graetz die Wirksamkeit dieses Mannes in Vergleichung mit dem Astarte-Cultus! (181ff.) Inmitten dieser Kraftleistungen versichert er endlich, es sei »dummes Vorurtheil oder Verlogenheit, daß das Judenthum Christenhaß predige.«

Mancher Leser mag vielleicht dem Glaubenseifer Alles zu gute halten; für seine Schmähungen wider Deutschland hingegen kann Herr Graetz eine solche Entschuldigung nicht beanspruchen. »Die Germanen, diese Erfinder der Leibeigenschaft, des Feudal-Adels und des gemeinen Knechtssinns« – so schildert er uns (260). Demgemäß war der junge Börne durch den patriotischen »Taumel schon so sehr verdeutscht, daß er blinden Gehorsam predigte« (376). Der gereifte Börne aber und Heinrich Heine wurden die »zwei Racheengel, welche mit feurigen Ruthen die Querköpfigkeit der Deutschen peitschten und ihre Armseligkeit schonungslos aufdeckten« (367). Unsere germanische Urzeit riß den Feind Tacitus zur Bewunderung hin, diesem deutschen Staatsbürger ist sie »ein grauenhaftes mittelalterliches Gespenst« (329). Herr Graetz gesteht offen ein, daß er Deutschland mit nichten als sein Vaterland betrachtet; er schildert den trefflichen Gabriel Riesser als das merkwürdige Beispiel eines Juden, der »in seinem zufälligen Geburtslande vollständig aufging,« und fügt herablassend hinzu: Riesser »theilte die Beschränktheit deutschen Wesens, die Vertrauensseligkeit, die pedantische Ueberlegtheit und die Scheu vor rascher That« (471). Allerdings ist Herr Graetz, wie er in seinem offenen Briefe hervorhebt, einmal so freundlich Goethe und Fichte zwei Männer ersten Ranges zu nennen; doch er verschweigt, mit welchen gehässigen Worten er auf S. 245 ff. diesen Beiden zu Leibe geht; er verschweigt seine anmuthigen Bemerkungen über »die giftige Frucht von Fichte's Samen« (361).

Er erzählt, wie die Juden unserer polnischen Provinzen im Winter von 1806/7 dem Landesfeinde Vorschub leisteten und fragt dann zuversichtlich: »Hätten sie etwa dem preußischen Königshause für jenes Gesetz treu und dankbar sein sollen, welches ihnen neue Beschränkungen aufgelegt und sie nur der Willkür des polnischen Adels entzogen hatte um sie dem Hochmuth des preußischen Beamtenthums zu überliefern?« (294). Er wird mich also gar nicht verstehen, wenn ich trocken antworte: allerdings hätten sie treu sein sollen. Er begnügt sich nicht, die Thatsachen unserer Geschichte gehässig zu verzerren; er scheut auch vor Erfindungen nicht zurück, wenn sie zur Verunglimpfung unseres Volkes geeignet scheinen. Wenn der Kopenhagener Pöbel im Jahre 1819 die Juden mißhandelt, so ist er »möglicherweise von deutschen Kaufleuten aufgestachelt« – eine Verdächtigung, wofür nicht der Schatten eines Beweises vorliegt. Wenn dagegen der ehrwürdige Thibaut und die Heidelberger Studenten mit Gefahr ihres Lebens die verfolgten Juden gegen den Pöbel beschützen, so sind diese Deutschen »vielleicht durch Berührung mit Frankreich menschlicher gestimmt«; und doch muß Herr Graetz wissen, daß Thibaut ein erklärter Franzosenfeind war und die Heidelberger akademische Jugend damals, von französischen Ideen noch völlig unberührt, ganz ebenso christlich-germanisch dachte wie die jungen Teutonen von Jena oder Breslau. Und zu Alledem noch dieser unbeschreiblich freche und hämische Ton: der Mann schüttelt sich vor Vergnügen, so oft er den Deutschen etwas recht Unfläthiges sagen kann.

Hand in Hand mit solchem Unglimpf gegen Deutschland geht eine ungeheuere Ueberhebung. Herr Graetz wird nicht müde, seine Stammgenossen zum »Ahnenstolze« zu ermahnen, ihnen von ihrem »uralten Adel« zu sprechen. Ich habe nichts dawider, aber wer also denkt hat doch wohl nicht das Recht, uns Germanen als »Erfinder des Feudal-Adels« zu brandmarken? Herr Graetz behauptet, Moses Mendelssohn habe zuerst den Gedanken gefunden, daß die Religion keine Zwangsmittel anwenden dürfe, und fährt triumphirend fort: »das war bisher innerhalb des Christenthums Niemand eingefallen«. Ja wohl, weder Grotius noch Leibnitz, weder Coornhert noch Bayle, weder Milton noch Locke, weder Pufendorf noch Thomasius waren auf diesen Einfall gekommen! Nachdem Herr Graetz uns gelehrt, Lessing sei der größte Deutsche gewesen, versichert er erhaben: »Börne war mehr als Lessing.« Wir haben also die Freude, in Börne den allergrößten Sohn deutscher Erde zu verehren, werden jedoch in solchem Genusse sogleich gestört, da der Verfasser uns ausdrücklich erklärt, Börne sei keineswegs ein Deutscher, sondern ein Jude.

Nun frage ich: kann ein Mann, der also denkt und schreibt, selber für einen Deutschen gelten? Nein, Herr Graetz ist ein Fremdling auf dem Boden »seines zufälligen Geburtslandes« ein Orientale, der unser Volk weder versteht noch verstehen will; er hat mit uns nichts gemein, als daß er unser Staatsbürgerrecht besitzt und sich unserer Muttersprache bedient – freilich um uns zu verlästern. Wenn Leute dieses Schlages, die von dem Geiste Nathans des Weisen gar nichts ahnen, ihren Haß und ihren Stammesdünkel hinter dem Namen Lessings, des Deutschen und des Christen zu verschanzen suchen, so schänden sie das Grab eines Helden unserer Nation. Das Buch des Herrn Graetz aber wird leider von einem Theile unseres Judenthums als ein *standard work* angesehen, und was er mit der Plumpheit des Zeloten herauspoltert, das wiederholt sich in unzähligen Artikeln jüdischer Journalisten, in der Form gehässiger Witzelei gegen Christenthum und Germanenthum.

Zum Schluß hebt Herr Graetz nochmals hervor, daß die Juden ein Volk Gottes sind, und faßt dann seine Pläne für die Zukunft zusammen in dem Satze: »Die Anerkennung der Juden als vollberechtigte Glieder ist bereits so ziemlich durchgedrungen; die Anerkennung des Judenthums aber unterliegt noch schweren Kämpfen.« Um diesen Gedanken noch durchsichtiger zu machen, citirt er in seinem offenen Briefe frohlockend jenen bescheidenen Ausspruch Benjamin Disraelis, der die Juden als »eine höhere Rasse«, den europäischen Völkern gegenüber, preist. Da das Judenthum als Religionsgenossenschaft bei uns längst anerkannt ist, so kann die Forderung des Herrn Graetz schlechterdings nur bedeuten: Anerkennung des Judenthums als einer Nation in und neben der deutschen. Auf einen solchen Anspruch muß aber jeder Deutsche, dem sein Christenthum und sein Volksthum heilig ist, kurzab erwiedern: *Niemals!* Unser Staat hat in den Juden nie etwas anderes gesehen als eine Glaubensgenossenschaft, und er kann von diesem allein haltbaren Rechtsbegriffe unter keinen Umständen abgehen; er hat ihnen die bürgerliche Gleichberechtigung nur zugestanden in der Erwartung, daß sie sich bestreben würden, ihren Mitbürgern gleich zu sein. Unsere alte Cultur ist reich und duldsam genug, um viele starke Widersprüche zu ertragen: wie die Bekenner jener Kirche, die sich für die allein seligmachende hält, friedlich mit den Ketzern zusammenleben, so können wir es auch gleichmüthig hinnehmen, wenn ein Theil unserer Mitbürger sich in der Stille für das auserwählte Volk ansieht. Tritt aber dieser Rassendünkel auf den Markt hinaus, beansprucht das Judenthum gar Anerkennung seiner Nationalität, so bricht der Rechtsboden zusammen, auf dem die Emancipation ruht. Zur Erfüllung solcher Wünsche giebt es nur ein Mittel: Auswanderung, Begründung eines jüdischen Staates irgendwo im Auslande, der dann zusehen mag, ob er sich die Anerkennung anderer Nationen erwirbt.

Auf deutschem Boden ist für eine Doppel-Nationalität kein Raum. An der tausendjährigen Arbeit deutscher Staatenbildung haben die Juden bis auf die allerneueste Zeit herab gar keinen Antheil genommen. Auch in den drei großen Epochen geistigen Schaffens, welche den Charakter unserer Cultur bestimmten, in der Blüthezeit mittelalterlicher Dichtung, im Reformationszeitalter, in der classischen Literaturepoche spielten die Juden entweder keine oder eine untergeordnete Rolle. Als sie zuerst anfingen in Staat und Literatur bei uns etwas zu bedeuten, fanden sie die Fundamente germanischer Gesittung längst gesichert vor, und für sie, wie für den doch wohl nicht minder begabten Stamm der ein-

gewanderten Franzosen, ergab sich die Nothwendigkeit sich zu germanisiren. Viele von ihnen sind seitdem als deutsche Gelehrte und Künstler, als Träger deutscher Bildung zu verdientem Ansehen gelangt. Herr Graetz und die ihm gleichen gehen andere Wege. Doch unsere öffentliche Meinung beginnt endlich wachsam zu werden. Nur noch wenige Jahre, und sie wird so weit erstarkt sein, daß jene Schimpfreden wider den »germanischen Ur-Mob«, welche heute durch die jüdische Presse gehen, in Deutschland ebenso unmöglich werden wie sie in England schon längst undenkbar sind.
15. December 1879

Heinrich Graetz,
Mein letztes Wort an Professor von Treitschke

Ihre wiederholte Invective gegen die Juden und besonders gegen mich hat mich ein wenig überrascht. Ich dachte, Sie würden die Ihnen von mir ertheilten – Zurechtweisungen ruhig einstecken, um sie vergessen zu machen. Aber es scheint, daß Ihre Rechthaberei stärker ist, als Ihre Selbstachtung. Nun, so darf auch ich nicht schweigen. Ich werde mich aber bestreben, leidenschaftlos zu bleiben und jedenfalls urbaner, als Sie es in Ihrem letzten Artikel sind – Grobheit gehört durchaus nicht zu deutschem Patriotismus. Sie zu überführen, hoffe ich zwar nicht. Für eine von Chauvinismus und Verbitterung getrübte Logik ist die Wahrheit unzugänglich. Diese Logik urtheilt: Weil die Juden seit fünfzehnhundert Jahren ungerecht, grausam »diabolisch« verfolgt wurden – darum müssen sie noch weiter verfolgt werden. Aber ich will Andern beweisen, daß Ihre historische Akribie und Gewissenhaftigkeit ebenso brüchig ist, wie Ihre historische Unparteilichkeit.
Zunächst ein Wort gegen Ihre statistische Weisheit. Ihre Quelle ist Morpurgo; dieser aber gilt in den Augen der

Fachstatistiker durchaus nicht als Autorität, weil seine Data nicht auf zuverlässigen Berechnungen beruhen. Sie behaupten, daß in der Stadt Berlin fast ebenso viele Juden wohnen, wie in ganz Frankreich (nämlich 45 000) während schon Daniels Geographie Sie belehren könnte, daß in Frankreich (vor 1875) 75 000 Juden wohnten, dabei nicht mitgerechnet viele, welche ihre jüdische Confession nicht angeben, sondern sich einfach als Franzosen geriren. – Sie bedauern ferner in Ihrem statistischen Calcul die Zunahme der jüdischen Bevölkerung in Preußen – gerade wie ehemals einer der Pharaonen sich über die Vermehrung der Israeliten in Egypten beklagt hat, – daß sie sich seit 1816 um das Dreifache vermehrt habe. Nun, sie hat nur gleichen Schritt mit dem Wachsthum der gesamt-preußischen Bevölkerung gehalten. Doch wozu dieser ganze statistische Ballast? Ihre These können Sie damit doch nicht retten. Sie haben behauptet, daß gegenwärtig noch immer Jahraus Jahrein hosenverkaufende jüdische Jünglinge aus dem Osten einwandern, und Sie knüpften daran die Befürchtung, daß dadurch das deutsche Wesen eine Trübung erleiden könnte. Ich hatte Ihnen entgegengesetzt, daß es eine Gespensterfurcht sei, indem gerade in den Polen am nächsten liegenden Provinzen keine Einwanderung von dort aus stattfindet. Ein Statistiker von Bedeutung ist damit beschäftigt, mit Zahlen nachzuweisen, daß in dem letzten Jahrzehnt aus Polen und Galizien die Einwanderung der Juden verschwindend klein ist.

Über das Verhältniß der aus der pyrenäischen Halbinsel stammenden Juden zu den angeblich aus Polen eingewanderten sollten Sie sich mit mir nicht in einen Streit einlassen, weil Sie in diesem Theile der Geschichte durchaus incompetent sind. Sie wissen gewiß nicht, daß im sechzehnten Jahrhundert unter den Juden Polens rege Theilnahme an Wissenschaft und selbst Philosophie geherrscht hat. Ein päpstlicher Legat berichtete: *qui (Judaeorum in Russia) et agros possideant et mercaturam faciant et litterarum quoque stu-*

diis maxime astrorum et medicinae se excolant... ferner, daß sie durch ihre Kenntnisse den Unitarismus in Polen gefördert haben. Sie wissen es nicht, es liegt nicht im Bereiche Ihrer Studien, aber darum sollten Sie so bescheiden sein, nicht gehässige Folgerungen aus falschen Prämissen zu ziehen.

Von dem Schnitzer des *odium generis humani* kann Sie keine Auslegungskunst mehr befreien. Tacitus spricht nur von den Christen und nicht von den Juden. Nur die Christen klagte Nero der Brandstiftung an und ließ sie grausam foltern, nicht die Juden. Zur Zeit Nero's gab es fast nur Heidenchristen in Rom, d. h. Griechen und Römer, welche an Paulus glaubten, wie durch Paulus' Brief an die Römer und die Apostelgeschichte sattsam bekannt ist. Die Juden dagegen waren so wenig mißliebig in Rom, daß in derselben Zeit der Zutritt von Römern zum Judenthum so zahlreich war, daß der jüdische Geschichtsschreiber Josephus sich darüber freute, Seneca dagegen es beklagte, Dio Cassius aber es – objectiver als Sie – ruhig erzählt: »Der Name ›Jude‹ erstreckt sich auch auf andere Menschen, welche in ihrem Gesetze eifrig sind, obwohl sie nicht von demselben Volke sind. Auch unter den Römern giebt es von diesem Geschlechte.« Freilich chauvinistische Römer waren voll Ingrimm darüber, wie chauvinistische Deutsche es heute noch sind. Aber wie Sie, aus übelwollenden Sätzen bei römischen Schriftstellern, ethnographische Folgerungen ziehen, ist jedenfalls unhistorisch.

Ihre erneute Behauptung über angeblichen »Todhaß« gegen das Christenthum in meiner Geschichte ist ganz eben so beweiskräftig, wie alles Frühere. Es stellt sich mir jetzt klar heraus, daß Sie meine Geschichte gar nicht oder den elften Band nicht mit dem Ernste eines Historikers gelesen, sondern lediglich nach Art der Pamphletisten darin geblättert haben, um Anklage-Material gegen die Juden zu sammeln. Nach Pamphletistenart reißen Sie ein Stück aus dem Zusammenhange und knüpfen Disparates aneinander, um meine Darstellung giftig zu machen. Aber die Nemesis hat Sie bereits ereilt. Eine hiesige Zeitung hat es eben so mit Ihren beiden Artikeln gemacht, sie hat das, was Sie Günstiges von Juden und Judenthum sagten, weggelassen, hat durch Verschiebung der Mittelglieder das Gehässige aneinander gebracht und Sie dadurch in ein schlechteres Licht gestellt.

Hätten Sie meine Geschichte mit der Gründlichkeit eines gewissenhaften deutschen Gelehrten gelesen, um nicht ungerechter Weise den Stab zu brechen, so hätten Sie in dem dritten Bande in dem Capitel von der Entstehung des Christenthums finden können, daß ich davon mit unendlich mehr Anerkennung und Hochachtung spreche, als die Reimarus, Goethe und selbst als Strauß und Renan. Ich führe die Worte an, die ich erst jüngst in der dritten Auflage (1878), lange nach dem Erscheinen des elften Bandes (1869), gedruckt habe, um Ihr illoyales Verfahren zu brandmarken. Ich sagte (S. 300): *»Indessen wußte Jesus diese Sünder und Zöllner, diese verwahrlosten und unsittlichen Geschöpfe durch Wort und Beispiel zu sich zu erheben, ihren Sinn mit Liebe zu Gott zu erfüllen ... ihr Herz durch Innigkeit und Heiligkeit zu veredeln, ihren Lebenswandel zu bessern. Das war das größte Wunder, das er vollbracht hat.* Das waren die Tauben, die er hören gemacht, die Blinden, denen er die Augen geöffnet, die Kranken, die er geheilt, die Todten, die er zum Leben erweckt hat. *Ein Menschenbildner steht unendlich höher als ein Wunderthäter.«* Da das nun Alpha und Omega des Christenthums ist, habe ich da Haß gegen das Christenthum gepredigt? Überhaupt ist Ihr Ausdruck: »Sein Band predigt von der ersten bis zur letzten Seite Haß, wilden Haß gegen das Christenthum« eben so illoyal. Eine Geschichte predigt nicht, sondern *erzählt und motivirt*; und dann kommen in dem, 582 Textseiten enthaltenden elften Bande mehrere Hundert vor, wo gar keine Gelegenheit ist, vom Christenthum zu sprechen.

Ehe ich aber weiter gehe, Ihre maßlose Verdächtigung zu

widerlegen, will ich zu Ihrer Beschämung das Urtheil eines eben so objectiven Historikers wie hervorragenden Juristen über meine Geschichtsdarstellung anführen. Professor Stobbe sagt (Die Juden in Deutschland zur Zeit des Mittelalters S. 182): »Aber die Leser mögen sich vor dem Wahne hüten, als ob der Verfasser (Graetz) zu übertrieben und mit zu grellen Farben gemalt habe; er hält sich streng an seine Quellen und das Gemälde ließe sich noch durch manche Züge ergänzen.« – Und wie die mittelalterliche Geschichte so habe ich auch die neuere Geschichte der Juden (bis 1848 exclusive) behandelt, streng nach den Quellen. Ich habe eben so unparteiisch und quellenmäßig die Fehler der Juden und die Trübung des Judenthums geschildert.

Nach dieser Einleitung komme ich zu Ihren Verdächtigungen. Ich schenke Ihnen den Gedächtnißfehler »Erbfeind« oder »Erzfeind«, aber nicht mein Gedankengang ist es, sondern Heine's. – Allerdings sagte ich von getauften Juden, daß sie in's feindliche Lager übergehen und mit Recht. Denn sie gesellten sich in der Regel zu den Judenfeinden. Sie selbst führen ja die Judenhetze der Gegenwart auf gemeine Proselyten zurück. Was Sie auf Seite 666 vorbringen, ist pamphletisches Flickwerk, wie sich jeder Leser überzeugen kann.

Wenn ich sagte: »Faktisch war kein Jude ein Shylock, wohl aber ein Christ«, so ist es richtig und wenn Sie mich dadurch verdächtigen, so verzeihe ich es Ihnen wegen Ihrer Unkenntniß. Sie wissen nicht, was Leti in vita de Sixto quinto erzählt. Im 16. Jahrhundert fand in Rom zwischen einem Christen Secchi und einem Juden Sansone Coneda eine Wette statt; der Einsatz war, wenn der Jude verlöre, daß ihm ein Pfund Fleisch ausgeschnitten würde, die Gegenleistung des Christen dagegen waren 100 Scudi. Der Christ gewann die Wette und *bestand auf seinem Pfunde jüdischen Fleisches;* der Papst aber verbannte beide aus Rom. *Es gab also factisch einen christlichen Shylock, und er hieß Paolo Marini Secchi.*

Die Verantwortlichkeit für das, was ich über Schleiermacher, seine Briefe über die Lucinde, die Entstehung des unfläthigsten aller Romane und dessen Zusammenhang mit Schleiermacher's Reden über Religion geschrieben, übernehme ich noch heute. Was Ihre Verdächtigung gegen meine Darstellung der Geschichte der Juden in deutschen Ländern betrifft, so will ich bemerken, daß sie nur bis 1848 (exclusive) reicht und im Jahre 1868 geschrieben wurde. Die glorreichen Siege, die durch geniale Führung entstandene Einheit und der Aufschwung Deutschlands erfolgten später. Vor diesen Ereignissen galt das deutsche Volk im Allgemeinen als deutscher Michel und mein Urtheil richtete sich nach dem allgemeinen von deutschen Historikern und Schriftstellern ausgesprochenen Urtheil. Übrigens habe ich von selbst in der englischen Übersetzung meiner Geschichte, die jetzt unter der Presse ist, die vor 1870 wahren, jetzt aber unwahr gewordenen Urtheile geändert. – Die Verdächtigung meines Patriotismus (S. 667) muß ich Ihnen anstreichen. Das Herzogthum Warschau gehörte nur kurze Zeit zu Preußen. Als Napoleon Preußen bekriegte und in diese Provinzen eindrang, fielen selbstverständlich sämmtliche Polen ihm mit Enthusiasmus zu und die Juden dieses Landestheiles leisteten ihm ebenfalls Vorschub, weil er sie von Fesseln befreite und gerade damals ein jüdisches Synhedrin in Paris zusammenberufen hatte. Bei Erzählung dieser Thatsache sagte ich: »Hätten sie dem preußischen Könighause treu und dankbar sein sollen, das ihnen neue Beschränkungen aufgelegt hatte?« Sie aber bemerken dazu: »Allerdings hätten sie treu sein sollen« und Sie meinen, ich könnte Sie gar nicht verstehen. O gewiß, ich verstehe Sie recht gut, ich weiß, was Sie in Treue gegen den angestammten Landesherrn zu leisten vermögen. – Dabei verläugnen Sie Ihre Pamphletisten-Manier nicht. Sie stellen dieses Factum so dar, als hätte ich von den Provinzen Posen oder Westpreußen gesprochen, während es sich nur um die Provinz Warschau handelte. Von derselben Art ist auch Ihr

Citat, als hätte ich schlechthin gesagt: »Börne war mehr als Lessing?« Wörtlich aber sagte ich von Börne (S. 378): »Bald erfuhr Deutschland, daß ihm ein Schriftsteller entstanden war, der an Lessing erinnerte, der aber mehr als Lessing war, weil er die Kunst nicht auf einsam eisige Höhen, sondern in die Ebenen des Lebens verpflanzt«. Für unbefangene Leser bedeutet das, daß Börne mehr für die Befreiung geleistet hat, Sie aber reißen den Satz aus dem Zusammenhange.

Zum Schlusse des Bandes sagte ich zum Beginne des Jahres 1848: »Die Anerkennung der Juden als vollberechtigte Glieder ist bereits so ziemlich durchgedrungen, die Anerkennung des *Judenthums* aber unterliegt noch schweren Kämpfen.« Jeder Unbefangene liest daraus, daß die jüdische Religion oder Lehre noch nicht anerkannt ist, daß das Judenthum nicht als Religion oder Confession gilt, daß jüdische Geistliche hier und da nicht mit den christlichen rangiren. Sie aber imputiren mir, als spräche ich von *jüdischer Nationalität*, als *wollte ich diese anerkannt wissen*. Ist Judenthum mit Nationalität identisch? Und auf dieser böswilligen Imputation beruht Ihre ganze Invective zum Schluß Ihres Artikels. Dergleichen nannte Reuchlin, das Haupt der Humanisten, welcher wegen seiner Vertheidigung der Juden sich die ganzen Dominicanerorden und die Dunkelmänner auf den Hals gehetzt hat, ein »Bacchanten-Argument«. Sie, Herr Professor, hätten es damals mit den Dunkelmännern gegen die Humanisten und Juden gehalten.

Im Ganzen begreife ich nicht, wie Sie dazu kommen, sich als Ketzerrichter für Christenthum und Deutschthum aufzuwerfen. Paulus Cassel, der als Doctor der evangelischen Theologie sich auf die verschiedenen Nüancen des Christenthums gut versteht, nennt Ihr Christenthum eine Art Heidenthum. Und was Ihre Nationalität betrifft, so ist Ihre slavische Abstammung weniger fragwürdig als Ihre deutsche.

Ich bin fertig. Sollte Sie die Lust anwandeln, noch weiter

gegen mich zu polemisiren, so schmähen und verdächtigen Sie nur weidlich. Ich werde Ihnen nicht mehr antworten. Nur um Eins bitte ich Sie, wenn Sie einen Funken Gewissen haben, machen Sie meine Religions- und Stammes-Genossen nicht für das verantwortlich, was ich geschrieben habe. Habe ich gefehlt, so will ich es allein büßen.
28. Dezember 1879

Harry Breßlau, Zur Judenfrage. Sendschreiben an Herrn Professor Dr. Heinrich von Treitschke

Sehr geehrter Herr College!
Als ich, wie Sie, die Herbstferien dieses Jahres im Auslande verbrachte, hatte ich nur eine unbestimmte und undeutliche Kunde von der antijüdischen Bewegung, die indessen in der Hauptstadt des deutschen Reiches begonnen hatte so viel peinliches Aufsehen zu erregen. Wohl gelangte ab und zu eine deutsche Zeitung in meine Hände, in der ich einen Bericht über die doch mehr grotesken als gefährlichen Reden las, welche in den christlich-socialen Parteiversammlungen gehalten waren; aber eine größere Bedeutung glaubte ich diesen immerhin bedauerlichen Symptomen der Intoleranz nicht beimessen zu sollen. Mich mit den Männern, welche an der Spitze dieser Agitation standen, in eine Discussion einzulassen, fühlte ich auch nach meiner Rückkehr in die Heimat um so weniger Versuchung, als ich fest überzeugt war, daß diese ganze Bewegung an ihrer eigenen Uebertreibung und Maßlosigkeit in kurzer Zeit zu Grunde gehen werde, daß sie einen großen und dauernden Schaden nicht anzurichten vermöge. Um so mehr mußte es mich befremden und erregen, daß auch Sie, geehrter Herr College, Ihre weithallende und einflußreiche Stimme in den mißtönenden Chorus der Stöcker und Knönagel, der Marr und Diestelkamp ein-

mischten; ich sah voraus – und diese Erwartung hat sich schon nach wenigen Tagen bestätigt – daß Sie fortan als unanfechtbare Autorität für Männer gelten würden, mit denen ich gehofft hätte, Sie nie in Gemeinschaft nennen zu müssen. War vornehmes Schweigen die einzige Antwort, die dem gebildeten Juden gegenüber jener von Ihnen selbst als brutal und gehässig bezeichneten Agitation geziemte, so dürfte Ihnen gegenüber ein solches Schweigen leicht als Zustimmung oder doch als aus Unfähigkeit zur Widerlegung entsprungen gedeutet werden können. Und grade weil ich bisher die Ehre gehabt habe, in freundlich-collegialischen Beziehungen zu Ihnen zu stehen, weil ich ein Jünger derselben Wissenschaft bin, als deren hochbegabten und hochgefeierten Vertreter Deutschland Sie kennt, weil ich endlich bisher in politischen Dingen im Wesentlichen auf demselben Standpunkt gestanden habe, wie Sie selbst, fühlte ich mich um so eher berufen und verpflichtet, mit meinem achtungsvollen aber entschiedenen Einspruch gegen die Anschauungen nicht zurückzuhalten, welche Sie im Novemberheft der »Preußischen Jahrbücher« über die sog. Judenfrage entwickelt haben. Vielleicht gelingt es mir Sie zu überzeugen, daß die thatsächlichen Voraussetzungen, auf welche Sie Ihre Schlüsse begründen, zum großen Theil irrig sind, daß Ihr Urtheil ungerecht und verletzend ist, daß Sie mit einem Wort eine schwere Verantwortung auf Sich genommen haben, indem Sie von unhaltbarer Grundlage aus eine große Zahl Ihrer Mitbürger tief gekränkt und in einer Zeit, da die socialen Gegensätze ohnehin schon allzu scharf gespannt sind, ohne Noth zur weiteren Steigerung derselben beigetragen haben.

Ich fürchte nicht Ihrem Widerspruch zu begegnen, wenn ich bei den nachfolgenden Erörterungen von einer Voraussetzung ausgehe. Sie werden mit mir darin übereinstimmen, daß die Judenfrage in der Weise, wie sie heute auftritt, keine religiöse, sondern eine Frage der Nationalität, wenn

Sie wollen, der Race ist. Indem Sie selbst von getauften und ungetauften Juden reden, in dem Sie Felix Mendelssohn und Börne trotz ihres Uebertritts zum Christenthum zu den Juden rechnen, indem Sie an uns nur die Aufforderung richten, Deutsche zu werden, uns aber das Festhalten an unserer Religion gestatten wollen, bereiten Sie den gemeinsamen Boden, auf dem es mir erst möglich ist, in die Discussion mit Ihnen einzutreten: über Fragen religiöser Natur mit Ihnen zu streiten, würde es mir so an der Neigung wie an dem Berufe gefehlt haben. Wie Sie selbst werde ich demnach den Ausdruck Jude nur zur Bezeichnung der Abkunft, nicht der Religion anwenden*; wenn ich mich nicht des neuerdings in Aufnahme gekommenen Namens Semit bediene, so geschieht das nicht, weil ich gegen denselben irgend eine besondere Abneigung hätte, sondern nur weil er mir doch sehr wenig passend zu sein scheint. Ihnen ist es ja sehr wohl bekannt, daß die Begriffe Jude und Semit sich in keiner Weise dekken, daß wir über die Charaktereigenschaften der zum Semitenstamme gehörigen Völker zum Theil nur sehr schlecht unterrichtet sind, und daß jedenfalls manche derselben sich nicht weniger scharf und bestimmt von einander unterscheiden, als Germanen und Slaven, Inder und Kelten. Wenn trotzdem auch Sie gelegentlich in unserer Frage den Ausdruck Semit anwenden, so kann ich darin nur eine Concession an einen zwar populären, aber darum nicht minder ungenauen Sprachgebrauch erkennen, in der ich Ihnen nicht zu folgen gedenke.

»Vor wenigen Monaten«, so beginnen Sie Ihre Ausführungen, »herrschte in Deutschland noch das berufene ›umgekehrte Hep-Hep-Geschrei‹. Ueber die Nationalfehler der Deutschen, der Franzosen und aller anderen Völker durfte Jedermann ungescheut das Härteste sagen; wer sich aber unterstand, über irgend eine unleugbare Schwäche des jüdischen

* Um jedes Mißverständniß auszuschließen, bemerke ich, daß ich diejenigen im Sinne dieser Erörterungen als Juden betrachte, deren beide Eltern als Juden geboren sind.

Charakters gerecht und maßvoll zu reden, ward sofort von der gesammten Presse als Barbar und Religionsverfolger gebrandmarkt«. Dem gegenüber heben Sie es hervor, wie die Sache heute doch ganz anders stehe. Der Instinct der Massen habe eine schwere Gefahr, einen hochbedenklichen Schaden des neuen deutschen Lebens richtig erkannt, es sei keine leere Redensart, wenn man heute von einer deutschen Judenfrage rede. Und dem entsprechend sagen Sie (S. 575), die laute Agitation des Augenblicks erscheine als eine zwar brutale und gehässige, aber natürliche Reaction des germanischen Volksgeistes gegen ein fremdes Element, das in unserem Leben einen zu breiten Raum eingenommen habe; sie habe das Verdienst den Bann einer stillen Unwahrheit von uns genommen zu haben; es sei schon ein Gewinn, daß ein Uebel, das jeder fühlte, aber niemand berühren wollte, jetzt öffentlich besprochen werde. Nichts in Ihrem ganzen Aufsatz hat mich in höheres Erstaunen versetzt, als diese Zeilen. Leben wir denn wirklich so schnell, daß selbst ein Historiker von Ihrer Bedeutung Dinge, die sich erst vor kurzer Zeit vor seinen Augen ereignet haben, die damals nicht geringes Aufsehen erregten, so völlig vergessen haben kann? Um so nöthiger aber ist es Ursprung und Charakter der gegenwärtigen Judenagitation klarzulegen, damit nicht unter der machtvollen Einwirkung einer Autorität, wie die Ihrige ist, gänzlich irrige Ansichten darüber sich festsetzen.

Die Judenhetze des neuen deutschen Reichs ist mit nichten erst wenige Monate alt: sie ist entstanden im Jahre 1875. Zum Johannisquartalwechsel dieses Jahres veröffentlichte die »Kreuzzeitung« ihre vielberufenen fünf Artikel über die Aera Bleichröder-Camphausen-Delbrück, welche die Germania (1875, Nr. 185) sehr treffend als »Artikel über die Judenwirthschaft in Preußen und Deutschland« bezeichnete. Ihre Tendenz ist bekannt. Sie enthielten die schärfsten Angriffe gegen die finanzielle und wirthschaftliche Politik der damaligen preußischen und deutschen Regierung. Es wurde beabsichtigt, zu zeigen, daß dieselbe bewußt oder unbewußt unter dem mächtigen Einflusse einer Anzahl von Juden stehe; man hoffte, daß man die in weiten Kreisen des Volkes schlummernden Vorurtheile gegen die Juden zur Untergrabung der Autorität der Regierung benutzen könne, welche man bekämpfte. Der Gedanke war zu schlau und zu niederträchtig, als daß er nicht alsbald hätte Nachahmung finden sollen. Auf hochconservativer und hochorthodoxer Seite stimmte seit dem November 1875 der »Reichsbote« ein (vgl. Germania Nr. 271). Schon vorher hatte nicht nur die »Deutsche Eisenbahnzeitung« des Herrn Gehlsen, die nachmalige »Reichsglocke«, sondern auch die »Deutsche Landeszeitung« des Herrn M. A. Niendorf, das Hauptorgan der damals noch nicht in hoher Gnade stehenden agrarischen Partei sich in gleichem Sinne vernehmen lassen; am 14. September erhielt die letztere von der »Germania« das Compliment, daß sie im Kampfe gegen den Schwindel der Geldmacht und des Judenthums unermüdlich sei. Die »Germania« selbst begann die Serie ihrer eigentlichen Judenartikel am 17. August; der Plan der »Kreuzzeitung« war ihr offenbar sehr sympathisch; in fast naiver Weise verrieth sie in dem ersten Artikel ihre Absicht mit folgenden Worten: »Auch der Culturkampf ist zum Theil und in vielen seiner Erscheinungen ausschließlich eine Folge der Judenwirthschaft. Deshalb freut es uns auch des Culturkampfes wegen, daß die Judenfrage seit einiger Zeit klar und entschieden gestellt ist.« Der weitere Verlauf des Artikels suchte dann zu zeigen, daß es das Bestreben der Juden gewesen sei, die Aufmerksamkeit des deutschen Volkes auf den Culturkampf abzulenken, um dasselbe während dessen gründlich ausbeuten zu können. Von da ab bildete nicht nur bis in den Spätherbst des Jahres die Judenfrage das Thema der täglichen Leitartikel der »Germania«, sondern das von dem ultramontanen Centralorgan gegebene Signal fand auch volltönendes Echo in der Provinzialpresse ihrer Partei. Schon am 6. October 1875 (Nr. 228) konnte die »Germania« folgende 12 Blätter aufzählen, welche in ihrem Sinne Judenartikel gebracht hatten: »Oesterreichischer Volksfreund«, »Baierischer Kurier«, »Bavaria«, »Augsburger Postzeitung«, »Badischer Beobachter«, »Mainzer Journal«, »Fuldaer Zeitung«, »Kölnische Volkszeitung«, »Düsseldorfer Volksblatt«, »Essener Blätter«, »Wupperthaler Volksblätter«, »Köln-Bergheimer Zeitung«; sie fügte ein »etc. etc.« hinzu, und gewiß würde sich bei weiterer Durchsicht der Provinzialpresse auch der nächsten Zeit diese Zahl noch beträchtlich vermehren lassen. Schon seit dem 17. September hatten auch ultraradicale Preßerzeugnisse, wie die »Staatsbürger-Zeitung« und die »Neue freie Zeitung«, sich in ähnlichem Sinne geäußert; im October eröffnete die »Dresdener Reichszeitung«, in welcher der verbissenste grün-weiße Particularismus zum Ausdruck kam, eine Reihe von Judenartikeln. Seitdem ist die sogenannte Judenfrage nicht wieder von der Tagesordnung verschwunden. Immer wieder haben die Blätter der bezeichneten Richtungen längere oder kürzere Aufsätze darüber gebracht*; auch an judenfeindlichen Broschüren hat es seit dem Anfang 1876 nicht gefehlt. Alles, was die letzten Monate Neues gebracht haben, beschränkt sich im Wesentlichen – denn von der Antisemiten-Liga zu reden, werden Sie mir nicht zumuthen – auf die Thatsache, daß Herr Hofprediger Stöcker und seine Gesinnungsgenossen die Agitation von der Presse in die Volksversammlung getragen und durch die Macht des lebendigen Wortes noch weiteren Kreisen zugänglich gemacht haben, und – auf die bedauerliche Erscheinung, daß auch Sie Sich der antijüdischen Bewegung angeschlossen haben.

Dies, sehr geehrter Herr College, ist die Entstehungs-

* In welchem Sinne, das zeigt z. B. die »Germania« vom 28. März 1876: »Wir müssen nächstens wieder Judenartikel schreiben, denn die Juden beginnen von Neuem üppig zu werden« oder vom 7. September 1877: »Unseren lieben Juden. Zum Neujahrsfeste«; Abdruck des Edikts von 1724 betreffend die Ausweisung der »unvergleiteten Juden«.

geschichte, dies der Charakter der neuesten deutschen Judenhetze. Werden Sie mir nicht zustimmen müssen, wenn ich behaupte, daß dieselbe nicht aus dem Instinct der Massen hervorgegangen, sondern unter Benutzung alter Vorurtheile von bestimmten politischen Parteien zu bestimmten politischen Zwecken künstlich in dieselben hineingetragen ist? Was Sie bis zum Schluß des Jahres 1875 an derselben betheiligt finden, die extremen Blätter derjenigen Parteien, welche der Reichspolitik und dem leitenden Staatsmann die schärfste Opposition machten, deckt sich nahezu mit dem, was man damals unter dem Namen Reichsfeinde zusammenzufassen pflegte. Ich meine, für den Patriotismus und die nationale Gesinnung der Juden, in dem Sinne wie Sie und ich sie verstehen, kann es kaum ein vollgiltigeres Zeugniß geben! Schon im Herbst 1875 (vgl. »Germania« vom 9. October) warnte ein kleines schlesisches Blatt, die »Ratibor-Leobschützer Zeitung« die Juden, sich am Culturkampf zu betheiligen. »Sie haben«, so äußerte sich die Zeitung, »offenbar nicht daran gedacht, daß sich die beiden Parteien eines schönen Tages vertragen und auf ihrem (der Juden) Rücken ein Compromiß schließen könnten«. Noch vermag ich nicht zu glauben, daß wir schon so weit gekommen sind!

In einem ebenso bedauerlichen Irrthum wie über den Ursprung und Charakter der antijüdischen Bewegung befinden Sie Sich, wenn Sie danach versuchen, die allerdings naheliegende Frage zu beantworten, wie es denn komme, daß man im Westen und Süden Europa's, in England, Frankreich und Italien, ein Vorurtheil, wie es in Deutschland gegen die Juden besteht, nicht zu begreifen vermöge. Sie statuiren, um das zu erklären, innerhalb des Judenthums einen neuen nationalen Unterschied; Sie sprechen von einem spanischen und einem polnischen Judenstamm und nehmen an, daß der erstere im Westen und Süden, der letztere in Deutschland vorherrsche, daß jener es verstanden habe sich dem europäisch-abendländischen Wesen leichter einzufügen als dieser.

Nur für Italien dürfte wenigstens die eine Ihrer Voraussetzungen zutreffen. Hierhin ergoß sich in der That der Hauptstrom der Auswanderung, als die Juden Spaniens und Portugals aus diesen Ländern ausgetrieben wurden; die Zugezogenen fanden aber hier, namentlich im Kirchenstaat, schon eine starke einheimisch-jüdische Bevölkerung vor. Ganz irrig sind dagegen Ihre Ansichten hinsichtlich der Juden Frankreichs und Englands. In dem ersteren Staate belief sich die Zahl der Juden spanischer Herkunft im Anfang dieses Jahrhunderts auf nur wenige Tausende, die im Süden, wesentlich in und um Bordeaux concentrirt waren*; außerdem gab es in Frankreich noch einige hundert jüdische Familien, die in Avignon unter päpstlicher Herrschaft gelebt hatten und darum von den Ausweisungsmaßregeln des 16. Jahrhunderts nicht betroffen waren. Alle übrigen Juden Frankreichs in den Departements des Ostens und Nordens sind aus Deutschland und zwar zumeist aus dem Elsaß und Lothringen im Laufe des 17. und 18. Jahrhunderts eingewandert: unter den jüdischen Notabeln, die Napoleon I. 1806 zu einem großen Sanhedrin vereinigte, stehen aus Frankreich nur 10 Spanier 52 Deutschen und 6 Einheimischen gegenüber; und die deutsch- oder nach Ihnen polnisch-französischen Juden übertreffen an Zahl die Spanier noch heute nach Abtretung von Elsaß-Lothringen um ein vielfaches**. Ganz ebenso waren zwar die ersten jüdischen Ansiedler Englands unter Cromwell Spanier, aber die große Mehrzahl der englischen Juden ist aus Deutschland gekommen: deutschen Familien gehören die 4 jüdischen Mitglieder des Unterhauses an, von deutscher Abkunft war der erste jüdische Lordmayor von London, aus Deutschland stammt die Familie des ersten englischen Juden, der auf die Bank der Oberrichter

* Vgl. Malvezin, Hist. des Juifs à Bordeaux. Bordeaux 1875.

** Und wie mit der Zahl, so steht es mit der Intelligenz. Die drei jüdischen Generale der Armee, die zwei jüdischen Präfekten, die vier jüdischen Mitglieder des Institut de France, die fünf jüdischen Docenten der Ecole des hautes études stammen aus deutschen Familien.

erhoben worden ist, des Master of the Rolls Sir George Jessel; die spanische Judenschaft Englands hat dem gegenüber nur zwei hervorragende Namen, Disraeli und Montefiore, aufzuweisen.

Sie würden, sehr geehrter Herr College, ohne Frage diese Thatsachen ebenso leicht haben ermitteln können, wie ich. Sie würden dann bei reiflicher Erwägung wohl auch diejenige Antwort auf die obige Frage gefunden haben, welche mir die allein richtige zu sein scheint. Was zunächst England betrifft, so sind Sie überhaupt schlecht berichtet, wenn Sie annehmen, daß das sociale Vorurtheil daselbst geringer sei, als bei uns; es besteht dort nahezu in derselben Schärfe, wenn es auch niemals einen so widerwärtigen Charakter angenommen hat, wie das gegenwärtig in Deutschland der Fall ist. In den romanischen Ländern dagegen besteht der Unterschied nicht, der meines Erachtens bei uns am meisten dazu beiträgt, das sociale Vorurtheil gegen den Juden rege zu erhalten. Der französische und italienische Jude unterscheidet sich in seinem Typus, seiner äußern Erscheinung nur sehr wenig von dem Franzosen oder Italiener; und da in beiden Ländern überdies nicht wie bei uns bei jeder erdenklichen Gelegenheit, bei jedem Civilstandsacte und bei jeder Auflegung von Steuer- oder Wahllisten, die Angabe der Confession verlangt wird, so weiß man in der Regel nur in den nächsten Bekanntenkreisen eines Juden, welchem Stamme und Bekenntniß er angehört, während uns die Eigenthümlichkeit unserer äußeren Erscheinung oft schon aus der Ferne kenntlich macht. Es ist eine der trübsten Erinnerungen aus meiner Kinderzeit, mit welchem Schmerz und mit welcher Bitterkeit es mich erfüllte, wenn mir als siebenjährigem Knaben, der sich keiner Schuld bewußt war und von nationalen Unterschieden noch wenig verstand, die Buben auf der Straße schmähend Jude nachriefen. Heute denke ich milder davon und wundere mich ebensowenig darüber, wie es mich in Erstaunen setzt, unsere Gassenjungen eine fremde Uniform begaffen oder einen chinesischen Zopf anstarren und betasten zu sehen. Bedenkt man nun noch, daß in Deutschland infolge der Glaubensspaltung des 16. Jahrhunderts auch die religiösen Gegensätze viel schärfer empfunden werden, als in den romanischen Ländern wesentlich einheitlichen Bekenntnisses, so wird man über das Vorhandensein von Vorurtheilen zumal in den minder gebildeten Klassen nicht erstaunen. Aber dieselben sind latent; sie sind heute ohne Frage viel geringer, als noch vor zwei oder drei Jahrzehnten; der Gebildete beginnt sich ihrer zu schämen, und es ist doch nur die mit gewisser Regelmäßigkeit periodisch wiederkehrende systematische Agitation von oben herab, die sie lebendig erhalten hat und noch erhält.

An die eben besprochene Gedankenreihe schließen Sie die folgenden Worte an: »Was wir von unseren israelitischen Mitbürgern zu fordern haben, ist einfach: sie sollen Deutsche werden, sich schlicht und recht als Deutsche fühlen – unbeschadet ihres Glaubens und ihrer alten heiligen Erinnerungen, die uns allen ehrwürdig sind; denn wir wollen nicht, daß auf die Jahrtausende germanischer Gesittung ein Zeitalter deutsch-jüdischer Mischcultur folge«. So schön und voll der letztere Satz klingt, so wenig ist er richtig; und auch der Patriot sollte nicht behaupten, was der Historiker nicht verantworten kann. Unsere Gesittung ist mit nichten auch nur vorzugsweise eine germanische, und wir haben thatsächlich eine Mischcultur. Drei Factoren sind es, auf denen dieselbe beruht: Germanenthum, Christenthum, klassisches Alterthum, und die nahen Beziehungen in denen der zweite und mächtigste dieser Factoren zum Judenthum steht, sollte man bei der stolzen Abweisung einer deutsch-jüdischen Mischcultur ebensowenig vergessen, wie die Thatsache, daß nichts mächtiger auf die Cultur des deutschen Volkes eingewirkt hat, als die Bibel alten und neuen Testamentes, die doch unleugbar ein Product des Judenthums ist.

Die Forderung selbst, die Sie in jenem Satze stellen, unterschreibe ich im Uebrigen ganz und völlig. In diesem Zusammenhange hätten Sie Sich in der That ein wesentliches Verdienst um die Entwickelung der Judenfrage erwerben können, wenn Sie nicht blos in die gewöhnliche, vor Ihnen schon von Andern oft genug und ebenso gewandt unternommene lediglich negative Kritik des Judenthums eingestimmt, sondern die Frage positiv zu vertiefen Sich bemüht hätten. Sie hätten dann untersuchen müssen, wodurch denn der in Deutschland geborene und erzogene Jude, der nicht Gründer und nicht Wucherer ist (und diesen beiden Kategorien, auf die wir zurückkommen, gehört doch nur ein verschwindend geringer Procentsatz der deutschen Juden an), sich von dem in gleichen Bildungs- und Standesverhältnissen lebenden Germanen unterscheidet. – Ich habe diese Frage schon wiederholt Ihren Gesinnungsgenossen vorgelegt und niemals eine befriedigende oder über die allgemeinsten Phrasen hinausgehende Antwort von ihnen erhalten; vielleicht gelänge es Ihnen hierüber Aufschluß zu geben. Würden Sie uns dann ferner die Mittel angegeben haben, vermöge deren dieser Proceß der Umwandlung des Juden zum Germanen beschleunigt werden könnte, so würden Sie jeden unbefangenen und vorurtheilsfreien Juden Sich zu Dank verpflichtet haben, und Ihre Darlegung würde sich sehr vortheilhaft von der bisher erschienenen antijüdischen Literatur unterscheiden. Statt dessen umgehen Sie dies schwierige Problem mit der in ihrer Allgemeinheit durchaus unrichtigen Behauptung, es sei unleugbar, daß zahlreiche und mächtige Kreise unseres Judenthums den guten Willen, schlechtweg Deutsche zu werden, durchaus nicht hegen, d. h. also Sie unterstellen, daß zahlreiche und mächtige Kreise des deutschen Judenthums sich mit Bewußtsein der Entäußerung derjenigen Eigenschaften widersetzen oder enthalten, durch welche dieselben von den Germanen unterschieden sind. Ist dies wirklich der Sinn Ihrer Behauptung, so stehe ich nicht an, dieselbe mit aller Entschiedenheit für eine durchaus unrichtige zu erklären: Jahre lang fortgesetzte genaue Beobachtung der inneren Entwickelung des deutschen Judenthums berechtigt mich dazu. Mit der Offenheit, derzufolge ich mich für verpflichtet halte in dieser Schrift auch dasjenige nicht zu verschweigen, was der von mir vertretenen Sache ungünstig erscheinen kann, räume ich Ihnen ein, daß es in der That ein kleines Häuflein ultraorthodoxer jüdischer Rabbiner giebt, die auf einem derartigen Standpunkte stehen, indem sie Palästina auch jetzt noch für die Juden als das Land der Verheißung betrachten, die daher den Aufenthalt der Juden in Deutschland nur für einen zeitlich begrenzten halten und schon aus diesem Grunde nicht ganz und völlig Deutsche zu werden geneigt sind. Aber ihre Zahl ist gering; nicht viele Mitglieder ihrer eigenen Gemeinden stehen auf demselben Standpunkte wie sie; und die große Mehrzahl der deutschen Juden für ihre Gesinnungen verantwortlich zu machen, würde ebenso ungerecht und unwürdig sein, wie wenn man die große Mehrzahl der deutschen Katholiken deshalb verdammen wollte, weil einige fanatische Ultramontane bereit sind, in jedem Augenblick den Machtsprüchen Roms ihr deutsches Nationalgefühl unterzuordnen. In jedem Falle ist dieser kleine Haufe, dessen Zahl zudem mehr und mehr abnimmt, dem deutschen Wesen ungleich weniger gefährlich, als das Treiben jener Römlinge, die sich erdreisten den Juden Patriotismus lehren zu wollen.

Muß ich also durchaus bestreiten, daß ein irgendwie erheblicher Bruchtheil der deutschen Juden sich mit Bewußtsein dem Aufgehen innerhalb der deutschen Nation widersetze, so bin ich doch nicht gemeint in Abrede zu stellen, daß thatsächlich noch heute eine nicht unbeträchtliche Anzahl von Juden vorhanden ist – wie groß oder wie klein dieselbe ist, darüber können bei dem Mangel an statistischem Material weder Sie noch ich entscheiden – welche noch nicht völlig die deutsche Cultur in sich aufgenommen haben; sie finden sich hauptsächlich im Osten Preußens, vereinzelt aber auch in ganz Deutschland, namentlich auf dem platten Lande. Aber wie könnte das anders sein? Seit zwei und einem halben Jahrhundert sind nunmehr die Lausitzen unter deutscher Herrschaft, losgelöst von jedem Zusammenhange mit der slavischen Welt. Ohne eine nennenswerthe Literatur, durch ihre Religion mit den deutschen Nachbarn eng verbunden, ohne geschichtliche Erinnerungen, hat die dortige Wendenbevölkerung in einer Zahl von mehr denn 100 000 Seelen trotzdem ihre Sprache und Nationalität bewahrt, ohne sich in der deutschen zu verlieren. – Die Juden hinderte noch vor einem Jahrhundert Alles deutsch zu werden. Der Gegensatz der Religion, die Intoleranz christlicher und jüdischer Pfaffen, vor Allem aber die Gesetzgebung, die sie zu Parias machte, hielten jeden Strahl deutscher Bildung von den schmutzigen und verachteten Stadtgegenden fern, in denen landesfürstliche Gnade ihnen eine armselige und herabgewürdigte Existenz vergönnte. Welche Summe von Bitterkeit und Haß mußte sich in diesen Unglücklichen ansammeln, denen man die Rechte des Menschen und Bürgers vorenthielt, oder, um mit Ihnen zu reden, denen man dieselben noch nicht geschenkt hatte! Moses Mendelssohn mußte erst beginnen durch seine Bibelübersetzung seine Stammesgenossen deutsch lesen und reden zu lehren, um den widerwärtigen Jargon der Ghetti, der bis dahin ihre Sprache war, zu verdrängen. Erst die folgende Generation erhielt durch die auf vier Provinzen Preußens beschränkte Gesetzgebung des Jahres 1812 wenigstens die Möglichkeit eines menschenwürdigen Daseins und damit einer Annäherung an ihre christlichen Mitbürger, während in den vorher mit Frankreich oder Westphalen vereinigten Gebieten die zurückgekehrten deutschen Fürsten es vieler Orten eine ihrer ersten Maßregeln sein ließen, den Juden die Rechte wieder zu rauben, welche ihnen die französische Gesetzgebung eingeräumt hatte. Erst das Jahr 1848 gab den Juden Preußens wenigstens einen Theil der staatsbürgerlichen Rechte, erst das Gesetz vom Jahre 1869 beseitigte die letzten Schranken, machte die Emancipation für ganz Deutschland zur Wahrheit. Werden Sie, wenn Sie diese Thatsachen vorurtheilsfrei und als Historiker zu betrachten versuchen, Sich noch darüber wundern können, daß nicht alle Juden, ist es nicht vielmehr erstaunlich, daß schon so viele von ihnen Deutsche geworden sind? Und ergreift nicht dieser Amalgamirungsproceß, der sich vollzieht, von Jahr zu Jahr weitere Kreise? Werden Sie in Abrede stellen wollen, daß der gerade gegenwärtig so bemerkenswerthe Andrang der Juden zu der gelehrten Laufbahn, neben anderen Gründen, wesentlich ein Zeichen davon ist, wie machtvoll in vielen derselben bewußt oder unbewußt das Bedürfniß ist, deutsche Sitte, deutschen Geist, deutsche Cultur ganz und voll in sich aufzunehmen? Und während dem so ist, während die Zahl der Juden, welche an Gesittung und Bildung noch dem deutschen Wesen fremd sind, sich immer mehr verringert, während ich und meine jüdischen Gesinnungsgenossen unablässig bestrebt sind, durch das Beispiel, das wir geben, und durch directe Einwirkung, durch unsere Lehre und durch unseren Wandel jenen Proceß zu beschleunigen, – gesellen Sie Sich zu den Männern, die unser Werk erschweren und die Gegensätze verschärfen, welche wir uns als Lebensaufgabe gestellt haben, so viel an uns ist, verschwinden zu lassen! – Ich zweifle nicht, sehr geehrter Herr College, daß Sie das Gute wollen, aber gestatten Sie mir Ihnen zu sagen, daß Sie das Böse schaffen!

Viel weniger habe ich gegen die Bemerkungen einzuwenden, welche Sie, wie alle Ihre Vorgänger, über die jüdischen Gründer und Wucherer machen. Ich will Sie nicht daran erinnern, daß es auch zahlreiche christliche Gründer und Wucherer giebt – in Berlin z. B. zeigt ein Blick in das Adreßbuch, wie sehr bei Pfandleihern und Rückkaufshändlern die germanischen Namen über die jüdischen überwiegen, und aus den Gerichtsverhandlungen weiß man, daß der gefürchtetste unter allen Berliner Officierswucherern ein Mann von altem deutschen Adel ist. Ich will Sie auch nicht darauf hinweisen, wie die historische Erklärung für die betrübende Erscheinung, von der wir reden, doch in jener engherzigen Gesetzgebung liegt, der zu Folge die Juden, bis in die Jahrhunderte der Neuzeit hinein fast von jedem anderen Erwerbszweige ausgeschlossen, nothwendig auf den Geldhandel, auf Banquiergeschäfte und Zinswucher, hingedrängt wurden. Das sind ja Dinge, die Ihnen ebenso gut bekannt sind wie mir, und wenn Sie unterlassen haben, darauf ausdrücklich hinzuweisen, so ist das sicherlich nur geschehen, weil Sie von der, wie ich glaube, freilich nicht völlig begründeten Voraussetzung ausgingen, daß auch alle Ihre Leser davon unterrichtet seien. Sie haben auch nicht, wie so manche derer, die über die Judenfrage vor Ihnen gehandelt haben, den Juden die Erfindung des Wuchers und des Börsenschwindels in die Schuhe geschoben; Sie wissen, daß der erstere schon zu Zeiten der römischen Republik die entsetzlichsten Früchte getragen hat, daß Vorgänge wie der Law'sche Krach in Frankreich, wie der Südsee-Actien-Schwindel in England oder die wahnwitzigen Tulpenspeculationen in Holland sich vollzogen haben, ehe der Jude an Gründungsoperationen denken konnte. Aber wenn auch Wucher und Börsenjobberei ebensowenig jemals ganz aus der Welt zu schaffen sein werden, wie andere Laster und Vergehen – immerhin bleibt die bedauerliche Thatsache bestehen, daß die Juden einen bedeutenden Antheil an diesem Unwesen gehabt haben und noch haben, wenn auch die Zahl der jüdischen Wucherer und Gründer nur einen sehr kleinen Theil der Gesammtheit meiner Stammesgenossen ausmacht. Jedoch was ich auch hier in Ihren Ausführungen vermisse, ist jeder positive Vorschlag. Indem auch Sie diese Vorwürfe in eine die Gesammtheit der Juden treffende Polemik hineinziehen, entmuthigen Sie nur jene redlichen Männer, die, wie Sie selbst hervorheben, in ihren Kreisen nach Kräften gegen den Wucher wirken, und von denen, wie ich fürchte, mancher schwachmüthige sich sagen wird, »wozu unsere Mühe, wenn doch immer wieder die Gesammtheit für die Sünden der Einzelnen verantwortlich gemacht wird«. Oder glauben Sie wirklich, daß auch nur ein einziger jüdischer oder christlicher Wucherer oder Gründer sich in Folge eines Artikels, wie der Ihrige ist, bessern würde? Ich bin nicht competent, um über die nationalöconomischen oder juristischen Bedenken mir ein Urtheil zu erlauben, welche man einem legislativen Einschreiten gegen die Auswüchse der Börse oder des Wuchers entgegenhält; aber das weiß ich, daß ich selber und zahlreiche meiner Gesinnungs- und Stammesgenossen jede derartige Maßregel mit Freuden begrüßen und mit Eifer unterstützen würden – niemand, abgesehen von den unmittelbaren Opfern, leidet schwerer unter diesem Unwesen als wir.

In welchem gedanklichen Zusammenhange Sie nun aber in unmittelbarem Anschluß an die Erwähnung der jüdischen Wucherer die Behauptung aufstellen, daß unter den führenden Männern in Kunst und Wissenschaft die Zahl der Juden nicht sehr groß sei, um so stärker die betriebsame Schaar der Talente dritten Ranges, das ist mir nicht völlig klar geworden. Groß und sehr groß sind so relative und subjective Begriffe, daß ich ganz davon absehe, Ihnen einzelne hervorragende Namen zu nennen, deren die deutschen Juden auf allen Gebieten der Kunst und Wissenschaft sich zu rühmen haben. Aber vielleicht gestatten Sie mir eine andere Bemerkung. An den deutschen Hochschulen wirken gegenwärtig, wie der Universitätskalender aufweist, gegen 70 Professoren rein jüdischer Abkunft; darunter namhafte Vertreter aller Disciplinen, der protestantischen Theologie und der Jurisprudenz, der Philosophie und Philologie, der Geschichte und Mathematik, der Medicin und der Naturwissenschaften. Diese Zahl – und gewiß werden Sie nicht geneigt sein, so viele Ihrer Collegen unter die betriebsame Schaar der Talente dritten Ranges zu verweisen – ist allerdings, wie jede unbefangene Betrachtung anerkennen wird, groß;

sie beträgt im Verhältniß zu der Gesammtzahl deutscher Professoren mehr als dreimal so viel, als nach den Bevölkerungsziffern erwartet werden sollte; gerade ihre Größe wird uns von anderen Gegnern zum Vorwurf gemacht. Ich glaube damit gezeigt zu haben, daß die Juden nicht blos an dem materiellen, sondern auch an dem geistigen Kapital der deutschen Nation einen guten Antheil haben. Alle diese Männer mühen sich in redlicher Arbeit zur Ehre des deutschen Namens und zur Förderung des größten Ruhmes unserer Nation, der deutschen Wissenschaft; – und alle diese Männer, welche die bisherigen Agitationen mit Gleichmuth betrachtet haben, muß Ihr Artikel auf's tiefste verletzen!
Zu den seit langer Zeit in jeder antijüdischen Schrift wiederkehrenden Angriffen gehören die Klagen über die »Judenpresse«, und dieselben nehmen denn auch in Ihrem Aufsatze einen breiten Raum ein. »Zehn Jahre lang«, sagen Sie, »wurde die öffentliche Meinung in vielen deutschen Städten zumeist durch jüdische Federn ›gemacht‹; es war ein Unglück für die liberale Partei und einer der Gründe ihres Verfalls, daß gerade ihre Presse dem Judenthum einen viel zu großen Spielraum gewährte. Der nothwendige Rückschlag gegen diesen unnatürlichen Zustand ist die gegenwärtige Ohnmacht der Presse; der kleine Mann läßt sich nicht mehr ausreden, daß die Juden die Zeitungen schreiben, darum will er ihnen nichts mehr glauben«. Das letztere mag zum Theil richtig sein; ich weiß sehr wohl, daß z. B. die ultramontanen und auch ein Theil der hochorthodoxen Zeitungen seit Jahren die Aeußerungen der liberalen Organe dadurch zu discreditiren suchen, daß sie frischweg behaupten, dieselben seien Judenblätter; mit welcher Keckheit dabei zu Wege gegangen wurde, beweist z. B. die Thatsache, daß die ultramontane »Kölnische Volks-Zeitung« ihre liberale Gegnerin, die »Kölnische Zeitung«, als ein Judenblatt bezeichnete, obwohl gerade hier streng darauf gehalten worden ist, daß kein Jude der Redaction angehörte, oder daß der hiesige

»Reichsbote« noch vor Kurzem der »National-Zeitung« als »dem Blatt des Herrn Dr. Salomon« die Competenz zur Besprechung kirchlicher Angelegenheiten bestritt, obwohl er wissen mußte, daß die kirchenpolitische Haltung dieser Zeitung von ihrem Verleger nach keiner Richtung und in keiner Weise beeinflußt wird. Sie ersehen schon hieraus, wie wenig glaubwürdig derlei ultramontane Behauptungen im Allgemeinen sind, und es wäre vielleicht wünschenswerth gewesen, statt dieselben einfach zu wiederholen, eine Untersuchung über diese wichtige Frage anzustellen. Leicht ist das ja bei der Anonymität unserer Zeitungen nicht, zumal für Jemanden, der, wie ich, völlig außerhalb der journalistischen Kreise steht; indessen einiges habe ich doch durch Mittheilungen sachkundiger Männer in Erfahrung gebracht. Man hat mir gesagt, daß allerdings unter den Journalisten, welche als Correspondenten und Reporter die Presse bedienen, die Juden sehr zahlreich vertreten seien, aber das ist natürlich nicht entscheidend: Correspondenten und Reporter bestimmen Haltung und Ton einer Zeitung nicht, sondern haben sich diejenige Haltung und denjenigen Ton anzueignen, den die Redaction vorschreibt, oder sich gefallen zu lassen, daß ihre Mittheilungen in diesem Sinne geändert werden. In Betracht kommt also für die Beurtheilung des Einflusses der Juden auf die Presse so gut wie ausschließlich ihre Vertretung in den Redactionen; und da habe ich denn die mich selbst geradezu überraschende Thatsache erfahren, daß in der Mehrzahl der älteren, größeren und einflußreicheren Organe der liberalen und freiconservativen Presse die Juden in den Redactionen fast garnicht vertreten sind. Ich nenne speciell die »Vossische Zeitung«, die »National-Zeitung« und die »Post« in Berlin, die »Kölnische« und die frühere »Rheinische Zeitung« im Westen, die »Augsburger Allgemeine Zeitung«, die »Augsburger Abendzeitung«, den »Schwäbischen Merkur«, die »Süddeutsche Presse«, die »Badische Landeszeitung« im Süden, den »Hamburger Correspondenten«, den »Hannöverschen Courier«, die »Weser-Zeitung« im Norden, die »Magdeburger Zeitung«, die Leipziger »Deutsche Allgemeine Zeitung«, die »Hessische Morgen-Zeitung« im Centrum, die »Schlesische Zeitung«, die »Breslauer Zeitung«, die »Neue Stettiner Zeitung«, die »Danziger Zeitung« im Osten Deutschlands. Bei allen diesen Blättern sind, wie mir mitgetheilt wird, die Juden garnicht, oder nur in verschwindend geringer Zahl in der Redaction vertreten. So sind es doch, von wenigen Ausnahmen abgesehen, zumeist nur jüngere Blätter und solche zweiten und dritten Ranges, an welche Sie bei Ihrer Behauptung gedacht haben können; ich fürchte, Sie haben aus den Verhältnissen in Berlin allgemeine Schlüsse auf die Herrschaft der Juden in der deutschen Presse gezogen, die ich als berechtigt nicht anerkennen kann. Aber auch wenn die Zahl der jüdischen Redacteure größer wäre, als sie in Wirklichkeit zu sein scheint, so würde ich doch nicht zugeben können, daß dies von vornherein ein Unglück wäre; daß es unter denselben sehr kenntnißreiche und ehrenwerthe Männer giebt, werden Sie gewiß nicht in Abrede stellen.

Eine Schwierigkeit liegt dabei allerdings vor: wie soll sich ein jüdischer Redacteur bei der Erörterung von Angelegenheiten der christlichen Kirche verhalten? Daß er sie ganz von der Besprechung in seinem Blatte ausschließe, ist natürlich von vornherein unmöglich; eine Zeitung, die heute, da die kirchlichen Fragen so brennend geworden sind und in unserm öffentlichen Leben einen so großen Raum einnehmen, auf die Discussion derselben ganz verzichten wollte, würde ihren Leserkreis gar bald verlieren. Es gehört das größte Tactgefühl dazu, diese Dinge in der richtigen Weise zu behandeln, und ich gebe Ihnen bereitwillig zu, daß dieser Tact nicht immer beobachtet worden ist; es kann Sie nicht mit größerer Entrüstung erfüllt haben, als mich und viele meiner Gesinnungsgenossen, wie z. B. der »Berliner Börsencourier« in dieser Beziehung verfahren ist. Aber ist das nicht vielmehr auf einen allgemeinen Mißstand in unserem Preßwesen zurückzuführen, als auf besondere Mängel der jüdischen Journalisten? Unsere Presse – und dasselbe gilt nach meiner Kenntniß der Dinge nicht minder von der französischen und englischen Journalistik – beschäftigt neben einer großen Anzahl hochbedeutender und charaktervoller Männer, auch eine gewisse Zahl jener catilinarischen Existenzen, die hier leichter als in jedem andern Berufe eine lohnende Thätigkeit finden. Es wäre eine sehr verdienstvolle, wenn auch sehr schwierige Aufgabe, wirksame Vorschläge zur Hebung dieses in unserem öffentlichen Leben sehr fühlbaren Mißstandes zu machen – mit dem bloßen Schelten auf die Judenpresse ist es wahrhaftig nicht gethan! Um so weniger, als ich gewiß bin Ihre Zustimmung zu finden, wenn ich behaupte, daß die schlimmsten Ausschreitungen, deren sich unsere Zeitungen schuldig gemacht haben, nicht von den jüdischen Organen, sondern vielmehr gerade von denjenigen ausgegangen sind, die in der Judenhetze in vorderster Reihe stehen. Die Beispiele liegen ja nahe genug; nie hat in der Zeit, von der ich aus eigener Erfahrung reden kann, irgend ein jüdisches Preßerzeugnis an Perfidie der Polemik das römische Jesuitenblatt erreicht, das zur Schmach des deutschen Volkes den Namen »Germania« an der Spitze trägt, nie an Niedertracht der Verläumdung die »Reichsglocke« des Herrn Gehlsen oder an frecher Verhöhnung jedweden nationalen Gefühls das »Vaterland« des urgermanischen Herrn Dr. Sigl!

Aber Sie meinen das Judenthum habe noch in anderer Beziehung einen verderblichen Einfluß auf die deutsche Presse ausgeübt. Börne zuerst habe in unsere Journalistik jenen eigenthümlich schamlosen Ton eingeführt, der über das Vaterland so von außen her ohne jede Ehrfurcht abspricht, als ob man selber gar nicht mit dazu gehöre. Indessen jene schneidige Selbstkritik, die bei Börne allerdings in besonders bemerkenswerther Weise hervortritt, ist, wie mir scheint, von jeher einer und, wie ich meine, nicht der schlechteste

Zug deutschen Charakters gewesen. Daß ich von Anderen schweige: wie unbarmherzig, um mit Ihren eigenen Worten zu reden, hat nicht schon vor zwei Jahrhunderten der von Ihnen mit Recht so hochgeschätzte Samuel von Pufendorf die Blöße seines eigenen Landes vor aller Welt aufgedeckt, er, der die Maske des frivolen Italieners vornahm, um desto unbefangener die Zustände Deutschlands kritisiren zu können, gleich als ob er gar nicht mit dazu gehöre! Und wenn Sie es bei der Besprechung von Pufendorf's Schriften ausdrücklich hervorheben, daß der überlegene Hohn von jeher das Vorrecht großer Publicisten gewesen, so scheint es mir nicht billig, Börne, der von jenem an heißer Gluth der Vaterlandsliebe sicherlich nicht übertroffen wurde, mit anderem Maße zu messen. Und wenn ich schließlich mit Ihnen der Ansicht bin, daß Börne's Einfluß auf die deutsche Journalistik ein sehr bedeutender gewesen ist, so haben doch andere Factoren weit bestimmender auf dieselbe eingewirkt. Es hat Ihnen gewiß nicht entgehen können, wie sehr unsere Presse namentlich seit der Julirevolution durch das Vorbild der Pariser beeinflußt worden ist; hat sie dieser ohne Frage eine oder die andere gute Eigenschaft zu verdanken, so ist es mir doch zweifellos, daß andererseits der vielfach in derselben eingerissene frivole Ton – eine der unerfreulichsten Erscheinungen unserer Zeit – wesentlich hierauf zurückzuführen sein wird. Börne nahm es mit seiner Aufgabe alle Zeit sehr ernst.

Ich denke alle wichtigeren Punkte, die in ihren Erörterungen über die Judenfrage begegnen, im Vorstehenden unbefangen und vorurtheilsfrei geprüft zu haben*, so weit das bei

* Wenn eine oder die andere Ansicht, wie z. B. die Meinung, daß neuerdings ein gefährlicher Geist der Ueberhebung in jüdischen Kreisen erwacht sei, unbesprochen geblieben ist, so wird man das erklärlich finden; gegen derartige allgemeine und unsubstanziirte Behauptungen läßt sich schlechterdings nicht polemisiren. Für Herrn Grätz aber kann ebenso wenig das Judenthum verantwortlich gemacht werden, wie z. B. das Germanenthum für die Geschichtsschreibung des Herrn Onno Klopp. Wie man übrigens in einsichtigen jüdischen Kreisen über sein Buch denkt, ergiebt sich aus Abr. Geiger, Jüd. Zeitschrift für Wissenschaft und Leben IV, 146; VI, 220.

der starken Erregung möglich ist, die sich angesichts der gegenwärtigen Agitation jedes deutschen Juden bemächtigen mußte: jedenfalls werden Sie mir nicht den Vorwurf machen können, daß ich mich zum unbedingten Apologeten unseres Judenthums habe machen wollen. Um so entschiedener und nachdrücklicher aber muß ich gegen den geradezu ungeheuerlichen Schlußsatz protestiren, in welchem Sie die Kritik desselben zusammenfassen und der gleichsam die scharfe Spitze Ihrer Ausführungen bildet. »Bis in die Kreise unserer höchsten Bildung hinauf«, sagen Sie, »unter Männern, die jeden Gedanken kirchlicher Unduldsamkeit oder nationalen Hochmuths mit Abscheu von sich weisen würden, ertönt es heute wie aus einem Munde: die Juden sind unser Unglück!« Man muß diesen Satz in seinen einzelnen Bestandtheilen prüfen, um seine Tragweite völlig zu ermessen. Nicht auf die althergebrachten, von den Vätern ererbten und auf die Kinder verpflanzten Vorurtheile gegen die Juden, die in weiten Kreisen unseres Volkes herrschen, beziehen Sie Sich, sondern auf die wohlerwogene Ueberzeugung von Männern, die an der Spitze der geistigen Bewegung der deutschen Nation stehen. Nicht vereinzelt, meinen Sie, herrsche in diesen Kreisen eine Antipathie gegen die Juden, sondern dieselbe verschaffe sich einen einmüthigen und einstimmigen Ausdruck. Nicht gegen einen einzelnen oder mehrere Fehler und Schwächen des deutschen Judenthums richte sich dieselbe, sondern gegen die Gesammtheit, die man kurzweg als unser Unglück, als das Unglück des deutschen Volks bezeichne. Dem ist zur Ehre des deutschen Volkes mit nichten so. Ich habe in den letzten Wochen Gelegenheit gehabt, mit manchem meiner christlichen Freunde, die nicht weniger Anspruch darauf haben, zu den Kreisen unserer höchsten Bildung zu zählen, als Sie selbst, über diese Angelegenheit Rücksprache zu nehmen – nicht einen habe ich gefunden, der Ihren Satz zu vertreten und auf sich zu beziehen geneigt gewesen wäre!

An sich freilich sollte mich derselbe nicht Wunder nehmen. In Momenten, wie der gegenwärtige, da in dem Volke ein gewisses Unbehagen, eine allgemeine Unzufriedenheit mit seiner Lage Platz gegriffen hat, ist es von jeher beliebt gewesen, einen Sündenbock aufzusuchen, dem man die eigene und die fremde Schuld aufzubürden geneigt ist. In Deutschland haben dazu von Alters her die Juden dienen müssen. Wie man im 13. Jahrhundert den Verrath Deutschlands an die Mongolen, im 14. das Wüthen der Pest ihnen zur Last legte, so sind sie auch heute der bequeme Prügelknabe, der für Jedermann herhalten muß. Ihnen schreiben die Conservativen die Hauptschuld an unserer liberalen Gesetzgebung, die Ultramontanen an dem Culturkampfe zu; sie werden verantwortlich gemacht für die angebliche Corruption unserer Presse und unseres Buchhandels, für die wirthschaftliche Krisis, für den allgemeinen Nothstand und für den Verfall der Musik. Geht es doch so weit, daß sogar schon Herr Prof. Zöllner jüdischen Intriguen eine Mitschuld an dem geringen Fortschritt der spiritistischen Bewegung zuschreibt, und daß Herr Prof. Jäger es auf ein jüdisches Complot zurückführt, daß seine Seelen-Theorie nicht die ihr nach seiner Meinung gebührende Anerkennung gefunden hat. Es ist nur eine letzte Consequenz davon, wenn Sie Alles kurz und bündig in dem vernichtenden Ausdruck zusammenfassen: die Juden sind unser Unglück! Aber daß Sie, gerade Sie Sich dazu haben entschließen können, das war mir ein tiefer Schmerz und eine bittere Enttäuschung.

Ihnen, sehr geehrter Herr College, weist der hohe Rang, den Sie in Wissenschaft und Politik einnehmen, eine verantwortungsvolle Stellung zu. Mag dieser oder jener unbekannte Mensch ohne Namen und ohne Bedeutung sich mit der Wiederholung der schon hundert Mal wiederholten Anklagen und Beschuldigungen begnügen: wenn Sie Sich entschlossen, Sich an der Discussion über die Judenfrage zu betheiligen, so mußten Sie sagen, was denn geschehen solle, dieselbe zu lösen*. Solche positiven Vorschläge vermisse ich, wie im ganzen Verlauf Ihrer Darlegungen, so auch am Schluß derselben. Eine Aufhebung oder Beschränkung der Emancipation weisen Sie selbst als unmöglich und unwürdig zurück: und schließlich begnügen Sie Sich mit moralischen Ermahnungen und legen statt jedes anderen Vorschlages die Lösung in die Hände der Juden selbst, denen Sie noch einmal zurufen, Deutsche zu sein. Daß meine Stammesgenossen nach dieser Richtung hin an sich selbst arbeiten, werden Sie gewiß nicht in Abrede stellen; noch vor einem Jahrhundert war kaum ein oder der andere in Deutschland lebende Jude ein Deutscher, und heute geben Sie zu, daß es ihrer Viele zu ihrem und des deutschen Volkes Glücke geworden seien. Eine Schrift wie die Ihrige freilich, die von gewandten Agitatoren geschickt ausgebeutet wird, kann nur dazu beitragen, die Schranken, welche zwischen Deutschen und Juden noch bestehen, zu erhöhen und zu befestigen, statt sie entfernen zu helfen.

Und doch könnten Sie und Ihre Gesinnungsgenossen erheblich dazu beitragen, die erwünschte Lösung der Frage, die sich natürlich nicht mit einem Male und sprungweise, sondern nur langsam und allmählich herausbilden kann, zu beschleunigen. Julian Schmidt hat einmal mit Recht hervorgehoben, wie man sich in Deutschland eine Gemeinvorstellung von den Juden gerade nach den niedrigsten Elementen bilde, denen man am häufigsten begegne. Die Juden, die man in der Literatur und auf der Bühne vorführt, sind entweder jene edlen und guten Gestalten, jene Ideale, die aber dann als Ausnahmen erscheinen, oder es sind Trödler, Hausirer und Wucherer, die durch ihre Sprache die Lachlust und durch ihr gemeines Gebahren die billige Entrüstung der Menge erregen. Jeder einzelne Jude muß sich somit, wie Schmidt

* Vgl. H. v. Treitschke, Pr. Jahrb. XXV. 691: Der Publicist soll auf den Willen wirken, jeder Stil ist ihm erlaubt, jede Unebenheit der Darstellung, selbst einige triviale Sätze mögen ihm hingehen, wenn er nur ein Ende findet, wenn er nur mit höchster Bestimmtheit sagt, *was er selber will.*

bemerkt, seine bürgerliche und gesellschaftliche Stellung erst von Neuem erkämpfen, und wenn er sie errungen hat, dann gilt auch er höchstens als eine Ausnahme, dem man, wie mir das noch vor kurzem von einem hochgebildeten, mir sehr wohlgesinnten Manne begegnet ist, ein zweifelhaftes Compliment macht, indem man ihm sagt, daß er doch eigentlich gar kein Jude sei. Mit der großen Masse der jüdischen städtischen Durchschnittsbevölkerung, die ohne den vordringlichen Luxus der Geldaristokratie und ohne den verkommenen Schmutz des Wucher- und Trödlerthums in stiller bürgerlicher Arbeitsamkeit lebt, ist man in christlichen Kreisen doch nur sehr wenig bekannt. Zu einfach und schlicht, vielfach auch durch manche herbe Erfahrung zu sehr eingeschüchtert, um jene Vorurtheile zu besiegen, die sie von ihren christlichen Mitbürgern trennen, ist diese Mehrzahl meiner deutschen Stammesgenossen, abgesehen von den Beziehungen des geschäftlichen und öffentlichen Lebens, wesentlich auf sich selbst beschränkt und auf den Verkehr im eigenen Kreise angewiesen. Wenn es gelingen könnte, den Begriff Jude aus den Merkmalen zusammenzusetzen, welche diese Mittelklasse aufweist, ohne sich durch jene Ausnahmen nach oben und nach unten beeinflussen zu lassen, so wäre, glaube ich, die sog. Judenfrage ihrer Lösung erheblich näher gebracht. Dazu aber könnten Sie, sehr geehrter Herr College, dem die Gabe des Wortes in so hervorragendem Maße verliehen ist, sehr wesentlich beitragen: Sie würden Sich damit ein größeres Verdienst erwerben können, als indem Sie, wie immer absichtslos, einer lediglich agitatorischen Judenhetze die Autorität Ihres Namens leihen.

Mit collegialischer Hochachtung *H. Breßlau*

Heinrich von Treitschke,
Noch einige Bemerkungen zur Judenfrage

Tagaus tagein stürmt eine Heerschaar von Flugschriften und Zeitungsartikeln gegen die Schlußworte meiner November-Rundschau heran. Meine Gegner selber scheinen zu fühlen, daß die kaufmännische Regel »die Menge muß es bringen« in geistigen Kämpfen nicht genügt; denn nachdem jede Zeile meines Aufsatzes durch ebenso viele Druckbogen voller Widerlegungen getödet worden ist, tritt an jedem neuen Tage ein neuer Streiter auf und hält für nöthig, die Blutarbeit von vorn zu beginnen.

Unter der Masse dieser Entgegnungen befindet sich eine, die ich mit aufrichtigem Bedauern gelesen habe: das würdig und sachlich gehaltene Sendschreiben meines Collegen Harry Breßlau. Als ich jenen Aufsatz schrieb, mußte ich unwillkürlich an einen verstorbenen Jugendfreund denken, einen guten Deutschen von jüdischer Abstammung, einen der treuesten, liebevollsten und uneigennützigsten Menschen, die ich je gekannt; ich richtete meine Worte so ein, als ob ich mit ihm spräche, und hoffte auf die Zustimmung jener Juden, die sich ohne Vorbehalt als Deutsche fühlen. Wenn ein so ganz deutsch gesinnter Mann, wie Breßlau, der meine Bemerkungen über die Auswüchse unseres Judenthums doch unmöglich auf sich beziehen kann, mir heute erklärt, daß er sich durch meine Worte tief gekränkt fühle, so sehe ich darin einen Beweis jener übertriebenen Empfindlichkeit, welche die deutschen Juden vor ihren französischen und englischen Stammgenossen auszeichnet. Diese Empfindlichkeit ist so krankhaft, daß man schließlich kaum noch weiß, mit welchem Namen man unsere israelitischen Mitbürger bezeichnen darf. Der Ausdruck Semit wird als eine schnöde Beleidigung zurückgewiesen; rede ich von Israeliten, so tadelt mich ein Breslauer Blatt wegen dieser hochmüthigen Cavalierphrase; ein jüdischer College an einer kleinen Universität hingegen, ein wohlmeinender Mann, der ähnlich denkt wie Breßlau, spricht mir die Hoffnung aus, es werde der beleidigende Name Jude ganz abkommen und künftig nur noch von Israeliten die Rede sein. Angesichts solcher Reizbarkeit bleibt uns wirklich nur der alte deutsche Trost: Aergerniß hin, Aergerniß her!

Breßlau gelangt, obwohl er mir Einzelnes zugiebt, zuletzt doch zu dem Ergebniß, daß ich, befangen in einer unbegreiflichen Schrulle, meine Behauptungen aus der leeren Luft gegriffen hätte. Nun wohl; aber warum erregen dann diese willkürlichen Einfälle eines wunderlichen Heiligen nicht mitleidiges Lächeln, sondern einen unerhörten Sturm leidenschaftlicher Erwiderungen? Doch wohl nur, weil ein Theil der deutschen Judenschaft sich durch meine Worte getroffen fühlt, und weil man ahnt, daß ich keineswegs eine persönliche Ansicht ausgesprochen habe, sondern die Meinung von Hunderttausenden. Breßlau ist völlig im Irrthum, wenn er glaubt, die heutige Bewegung sei seit 1875 durch die Hochconservativen und Ultramontanen hervorgerufen worden. Sie ist in Wahrheit viel älteren Ursprungs; ich habe sie seit mehr als einem Jahrzehnt in der Stille anwachsen sehen. Seit vielen Jahren wird immer häufiger und immer leidenschaftlicher in den Gesprächen der guten Gesellschaft, ohne Unterschied der Partei, die Frage erörtert, wie wir unsere alte deutsche Art gegen die wachsende Macht und den wachsenden Uebermuth des Judenthums beschützen sollen. Wenn viele wackere Männer noch heute Bedenken tragen, ihre Meinung über die Frage öffentlich kundzugeben, so geschieht es nur, weil jene beiden extremen Parteien die vorhandene, in den weitesten Kreisen verbreitete Verstimmung für ihre Sonderzwecke auszubeuten suchen und nicht Jedermann die Gefahr laufen mag, als ein Gesinnungsgenosse der Clericalen verrufen zu werden. Mir schien es umgekehrt wünschenswerth, daß einmal ein Mann, den man nicht mit den beliebten Schlagworten »unduldsamer Pfaff« oder »der Jude wird verbrannt« abfertigen kann, sich unumwunden über die gegenwärtige Bewegung ausspräche.

Sollen wir etwa jene folgenschwere Veränderung unseres socialen Lebens, die sich vor unsern Augen vollzieht, nicht bemerken? Es bleibt dabei, daß in Berlin allein nahezu ebenso viel Juden leben wie in ganz Frankreich. Nach der neuesten mir zugänglichen amtlichen Zählung wohnten in Frankreich 49,439 Juden (was mit der etwas älteren Angabe Morpurgo's, die ich früher mittheilte, gut übereinstimmt), in Berlin im Jahre 1875: 45,464 Juden; die jüdische Bevölkerung unserer Hauptstadt hat sich seit 1811 auf das Vierzehnfache, die Gesammtzahl der Einwohner nur auf das Sechsfache vermehrt. Und dieser Stamm, der sich so mächtig in die Mittelpunkte unseres Staates und unserer Bildung hineindrängt, enthält außer sehr vielen achtungswerthen, gut patriotischen Leuten auch eine Schar von unverfälschten Orientalen, wie ich ihrer einen neulich nach seinen eigenen Worten schilderte, desgleichen einen Schwarm von heimathlosen internationalen Journalisten, sodann große, kosmopolitische Geldmächte – denn daß das Haus Rothschild mit Allem, was daran hängt, deutsch sei, wird doch wohl Niemand behaupten wollen – endlich manche schlechthin gemeinschädliche Elemente, von deren Bedeutung unsere mit jüdischen Wörtern so reich geschmückte Gaunersprache ein Zeugniß giebt. Die Emancipation hat insofern günstig gewirkt, als sie den Juden jeden Grund berechtigter Beschwerden entzog. Aber sie erschwert auch die Blutsvermischung, die doch zu allen Zeiten das wirksamste Mittel zur Ausgleichung der Stammesgegensätze war; die Zahl der Uebertritte zum Christenthum hat sich sehr verringert, und Mischehen zwischen Christen und ungetauften Juden werden immer nur seltene Ausnahmen bleiben so lange unser Volk seinen Christenglauben heilig hält.

Die Juden sind dem neuen Deutschland Dank schuldig für das Werk der Befreiung; denn die Theilnahme an der Leitung des Staats ist keineswegs ein natürliches Recht aller Einwohner, sondern jeder Staat entscheidet darüber nach seinem freien Ermessen. Statt solcher Dankbarkeit sehen wir in einem Theile unseres Judenthums einen Geist des Hochmuths aufwuchern, der sich keineswegs blos in der nichtswürdigen Religionsspötterei einzelner Zeitungsschreiber äußert, sondern zuweilen schon gradezu versucht die christliche Mehrheit in der Freiheit ihres Glaubens zu beeinträchtigen. Aus vielen wohlbeglaubigten Beispielen nur eines, das kürzlich von den Zeitungen berichtet wurde. In Linz am Rhein besteht eine katholische Volksschule, die auch von einigen jüdischen Kindern besucht wird. Bei dem Religionsunterrichte, woran die Juden selbstverständlich nicht theilnehmen, benutzt der Lehrer ein Lehrbuch der biblischen Geschichte, das, dem Neuen Testamente gemäß, erzählt, wie Christus von den Juden unschuldig gekreuzigt wurde. Alsbald beschwert sich der Synagogenvorstand bei der Regierung und verlangt Beseitigung dieses Lehrbuchs, weil es Haß und Verachtung gegen die Juden errege. Also im Namen der Toleranz maßt sich die winzige Minderheit ein Recht des Einspruchs an gegen die Glaubenslehre der Christen; für sich selber fordert sie die unbeschränkte Freiheit. Ohne jeden Zweifel beurtheilt Breßlau Vorfälle dieser Art genau ebenso wie ich; aber darf er es uns Christen verargen, wenn wir meinen, es sei hohe Zeit, einer Gesinnung, die schon wenige Jahre nach der Emancipation solche Früchte zeitigt, offen entgegenzutreten, bevor der Terrorismus einer rührigen Minderzahl, ermuthigt durch unsere feige Geduld, uns über den Kopf wächst?

Leider nöthigt mich Breßlau, noch einmal auf den Unterschied der beiden großen Stämme des europäischen Judenthums zurückzukommen. Er redet fast, als ob ich diesen Unterschied erfunden hätte. Was ich sagte ist aber aktenmäßig nachweisbar aus der Geschichte der französischen Gesetzgebung. Als die ersten Gemeinde- und Departementswahlen des Revolutionszeitalters herannahten, wurde der Nationalversammlung ein Gesetzentwurf vorgelegt, der allen Nicht-Katholiken das Wahlrecht und die Fähigkeit zur Bekleidung öffentlicher Aemter ertheilte. Maury und Rewbell, der Elsasser, beantragten die Juden von diesen Rechten auszuschließen, weil sie im Elsaß allzu verhaßt seien. Das Haus beschloß endlich, in das Gesetz, das am 24. December 1789 zu Stande kam, einen Satz aufzunehmen, kraft dessen die Constituante sich vorbehielt, über die Rechte der Juden später zu entscheiden. Nach abermaligen Berathungen folgte am 26. Januar 1790 das Gesetz »über die Juden des Südens«: die sogenannten spanischen Juden (les Juifs connus en France sous le nom de Juifs portugais, espagnols et avignonais) erhielten das active Bürgerrecht. Gegen die deutschen Juden Frankreichs aber blieb jener Vorbehalt vom 24. December 1789 noch immer in Kraft, obgleich der Gedanke der égalité damals alle Köpfe beherrschte; sie erhielten die gesicherte Gleichberechtigung erst durch die Verfassung vom 3. September 1791. Aus diesen Thatsachen erhellt, daß die Franzosen den Stammesunterschied innerhalb des Judenthums sehr wohl kannten, daß die spanischen Juden bei dem christlichen Volke weniger verhaßt waren als die deutschen. Nun ist Südfrankreich bekanntlich das classische Land der religiösen Leidenschaften. Wie fürchterlich hat hier die Glaubenswuth gehaust die Jahrhunderte hindurch, in den Albigenser- und den Hugenottenkriegen; noch das achtzehnte Jahrhundert sah hier die Gräuel des Camisardenkampfes und die Hinrichtung des Jean Calas; noch im Jahre 1815 raste der weiße Schrecken durch das Land, in Nimes und Montpellier wurden die Protestanten von dem Pöbel ermordet. Wenn ein solches, durch fanatischen Glaubenseifer berühmtes Volk mit seinen Juden im Ganzen freundlicher lebte als die gutmüthigen Elsässer, die nach deutscher Weise schon längst an das friedliche Nebeneinander der Glaubensbekenntnisse gewöhnt und schon seit anderthalb Jahrhunderten dem Jammer der Religionskriege entwachsen waren, so ergiebt sich der unabweisbare Schluß, daß der spanische Judenstamm sich leichter als der deutsche in die abendländische Weise zu schicken wußte. Diese Haltung der spanischen Juden hat nachher, wie mir scheint, einen günstigen Einfluß ausgeübt auf die Stellung des Judenthums in Frankreich überhaupt, sowie auf die Sitten der später eingeströmten deutsch-jüdischen Einwanderung.

Auch meine Bemerkungen über das Uebergewicht des Judenthums in der Tagespresse scheinen mir nicht widerlegt durch die Aufzählung der Zeitungen, die von Christen redigirt werden. Daß die Juden unter den Correspondenten ganz unverhältnißmäßig stark vertreten sind, giebt Breßlau selbst zu; wer aber das innere Getriebe unserer Zeitungen etwas näher kennt, der weiß auch, daß die Redacteure ihren Berichterstattern keineswegs so selbständig gegenüberstehen, wie Breßlau annimmt. Es kommt hier nicht blos in Betracht was die Zeitungen sagen, sondern auch was sie aus Furcht verschweigen. Viele Redactionen sind völlig außer Stande, sich der Ungnade ihrer jüdischen Correspondenten in Paris und London auszusetzen. Dazu die Rücksicht auf die Abonnenten. Die Schlesische Zeitung verlor im Sommer 1878 mit einem Schlage mehr als sechshundert jüdische Abonnenten, lediglich weil sie sich unterstanden hatte, über einige Aeußerungen jüdischer Ueberhebung ehrlich ihr Urtheil zu sagen. Endlich beziehen nahezu alle deutsche Zeitungen ihren Geschäftsgewinn aus den Inseraten, da der bei uns übliche allzu niedrige Abonnementspreis die Kosten nicht deckt; was aber die jüdische Kundschaft für diesen Zweig des journalistischen Geschäfts bedeutet, das lehrt ein Blick auf die vierte Seite unserer Lokalblätter. Ich selber bin über die stille sociale Macht des fest unter sich zusammenhaltenden Judenthums erst während der jüngsten Wochen ganz in's Klare gekommen – durch die Briefe von manchen achtungswerthen Männern, die mir ihre warme Zustimmung aussprechen, aber dringend um Verschweigung ihres Namens bitten, weil sie sich jüdischer Rachsucht nicht bloßstellen dürften. Nimmt man alle diese Verhältnisse zusammen, so wird erklärlich, warum ein großer Theil unserer liberalen Presse für die Ausschreitungen jüdischen Hochmuths nicht den zehnten Theil des Tadels übrig hat, der über jeden Fall christlicher Unduldsamkeit ausgeschüttet wird.

Ich sagte: wir wollen nicht, daß auf die Jahrhunderte germanischer Gesittung ein Zeitalter deutsch-jüdischer Mischcultur folge. Breßlau wirft mir ein, unsere Gesittung sei bereits eine Mischcultur. Das scheint mir ein Spiel mit Worten. Allen modernen Völkern ist die Gedankenarbeit vergangener Jahrtausende zum Stab und zur Stütze gegeben. Unsere deutsche Gesittung fließt, wie Breßlau richtig bemerkt, aus den drei großen Quellen: des classischen Alterthums, des Christenthums und des Germanenthums; doch ist sie darum durchaus nicht eine Mischcultur, sondern wir haben die classischen wie die christlichen Ideale mit unserem eigenen Wesen so völlig verschmolzen, daß sie uns in Fleisch und Blut übergegangen sind. Wir wollen aber nicht, daß zu diesen drei Culturmächten noch das neujüdische Wesen als eine vierte hinzutrete; denn was im Judenthum dem deutschen Genius zusagt, das ist schon längst durch die Vermittlung des Christenthums in unsere Gesittung aufgenommen worden. Wir wollen dies nicht; denn wir haben schon einmal bitter genug erfahren, daß der neujüdische Geist, wenn er sich dem unseren selbständig gegenüberstellt, unser Volk auf Abwege führt.

In den Tagen des wie lucus a non lucendo sogenannten Jungen Deutschlands wurde unsere Literatur von Börne und Heine beherrscht. Je mehr wir uns aber von jener Epoche entfernen, je ruhiger wir sie betrachten, um so klarer erkennen wir, daß sie eine Zeit sittlichen und geistigen Verfalles war. Kein anderer Zeitraum unserer Literaturgeschichte seit Klopstock hat so wenig Bleibendes hinterlassen. Unheimische, radicale, abstracte Ideen drangen damals in unser Leben, eine sclavische Verehrung fremden Wesens ward im Namen der Freiheit gepredigt; und noch bis zum heutigen

Tage arbeiten unsere besten geistigen Kräfte daran, die Nation von den undeutschen Idealen jener unfruchtbaren Epoche zu befreien und sie zu sich selber zurückzuführen. Breßlau täuscht sich, wenn er in Börne's Schriften den überlegenen Hohn Pufendorfs wiederzufinden glaubt. Dem Publicisten des Jungen Deutschlands fehlt gänzlich die Ueberlegenheit, die immer auf der Sachkenntniß ruhen muß: welch ein Abstand zwischen Pufendorfs gründlichem Fleiße und der Oberflächlichkeit Börnes, der niemals über irgend eine politische Frage ernstlich nachgedacht und geforscht hat! Der Hohn aber ist in der Politik nur dann berechtigt, wenn er aus der heißen Liebe zum Vaterlande, aus einem festen Nationalstolze entspringt. Was verhöhnte Pufendorf? Die verrotteten Formen des heiligen Reichs, die hohle Nichtigkeit der Kleinstaaterei. Von der deutschen Nation aber sprach er mitten in den Tagen ihres tiefsten Verfalles nie anders als mit freudigem Stolze, und ihrem ersten Manne, dem Großen Kurfürsten, setzte er ein Denkmal, das dauern wird wie Schlüters Standbild. Börne dagegen riß den größten Deutschen seiner Tage, Goethe, als den gereimten Knecht in den Koth und beschimpfte die Deutschen, das Volk der Bedienten, mit der ganzen Frechheit eines Mannes, der sich ihnen innerlich fremd fühlte. Die Geschichte hat bereits gerichtet. Börne ist todt, seine Gedanken sind überwunden, seine Schriften liest Niemand mehr außer den Fachgelehrten; Heine lebt und wird leben. Warum? Nicht blos, weil Heine eine ungleich reichere Natur war als Börne, nicht blos, weil die Dichtung eine zähere Lebenskraft besitzt als die Schriften des Publicisten, sondern vor Allem, weil Heine weit mehr ein Deutscher war als Börne. Heine's unsterbliche Werke sind wahrhaftig nicht jene internationalen Witze, um derentwillen er le seul poète vraiment parisien genannt wurde, sondern die schlichtweg deutsch empfundenen Gedichte: so die Loreley, dies echte Kind deutscher Romantik, so jene herrlichen Verse: »Schon tausend Jahr aus Gräcia«, die noch einmal Alles zusammenfaßten, was die Deutschen seit Winckelmann's Tagen über die Schönheit der hellenischen Welt gesungen und gesagt hatten. Heine ist sogar in seiner Sprache, wie alle unsere großen Schriftsteller, nicht ohne einen leisen landschaftlichen Anklang. Wie Goethe den Franken, Schiller den Schwaben nicht verleugnen kann, wie Lessing und Fichte, so grundverschieden unter sich, doch Beide unverkennbar Obersachsen sind, so zeigt sich Heine, wo seine Kraft rein zu Tage tritt, als der Sohn des Rheinlands. Börne hingegen redet jene abstracte journalistische Bildungssprache, die wohl glänzen und blenden kann, doch niemals wahrhaftig mächtig, niemals wahrhaft deutsch ist; ihr fehlt der Erdgeruch, die ursprüngliche Kraft; die Worte sinken nicht in des Hörers Seele.

Heute haben die wirklich bedeutenden und gesunden Talente unter unseren jüdischen Künstlern und Gelehrten längst eingesehen, daß sie nur auf den Bahnen des deutschen Geistes Großes erreichen können, und sie handeln darnach. Nur die anmaßende Mittelmäßigkeit stellt sich mit der Miene eingebildeter Ueberlegenheit dem ritterlichen germanischen Esau gegenüber; sie versucht die Marktschreierei der Geschäftswelt in die Literatur, das Kauderwälsch der Börse in das Heiligthum unserer Sprache einzuführen. Wenn wir solchen Unarten der schlechten Elemente unseres Judenthums entgegentreten, so sollten Männer wie Breßlau uns unterstützen. Eine ernste und tiefe Meinungsverschiedenheit zwischen ihm und mir vermag ich nicht aufzufinden.

Das Gleiche kann ich von der Streitschrift eines anderen Collegen leider nicht sagen. M. Lazarus geht in seinem Vortrage »Was ist national?« von dem unanfechtbaren Satze aus, daß das Wesen der Nationalität nicht in der Abstammung oder der Sprache allein zu suchen ist, sondern in dem zweifellosen, lebendigen Bewußtsein der Einheit. Aber obwohl er mit beredtem Pathos über die Bedeutung der Religion spricht, so läßt er sich doch nicht näher ein auf die schwierige Frage, inwieweit dies Bewußtsein der Einheit bei vollständiger Verschiedenheit des religiösen Gefühles möglich ist. Er nimmt vielmehr als erwiesen an, daß alle deutschen Juden in jedem Sinne Deutsche seien, und von dieser Behauptung gelangt er zu dem ungeheuerlichen Schlusse: »Das Judenthum ist ganz in demselben Sinne deutsch wie das Christenthum deutsch ist. Jede Nationalität umfaßt heute mehrere Religionen, wie jede Religion mehrere Nationalitäten.« Hier muß ich rundweg widersprechen. Ich bin kein Anhänger der Lehre vom christlichen Staate, denn der Staat ist eine weltliche Ordnung und soll seine Macht auch gegen die Nicht-Christen mit unparteiischer Gerechtigkeit handhaben. Aber ganz unzweifelhaft sind wir Deutschen ein christliches Volk. Um diese Weltreligion unter den Heiden zu verbreiten vergossen unsere Ahnen ihr Blut in Strömen; um sie auszugestalten und fortzubilden litten und stritten sie als Bekenner und Helden. Mit jedem Schritte, den ich in der Erkenntniß der vaterländischen Geschichte vorwärts thue, wird mir klarer, wie fest das Christenthum mit allen Fasern des deutschen Volkes verwachsen ist; selbst der Unglaube, sofern er nicht in frivole Spötterei ausartet, vermag bei uns nicht den Boden des Christenthums ganz zu verlassen. Christliche Gedanken befruchten unsere Kunst und Wissenschaft; christlicher Geist lebt in allen gesunden Institutionen unseres Staates und unserer Gesellschaft. Das Judenthum dagegen ist die Nationalreligion eines uns ursprünglich fremden Stammes, seinem Wesen nach mehr zur Abwehr als zur Bekehrung geeignet und darum auch wesentlich auf die Stammgenossen beschränkt. An seiner Entwicklung nahmen die Deutschen durch die Jahrhunderte gar keinen Antheil; seine Ideen, soweit sie nicht in das Christenthum übergegangen sind, übten auf unseren Staat, unsere Gesittung gar keinen Einfluß. Wer Angesichts dieser offenkundigen Thatsachen behauptet, das Judenthum sei genau in demselben Sinne deutsch wie das Christenthum, der versündigt sich an der Herrlichkeit der deutschen Geschichte.

Ebenso falsch ist, in solcher Allgemeinheit hingestellt, die Behauptung, daß jede Nationalität heute mehrere Religionen umfasse. Die bestgesitteten Nationen der Gegenwart, die westeuropäischen, sind allesammt christliche Völker. Jenes lebendige Bewußtsein der Einheit, das die Nationalität bedingt, kann sich der Regel nach nicht bilden unter Menschen, die über die höchsten und heiligsten Fragen des Gemüthslebens grundverschieden denken. Man stelle sich nur vor, daß die Hälfte unseres Volkes sich vom Christenthum lossagte: kein Zweifel, die deutsche Nation müßte zerfallen. Alles was wir deutsch nennen ginge in Trümmer. Lazarus beachtet nicht den Unterschied von Religion und Confession; er denkt sich die Begriffe: katholisch, protestantisch, jüdisch als coordinirt. Confessionelle Unterschiede innerhalb derselben Religion kann eine Nationalität allerdings ertragen – schwer genug freilich, wie die Leidensgeschichte Deutschlands zeigt. Der Gegensatz der Protestanten und Katholiken, wie gehässig er auch leider oft hervortritt, bleibt doch ein häuslicher Streit innerhalb des Christenthums; wir Protestanten haben mit unseren katholischen Landsleuten wesentliche Grundsätze christlicher Dogmatik und Moral gemein. Wenn unsere tapferen Väter nach heißem Kampfe das Schwert in die Scheide steckten und sich die Hände boten zu einem Religionsfrieden, dann setzten sie in den Vertrag regelmäßig die Clausel: donec per Dei gratiam de religione ipsa convenerit. So darf auch heute noch kein deutscher Christ die Hoffnung aufgeben, es werde dereinst eine reinere Form des Christenthums sich bilden, welche die getrennten Brüder wieder vereinigt. Hingegen das Bestehen mehrerer Religionen innerhalb einer Nationalität kommt wohl als ein Uebergangszustand vor; auf die Dauer ist es, wie die Geschichte aller abendländischen Culturvölker lehrt, nur da möglich, wo eine Religion die Regel bildet, die Andersgläubigen die Ausnahme, die verschwindende Minderheit. Dies ist die Lage des Judenthums im heutigen Westeuropa. Die christlichen Völker des Westens sind darum noch nicht christlich-jüdisch geworden, weil eine kleine Minderheit von Juden unter ihnen lebt. Sie mögen dieser Minderzahl alle staatsbürgerlichen Rechte und vollkommene Religionsfreiheit gewähren; doch sie bleiben auch nach der Judenemancipation berechtigt und verpflichtet, in dem angehobenen Gange ihrer christlichen Gesittung zu beharren, den christlichen Geist ihrer Institutionen zu bewahren. Es ist der Grundfehler des Lazarus'schen Vortrags, daß der Redner für alle diese Verhältnisse gar kein Auge hat, und die bescheidene Ausnahmestellung, welche dem Judenthum in der christlichen Culturwelt gebührt, hochmüthig verkennt.

Von den übrigen Streitschriften erwähne ich nur noch eine, weil in ihr ein händelsüchtiger, beleidigender Rassendünkel, mit christlicher Salbung versetzt, hervortritt. Wer Berliner Personen und Zustände kennt, wird leicht begreifen, daß Herr Paulus Cassel sich durch meine Bemerkungen über das Reclame-Unwesen des jüdischen Literatenthums schwer beleidigt fühlt und mich mit gewohnter Anmuth als den Pharisäer des modernen Bewußtseins darstellt. Unbegreiflich aber ist es, daß ein christlicher Geistlicher die Judenfrage der Gegenwart zu lösen vermeint durch die Worte Christi: »das Heil kommt von den Juden!« und darauf die unbiblische, aus verschiedenen Bibelstellen willkürlich zusammengeschweißte Weissagung ausspricht: »Die Völker müssen alle in den Zelten von Christus Sem wohnen!« Herr Cassel verschweigt dabei nur die Kleinigkeit, daß jene Worte Jesu gesprochen wurden bevor die Juden selber das Heil von sich stießen und Christus kreuzigten. Den heutigen Christen zurufen: »das Heil kommt von den Juden!« – ist noch weit thörichter, als wenn ein Protestant zu Protestanten sagen wollte: das Heil kommt von Rom, weil Luther von der römischen Kirche ausging und der Protestantismus einen großen Theil seiner Cultur der alten Kirche verdankt. Jede junge geistige Macht, die eine ältere besiegt, ist selber das Kind ihrer Gegnerin. Die Größe der christlichen Lehre liegt darin, daß sie, hervorgegangen aus einem semitischen Volke, das Semitenthum überwand und zur Weltkirche wurde. Wenn Herr Paulus Cassel in den Schriften des großen Apostels, auf dessen Namen er getauft ist, ernstlich forscht, so kann er sich über diese einfachen Wahrheiten unterrichten. Mag Herr Cassel zusehen, ob er für seine selbstverfertigte Lehre von »Christus Sem«, den das Neue Testament nicht kennt, gläubige Hörer findet: wir deutschen Christen halten uns an das Evangelium von dem Gottessohne. Derselbe Geist maßlosen Dünkels spricht aus der Behauptung des Herrn Cassel: das Judenvolk sei erst durch die frivolen Deutschen seiner Frömmigkeit entfremdet worden. Gewiß, Heinrich Heine verdankte seine Liederlichkeit allein dem Umgange mit jener deutschen Jugend, welche die Schlachten des Befreiungskrieges geschlagen hatte! – Seltsamerweise werden gerade diejenigen Sätze meiner November-Rundschau, die mir die wichtigsten waren, von keiner der zahlreichen Gegenschriften erwähnt: die Bemerkungen nämlich über die Mitschuld der Deutschen an der Macht des Judenthums. Wir haben uns durch die großen Worte von Toleranz und Aufklärung verleiten lassen zu manchen Mißgriffen im Schulwesen, welche die christliche Bildung unserer Jugend zu schädigen drohen, und beginnen jetzt endlich einzusehen, daß die Simultanschulen auf der niedersten Stufe des Unterrichts nur ein leidiger Nothbehelf sein können. Duldung ist ein köstlich Ding, doch sie setzt voraus, daß der Mensch selber schon eine feste religiöse Ueberzeugung habe. Ein guter Elementarunterricht muß in allen Fächern von dem gleichen Geiste durchdrungen sein. Weltgeschichte zu lehren vor Kindern, die nach Kinderart nur Gut und Böse, Wahr und Falsch zu unterscheiden wissen, und dabei weder den Protestanten, noch den Katholiken, noch den Juden Anstoß zu geben – das ist ein Eiertanz, der selbst einem bedeutenden Gelehrten kaum gelingen kann, geschweige denn der bescheidenen Bildung eines Elementarlehrers. Nichts gefährlicher für das kindliche Gemüth als die inhaltlose Phrase.

Es ist die Pflicht des Staates scharf darüber zu wachen, daß unseren Schulkindern nicht unter dem Aushängeschilde der Duldsamkeit die Gleichgiltigkeit gegen die Religion anerzogen werde. Auch gegen die Tyrannei des Wuchers, die von den unsauberen Schichten des Judenthums wie des Christenthums in traurigem Wetteifer geübt wird, kann der Staat etwas mehr Schutz gewähren als heute.

Wichtiger als alle Maßregeln der Staatsgewalt bleibt doch die Haltung der Nation selbst. Unsere Sorglosigkeit und Schwerfälligkeit konnte von den wirthschaftlichen Tugenden des jüdischen Stammes Manches lernen. Statt dessen sind wir nur zu empfänglich gewesen für die Schwächen und Krankheiten des jüdischen Wesens. Unser Kosmopolitismus kam dem jüdischen entgegen, unsere Tadelsucht erlabte sich an den hetzenden Reden der jüdischen Scandalpresse. Ein Volk von festem Nationalstolze hätte die Schmähungen der Epigonen Börne's niemals aufkommen lassen; ein Volk mit durchgebildeten Sitten hätte seine Sprache vor dem Einbruch jüdischer Witzblattsroheit spröder bewahrt. Vor allem Andern aber hat die unglückliche Zerfahrenheit unseres kirchlichen Lebens, die Spottsucht und der Materialismus so vieler Christen den jüdischen Uebermuth großgezogen. In den frivolen, glaubenlosen Kreisen des Judenthums steht die Meinung fest, daß die große Mehrheit der gebildeten Deutschen mit dem Christenthum längst gebrochen habe. Die Zeit wird kommen und sie ist vielleicht nahe, da die Noth uns wieder beten lehrt, da die bescheidene Frömmigkeit neben dem Bildungsstolze wieder zu ihrem Rechte gelangt. Am letzten Ende führt jede schwere sociale Frage den ernsten Betrachter auf die Religion zurück. Die deutsche Judenfrage wird nicht eher ganz zur Ruhe kommen, das Verhältniß zwischen Juden und Christen sich nicht eher wahrhaft friedlich gestalten, als bis unsere israelitischen Mitbürger durch unsere Haltung die Ueberzeugung gewinnen, daß wir ein christliches Volk sind und bleiben wollen. –

10. Januar 1880

Harry Breßlau, Nachwort zur zweiten Auflage

Nachdem die zweite Auflage des vorstehenden Sendschreibens bereits gesetzt war, ist mir die Erwiderung auf meine Ausführungen zugegangen, welche H. v. Treitschke im Januarheft der Preußischen Jahrbücher veröffentlicht hat. Wenn ich es gern und dankend anerkenne, daß mein College meine Worte in demselben Geiste aufgenommen hat, in welchem sie geschrieben worden sind, so bedauere ich um so mehr, constatiren zu müssen, daß wir uns durch die Discussion hinsichtlich mehrerer wichtigen Punkte doch nur wenig näher gekommen sind. Ich beschränke mich in diesen nachträglichen Bemerkungen darauf, einige derselben, die mir vom Gesichtspunkt des Historikers aus besonders beachtenswerth erscheinen, noch einmal in möglichster Kürze zu erörtern.

In welchem Umfange unsere Anschauungen über die gegenwärtige Bewegung noch auseinandergehen, das zeigt sich gleich in dem Erstaunen Treitschke's über die große Zahl der Entgegnungen, welche sein Artikel hervorgerufen hat, und mehr noch in dem Vorwurf der krankhaften Empfindlichkeit, den er speciell an mich deswegen richtet, weil ich mich durch seinen Aufsatz gekränkt gefühlt habe. Wie es scheint, empfindet er gar nicht, wie verletzend gerade diejenigen unter den Juden, welche sich ganz deutsch zu denken und zu fühlen bewußt sind, der von mir oben Seite 22 als die scharfe Spitze seiner Ausführungen bezeichnete Satz: »Die Juden sind unser Unglück«, berühren mußte. Hier waren nicht blos Auswüchse des Judenthums angegriffen, sondern alle Juden; es war als die Anschauung der besten Kreise unserer Nation eine Behauptung hingestellt, die zurückzuweisen nicht eine übertriebene Empfindlichkeit, sondern unsere Pflicht und unsere Ehre uns geboten. War das von Herrn v. Treitschke nicht so gemeint, um so besser; allein dann hätte es auch nicht so gesagt werden dürfen; am wenigsten gerade in dem gegenwärtigen Zeitpunkt und gerade von ihm.

Auch die Ansicht meines Herrn Collegen über die Entstehung der heutigen Bewegung hat mich in keiner Weise zu überzeugen vermocht. Wäre dieselbe wirklich aus jener immer steigenden Erregung zu erklären, die er seit mehr als zehn Jahren in den Gesprächen der guten Gesellschaft beobachtet hat, so hätte sie ihm schwerlich vor zwei Monaten als das am meisten befremdende Symptom einer tiefen, durch unser Volk gehenden Umstimmung erscheinen können. Ich denke nicht daran, die Richtigkeit jener Beobachtung selbst zu bestreiten, aber ich möchte doch darauf aufmerksam machen, daß eine solche Wahrnehmung eines Einzelnen oder selbst einer Anzahl von Personen sich der Natur der Sache nach immer nur auf einen sehr eng begrenzten Kreis von Erscheinungen beziehen kann, und daß abgesehen von den von Treitschke erwähnten Gesprächen keinerlei Manifestation jener Erregung erkennbar zu Tage getreten ist. Wenn ein künftiger Geschichtsschreiber der neuesten antijüdischen Agitation die Wahl hat, ob er die leidenschaftliche Erregung der Volksmassen ableiten will aus jenen von Herrn v. Treitschke beobachteten Stimmungen innerhalb gewisser Kreise der guten Gesellschaft oder aus der von mir nachgewiesenen, vom ihm nicht bestrittenen planmäßigen und geflissentlichen Verhetzung, wie sie seit vier Jahren fast die gesammte Presse mehrere großen und einflußreichen Parteien in ganz Deutschland sich zur Aufgabe gemacht hat – ich glaube, er wird nicht zweifelhaft sein können, wie er sich zu entscheiden habe.

Auf seine frühere Behauptung, daß die Israeliten des Westens und Südens zumeist dem spanisch-portugiesischen Judenstamme angehörten, kommt Herr v. Treitschke, nachdem sie durch die von mir beigebrachten Thatsachen als unrichtig erwiesen ist, nicht zurück. Aber die Ansicht, daß die spanischen Juden sich dem abendländischen Wesen leichter einzufügen verständen als die deutschen, hält er fest; er beruft sich nunmehr darauf, daß auch in Frankreich 1790 ein Unterschied zwischen den Spaniern und den Juden des Elsasses und Lothringens gemacht worden sei. Das letztere würde ich nie bestritten haben; aber weder kann ich den Folgerungen zustimmen, die er daraus zieht, noch ist der Verlauf der Thatsachen im Einzelnen so, wie er ihn darstellt. Die sogenannten spanischen Juden erhielten keineswegs, wie Herr v. Treitschke annimmt, erst durch das Gesetz vom 26. Januar 1790 das active Bürgerrecht, sondern dasselbe bestätigte ihnen vielmehr, gegenüber einem von Rewbell gestellten Antrage auf Ausschluß der Juden von der Emancipation der bisher rechtlosen Culturgenossenschaften, den Besitz der von ihnen seit unvordenklicher Zeit ausgeübten bürgerlichen Rechte*. Diese durch königliches Patent von 1550 privilegirten Spanier waren nämlich gar nicht als Juden, sondern als Scheinchristen nach Südfrankreich gekommen; sie unterwarfen sich allen Gebräuchen der katholischen Kirche, hielten ihre wahre Religion streng verborgen und bekannten sich erst im Zeitalter der Aufklärung, etwa seit dem Anfang des 18. Jahrhunderts, auch öffentlich wieder zum Glauben ihrer Väter. *Darum* entgingen sie während der Hugenotten-Kriege allen Verfolgungen, *darum* waren sie innerhalb des französischen Staates vollberechtigt. Es giebt unter ihnen im 17. und 18. Jahrhundert nicht wenige Männer, welche durch den Erwerb adliger Herrschaften in den erblichen Adelstand emporstiegen und alle damit verbundenen Rechte, sogar die der hohen Gerichtsbarkeit ausübten; sie haben an den Wahlen für die Generalstände von 1789 Theil genommen, und nur an wenigen Stimmen fehlte es, daß damals ein Jude von der Provinz Guyenne zum Deputirten erwählt wäre. Daß man zwischen ihnen, die seit mehr als zwei Jahrhunderten Franzosen waren, und den bis 1790 von dem Erwerb von Grundbesitz und fast von jedem ehrlichen Gewerbe ausgeschlossen, darum auch allgemein verhaßten elsässischen Juden einen Unterschied machte, daß man die

* Les Juifs connus en France sous le nom de Juifs portugais, espagnols et avignonais, *continueront de jouir des droits desquels ils ont joui jusqu'à présent.*

letzteren übergangslos aus dem Zustande völliger Rechtlosigkeit in den völliger Rechtsgleichheit überzuführen Bedenken trug, begreift sich leicht und bedarf nicht der Erklärung durch die Annahme einer verschiedenen Assimilationsfähigkeit beider Gruppen der europäischen Judenschaft.

Gegenüber meinem Nachweise, daß die oft wiederholte Behauptung, unsere Zeitungen würden von den Juden geschrieben, hinsichtlich der Mehrzahl der größeren, älteren und einflußreicheren Organe der gemäßigten Parteien nicht zutreffe, betont Herr v. Treitschke nunmehr den Einfluß der jüdischen Correspondenten in höherem Maße und ist der Meinung, daß auch in der Abhängigkeit vieler Zeitungen von ihren jüdischen Abonnenten und Inserenten sich der Einfluß der Juden auf die Presse äußere. Wir kommen damit immer mehr von dem Gebiet bestimmt erweislicher Thatsachen auf ein solches, das der Natur der Sache nach keine statistische Controle mehr zuläßt, und über das man daher ohne Nutzen streiten würde. Im Allgemeinen aber glaube ich nicht, daß die Juden, die man doch gewöhnlich für gute Geschäftsleute hält, sich bei der Wahl der Zeitungen, in denen sie inseriren, durch andere Rücksichten als die der größtmöglichen Verbreitung ihrer Ankündigungen leiten lassen; und als Abonnenten vermögen die Juden doch wohl kaum einen bedeutend erheblicheren Einfluß auf die Presse auszuüben, als ihnen nach ihrer Kopfzahl innerhalb des deutschen Reiches zukommt. Speciell in dem von Herrn v. Treitschke hervorgehobenen Fall der »Schlesischen Zeitung«, die wegen einiger, immerhin aus ehrlicher Überzeugung hervorgegangenen, aber darum nicht weniger gehässigen Judenartikel 600 Abonnenten verloren haben soll, vermag ich weder etwas Tadelnswerthes, noch etwas Gefährliches zu erblicken. Man kann doch wahrlich auch dem Juden nicht zumuthen, daß er eine Zeitung halten soll, die ihm schon am frühen Morgen durch hämische Angriffe die gute Laune verdirbt; und jenes schlesische Blatt hat sich durch den Verlust an Abonnenten in keiner Weise abhalten lassen, seiner Meinung über die Juden auch später einen recht kräftigen Ausdruck zu verleihen.

Wenn Herr v. Treitschke meiner Vergleichung Börne's mit Pufendorf entgegenhält, daß der Hohn Börne's weder überlegen, noch auch berechtigt gewesen sei, weil er nicht in echter Vaterlandsliebe gewurzelt habe, so kann ich zu meinem Bedauern meine Ansicht hier nicht näher begründen, wenn nicht dies Nachwort zu einer literarhistorischen Abhandlung anschwellen soll; ich beschränke mich, darauf aufmerksam zu machen, daß wenigstens in letzterer Beziehung Literarhistoriker wie M. Carrière und Rudolf Gottschall die Ansicht des Herrn v. Treitschke nicht theilen. Warnen aber möchte ich davor, den Umstand, daß Börne's Schriften heute nur noch wenig gelesen werden, als einen giltigen Richterspruch der Geschichte über seine Wirksamkeit zu betrachten. Wie ungerecht wäre dann dies Gericht nach dem bekannten Epigramm schon zu Lessings Zeiten gegen den großen Klopstock verfahren!

So befinde ich mich denn zu meinem Bedauern hinsichtlich dieser und anderer mit unserer Frage zusammenhängenden Momente doch noch in erheblichen Differenzen der Anschauung mit meinem geehrten Collegen. In einer Beziehung aber stimme ich ihm völlig zu. Er fordert mich und meine Gesinnungsgenossen auf, ihn in dem Kampf gegen die schlechten Elemente innerhalb des Judenthums zu unterstützen. Wir mögen über den Umfang und die Ausdehnung dieser Elemente verschiedener Ansicht sein: über die Frage aber, *was* schlecht und niedrig und deshalb bekämpfenswerth sei, kann zwischen uns kein Unterschied der Meinung bestehen. Und ich darf ihm im eigenen Namen und in dem vieler Gesinnungsgenossen die feste Versicherung geben, daß wir es an unserer Unterstützung in jenem Kampfe in Zukunft ebensowenig fehlen lassen werden, wie wir in der Vergangenheit unterlassen haben darin, ein jeder nach seinen Gaben und nach seinen Kräften, thätig zu sein. Vor der Oeffentlichkeit freilich kann *dieser* Kampf nicht ausgefochten werden. Uns aber nöthigt in diesem Augenblick noch ein anderer Angriff zur Abwehr, zur Vertheidigung unserer Ehre, die man schmäht, und unseres Vaterlandes, das man uns nehmen will. Immer lauter wird das Geschrei derer, die dem deutschen Volke zurufen, mit keinem Juden geschäftliche Verbindungen anzuknüpfen, mit keinem geselligen Verkehr zu unterhalten, keinen Juden zu einem communalen oder staatlichen Ehrenamte zu wählen; sie möchten nachdem das Staatsgesetz uns die Gleichberechtigung verliehen hat, nunmehr eine sociale Excommunication nicht bloß über die schlechten Elemente, sondern über die Gesammtheit des deutschen Judenthums verhängen. Ich darf hoffen, daß auch wir unsererseits in dem gerechten Vertheidigungskampfe gegen diese Bestrebungen auf die Unterstützung meines Collegen zählen können; und ich bin sicher, daß es nicht mit seiner Zustimmung geschieht, wenn die Leiter dieser Bewegung noch immer nicht aufhören dem deutschen Volke vorzuspiegeln, daß Heinrich von Treitschke ihr Bundesgenosse sei.

Wilhelm Endner, Zur Judenfrage.
Offene Antwort auf das offene Sendschreiben des Herrn Dr. Harry Breßlau an Herrn von Treitschke

Vorwort

Wenn Herr Dr. Harry Breßlau, a. o. Professor der Geschichte an der Universität Berlin, ein offenes Sendschreiben dem allgemeinen Publikum übergiebt, so kann ihm ein Jeder aus dem Volke darauf antworten.

Daher haben auch wir ein Recht, an der Hand seines Buches zu zeigen, in welcher Weise ein berufener Verfechter des Judenthums es unternimmt, seine Sache zu vertheidigen; an seiner eignen Person, der er sich zu den Gebildeten seines Volkes zählt, der nach seinen eigenen Aeußerungen das eifrigste Bestreben hat, ein voller Deutscher zu werden, darzuthun, wie unmöglich es einem Juden ist, deutsche Gesittung und Gesinnung sich anzueignen, aus seiner eignen Schrift die absolute Unverträglichkeit des Judenthums mit dem Deutschthum darzuthun.

Berlin, den 17. Januar 1880 *Der Verfasser*

Ein Herr Dr. Breßlau hat sich, wie er in einer 25 Seiten langen Broschüre erwähnt, »berufen und verpflichtet« gefühlt, Herrn v. Treitschke nachzuweisen, daß die im Novemberheft v. J. der Preußischen Jahrbücher von Herrn v. Treitschke über die Juden angestellten Betrachtungen auf »thatsächlichen Voraussetzungen beruhen, die zum großen Theil irrig sind, daß das gefällte Urtheil ungerecht und verletzend ist«, daß er, »von unhaltbarer Grundlage aus eine große Anzahl seiner Mitbürger tief gekränkt hat« u. s. w.

Ein Mann wie Herr v. Treitschke, der sich mit wissenschaftlichen Arbeiten beschäftigt, dürfte weder Zeit noch Lust haben, auf das vom Herrn Dr. Breßlau Vorgebrachte eingehender zu antworten; dazu ist es zu seicht, unlogisch und sich selbst widersprechend. Damit aber Herr Dr. Breßlau nicht meint, mit seinen in gewohnter jüdischer Süffisance niedergeschriebenen Phrasen etwas Großes geleistet zu haben, diene ihm Folgendes zur Erwiderung.

Herr Dr. Breßlau fühlt sich zu einer Entgegnung »berufen und verpflichtet«. Inwieweit »verpflichtet«, ist schwer abzusehen; leichter, inwiefern »berufen«.

Der »gebildete Jude«, also natürlich auch der gebildete Jude Dr. Breßlau, verachtet »mit *vornehmem* (!) Schweigen die grotesken Reden«, den »mißtönenden Chorus der Stöcker und Distelkamp«.

Was versteht der Jude unter »vornehm«? Ist es etwa vornehm, auf Anklagen zu schweigen, die man nicht widerlegen kann, Beschuldigungen nicht zurückzuweisen, die sich nicht zurückweisen lassen? Oder sind Sie zu vornehm, um sich mit den Herren Stöcker und Distelkamp überhaupt in Erörte-

rungen einzulassen? Nun, es dürften die Namen Stöcker und Distelkamp in Deutschland einen bessern, den Deutschen sympathischeren Klang haben, als der Name Harry Breßlau. Die Reden dieser Herren kommen Ihnen »grotesk« vor, ihr »Chorus mißtönend«? Sind Sie noch nie auf die Vermuthung gekommen, daß Ihre Reden der Mehrzahl der Deutschen höchst grotesk vorkommen könnten – ich erinnere Sie an Ihre bekannte Rede in der Potsdamer Vorstadt – daß Ihr Chorus deutschen Ohren vielleicht mißtönender vorkommt, als der Chorus von Stöcker und Distelkamp jüdischen Ohren?
Wie kommt nun aber Herr v. Treitschke zu der besonderen Ehre, von Ihnen angeredet zu werden?
Die Beantwortung dieser Frage ist leicht, sie liegt in der ersten Zeile der Broschüre, in der Ueberschrift: »Sehr geehrter Herr College«:
Ich, Dr. Harry Breßlau, bin »College« des Herrn v. Treitschke. Der »College« wird an allen möglichen und unmöglichen Stellen herbeigezogen. Herr v. Treitschke ist einer der namhaftesten Historiker Europas und ich bin sein College! Ja noch mehr. Ich werfe diesem bedeutenden Historiker vor, daß seine thatsächlichen Voraussetzungen zum großen Theile irrig sind, daß sein Urtheil ungerecht ist, daß er von unhaltbarer Grundlage aus eine große Anzahl seiner Mitbürger tief gekränkt hat (und zu dieser tiefen Kränkung gehört auch, daß Herr v. Treitschke der Ansicht ist, daß unter den führenden Männern in Kunst und Wissenschaft die Zahl der Juden nicht sehr groß sei, um so stärker die betriebsame Schaar der Talente dritten Ranges – »sind wir nicht 70 Universitäts-Professoren von jüdischer Abkunft in Deutschland« – sagt Herr Dr. Breßlau – »und bin ich nicht auch Einer davon, bin ich etwa auch nur ein Talent dritten Ranges?) ich werfe ihm vor, daß bei ihm Kenntnisse, Beurtheilungskraft und vielleicht auch guter Wille geringer sind, als bei mir. *Wie viel größer also – wenigstens auf diesem Felde – Dr. Harry Breßlau, als Herr v. Treitschke!*

Sollte das vielleicht der Grund sein, aus welchem sich Herr Dr. Breßlau *»berufen«* fühlt, seinen Namen mit dem des Herrn v. Treitschke zusammen der Oeffentlichkeit zu übergeben? Gern stehe ich von dieser meiner Meinung zurück, falls Herr Dr. Breßlau einen andern Grund angiebt, weshalb gerade *er* und zwar gerade Herrn v. Treitschke gegenüber sich zu einer Vertheidigung der Juden *»berufen«* fühlt.
Wie aber wird diese Vertheidigung geführt?
Ach, Herr Dr. Breßlau, ein Blick in die Broschüre genügt, um Ihnen zuzurufen:
Si tacuisses, philosophus mansisses.
Sie gehen von der Voraussetzung aus, daß die *heutige Judenfrage keine religiöse,* sondern eine Frage der *Race* ist.
Um Ihre eigenen Worte zu gebrauchen, ist diese thatsächliche Voraussetzung zum großen Theil irrig. Das, was den Juden dem Deutschen fremdartig macht, ist nicht bloß die Race, die sich in seiner äußeren Erscheinung offenbart, – seine Gebräuche, Ceremonien, Anschauungen, die sich auf die jüdischen religiösen Gesetze stützen, hindern ihn gewiß ebenfalls in hohem Grade, sich dem Deutschen in *seiner* Art und Weise zu assimiliren. Auch Sie selbst können nicht umhin, die religiöse Seite, wenn auch nur flüchtig, zu berühren, indem Sie S. 13 Ihrer Broschüre eine für uns Christen wenig schädliche Ansicht der ultraorthodoxen jüdischen Rabbiner anführen, andere dagegen wohlweislich verschweigen. Daß Sie keine Neigung haben, religiöse Fragen zu erörtern, ist leicht verständlich. Noch ist es keinem Juden gelungen, die Satzungen des Talmud mit der christlichen Lehre zu vereinen, keinem gelungen, zu zeigen, wie ein die Lehren des Talmud befolgender Jude neben dem Christen, der christliche Lehren befolgt, als gleichartig zu existiren im Stande ist. Der Jude hilft sich meist, indem er entweder sagt, der Talmud ist veraltet, ist für mich nicht maßgebend, oder er hüllt sich, wie Sie, Herr Dr. Breßlau, in *»vornehmes Schweigen«.* So werden auch wir später, bei der wenigstens theilweisen Beant-

wortung einiger von Ihnen gestellten Fragen, etwas auf die religiöse Seite der Frage eingehen müssen.
Sie finden den auch von Herrn v. Treitschke in vorliegender Frage gebrauchten Ausdruck »Semit« uncorrect und führen deshalb an, daß es außer den Juden auch noch andere semitische Stämme giebt, eine Erörterung, die für Jeden, der auch nur eine Dorfschule besucht hat, vollkommen überflüssig ist. Der Name Semit ist nicht etwa deshalb populär geworden, weil die Juden die einzigen Semiten auf der Erde sind, sondern einmal, weil sie die einzigen Semiten sind, die in größerer Anzahl unter den romanischen, germanischen und slavischen Völkern Europas wohnen, dann aber und hauptsächlich aus folgendem Grunde. Wie Sie S. 15 selbst erwähnen, existiren eine Anzahl von nicht-jüdischen Deutschen, die sich gesellschaftliche und sittliche Grundsätze angeeignet haben, die der Volksmund – ob mit Recht oder Unrecht, lasse ich dahingestellt – jüdische nennt, existiren nicht-jüdische Deutsche, die für Alles, was jüdisch ist, ein viel größeres Interesse haben, als für das, was christlich ist. Auch diese Leute nennt der Volksmund Juden resp. Judengenossen. Um nun solche Judengenossen von den Racejuden zu unterscheiden, hat sich für letztere allmälig die Bezeichnung »Semit« eingebürgert.
So ganz uncorrect dürfte hiernach die Bezeichnung »Semit« nicht sein; doch ziehe auch ich mit Ihnen den Ausdruck »Jude« vor. Es ist in ihm nicht bloß der Begriff der uns fremden Race verkörpert (mancher semitische Stamm ist uns wohl sympathischer als der jüdische), er führt uns zu gleicher Zeit eine Summe von Gebräuchen, Eigenschaften und Anschauungen vor Augen, die den unseren nicht allein fremdartig, sondern zum Theil direct entgegengesetzt sind und wir haben mit ihm ein vollkommneres Bild dessen, von dem wir sprechen.
Herr Dr. Breßlau geht nun in seinem »Sendschreiben« zuerst auf den Passus der deutschen Jahrbücher ein, in welchen Herr von Treitschke seine Befriedigung darüber ausspricht,

daß der Deutsche seit einigen Monaten es endlich wagt, gegen die Christenhetze, welche von den Juden und Judengenossen seit längerer Zeit inscenirt war, aufzutreten, daß Herr v. Treitschke es für einen Gewinn hält, »daß ein Uebel, das Jeder fühlte, aber Niemand berühren wollte, jetzt öffentlich besprochen werde«.

»Nichts« hat Herrn Dr. Breßlau »in größeres Erstaunen gesetzt, als diese Zeilen«.

Erstaunlich ist nun, womit Herr Dr. Breßlau dieses sein Erstaunen motivirt.

Er geht natürlich nicht auf das Wesentliche des Passus ein, daß wir Christen jetzt endlich anfangen, uns gegen das uns überwuchernde Judenthum zu wehren und daß dies eine erfreuliche Erscheinung ist; nein, er hängt sich mit echt jüdischer Zähigkeit an das eine Wort: »seit einigen Monaten«. Er zeigt auf etwa 2 Seiten, daß schon seit 1875 eine Anzahl von Zeitungen begonnen hat, auf das Fremdartige, Schädliche des Judenthums aufmerksam zu machen, hält es aber nicht etwa für nöthig, die in diesen Zeitungen von ihm zum Theil angeführten Anklagen, wenn auch nur *en passant*, zu *widerlegen* (vermuthlich ist er zu »vornehm« dazu*, er führt sie eben nur an. Will er, Herr Dr. Harry Breßlau, a. o. Professor der Geschichte an der Universität Berlin, zeigen, daß die Zeitungen für ihn ein Quellenstudium für die Geschichte der Gegenwart sind, oder daß es schon früher, als vor »einigen Monaten«, Männer gegeben hat, die von der Unzuträglichkeit, ja Gefährlichkeit des Judenthums für die christliche Welt überzeugt waren? – Dann konnten Sie vielleicht auch etwas von *Schopenhauer* und *Fichte* erwähnt haben. Wenn, was *sie* geschrieben haben, heute in einer Zeitung stände, wie würden Sie da über »Judenhetze« schreien! Oder, Herr Professor der Geschichte, wir können auch noch weiter zurückgehen. Sie erwähnen in Ihrer Broschüre das 13. und 14. Jahrhundert,

* Einmal nimmt er allerdings einen Ansatz dazu, indem er den seiner Zeit vielberufenen Ausdruck »Reichsfeind« ins Feld führt.

wo es nicht Einzelne waren, die sich der Juden zu erwehren suchten, wo das ganze Volk gegen sie aufstand, – wahrscheinlich zum Beweise dafür, daß der Widerwille gegen die Juden nicht bloß in den Köpfen einzelner Verführer spukte, sondern daß die ganze Masse des deutschen Volkes von ihm erfüllt war. Andere, von Ihnen nicht erwähnte Perioden werden Ihnen wohl ebenso bekannt sein, wie dem Schreiber dieses.

Lassen wir aber die verflossenen Jahrhunderte, die wir nicht herangezogen hätten, wenn es Herr Dr. Breßlau nicht selbst für angezeigt erachtet hätte, auf sie zurückzugreifen. Bleiben wir bei dem letzten Jahrzehnt. In ihm haben sich stets Stimmen gegen das Judenthum erhoben. Allerdings wurden sie immer lauter und lauter, je übermüthiger die Juden sich uns gegenüber geberdeten; allerdings waren die Artikel der Kreuzzeitung »Die Aera Bleichröder-Camphausen-Delbrück« epochemachend; aber was mit dem vorigen Jahr, also doch wohl »einige Monate« vor November 1879, der Bewegung ihren Charakter gab, das war, daß es eben nicht mehr einzelne Männer, nicht mehr einzelne Zeitungen, daß es ein großer Theil des deutschen Volkes war, der sich nicht bloß in Schrift, sondern auch in Wort des anstürmenden Judenthums zu erwehren suchte.

Vielleicht wird Ihnen, Herr Dr. Breßlau, als Professor der Geschichte, aus der Geschichte bekannt sein, daß, ehe die Masse des Volkes sich nach einer Richtung hin in Bewegung setzt, meist einige Anzeichen der bevorstehenden Bewegung sich zeigen; daß erst Einzelne und dann immer mehr und mehr auftreten, nicht, welche das Volk in diese Richtung treiben, sondern welche ihm nur vorangehen, bis das Volk selbst zu marschiren beginnt. Sie haben Zeitungen aller Richtungen genannt, welche als Vorboten der jetzt seit »einigen Monaten« in Fluß gekommenen Bewegung die Juden vor zu großem Uebermuth gewarnt haben, »hochconservative« und »ultraradicale«, »hochorthodoxe« und »ultramontane«. Sie

haben auch solche genannt, welche die Fahne des Judenthums hochgehalten haben, redigirt zum Theil nicht von Semiten, aber von Leuten, welche im gewöhnlichen Leben Judengenossen genannt werden. Wie hat sich dieser Zeitungskampf gestaltet? »Seit einigen Monaten« hat die Bevölkerung Berlins selbstthätig an dieser Bewegung theilgenommen, ist die Abwehr des Judenthums nicht mehr Gegenstand theoretischer Erörterungen, sondern praktischer, vom deutschen Volke ausgehender Erwägungen. Soviel sollten Sie als Professor der Geschichte doch wissen, daß eine tiefere Bewegung nicht von einigen Hitzköpfen ad libitum hervorgerufen werden kann, sondern daß sie das Resultat jahrelanger, das Lebensmark des Volkes angreifender Vorkommnisse ist.
Diese »einigen Monate« nun, auf welche sich Herr von Treitschke bezieht, haben Sie so sehr in Erstaunen gesetzt; voraussichtlich wird nach noch »einigen Monaten« Ihr Erstaunen noch größer werden.
Sie reden hierbei natürlich auch wieder von »Judenhetze«. Was verstehen Sie unter *»Hetze«*, Herr Professor? Etwa, daß der Jude den Christen, der ihm auch nur zum kleinsten Theil verpflichtet war, nicht mehr losließ, weiter und weiter umgarnte, bis er ihn schließlich an den Bettelstab gebracht und von Haus und Hof gehetzt hatte? oder, daß wir Christen wünschen, unter uns zu bleiben, ohne von den Juden behelligt zu werden, und den Juden gern gestatten, unter sich zu bleiben, wenn sie nur uns nicht behelligen? – etwa, wenn ein christlicher Prediger die Juden auffordert, etwas bescheidener und toleranter zu werden, der Jude dagegen den Christen gegenüber mit Viperzungen, Sumpfmiasmen etc. um sich wirft? Da muß es einem deutschen Kopfe wirklich scheinen, als ob der Jude mit den deutschen Worten einen ganz anderen Begriff verbindet, als der Christ.
Daß Herr von Treitschke, bekannt als Historiker, bekannt als Politiker, öffentlich erklärt, daß das Judenthum dem deutschen Volke nicht ein Segen sei, nennen Sie eine *»be-*

dauerliche Erscheinung«. Bedauerlich doch höchstens für Sie und Ihre Stammesgenossen, gewiß aber sehr erfreulich für die 40 Millionen Deutsche.
In der Hoffnung, daß sich nach Vorangehendem Ihr großes Erstaunen über die »einigen Monate« gelegt haben wird, kommen wir zu der nächsten Abtheilung Ihrer Brochüre. Dieselbe handelt von der Verschiedenartigkeit der socialen Stellung der Juden in Frankreich, Italien und England auf der einen, in Deutschland auf der andern Seite. Auch hier supponirt Herr Dr. Breßlau Herrn von Treitschke einen *»bedauerlichen Irrthum«*.
Herr Dr. Breßlau schreibt: Herr von Treitschke »statuirt, um das zu erklären, innerhalb des Judenthums einen neuen nationalen Unterschied«; Herr v. Treitschke »spricht von einem spanischen und einem polnischen Judenstamm und nimmt an, daß der erstere (im Westen und Süden vorherrschend) es verstanden habe, sich dem europäisch-abendländischen Wesen leichter zu fügen, als dieser« (in Deutschland vorherrschende).
Liegt nun der *»bedauerliche* Irrthum« darin, daß Herr von Treitschke von einem spanischen und polnischen Judenstamm spricht? Fast scheint es so. Herr Dr. Breßlau giebt eine eigene Ansicht hierüber nicht zu erkennen, aber der Ausdruck *neuer* nationaler Unterschied läßt es vermuthen. Dann wäre Herr Dr. Breßlau in einen wenn auch nicht bedauerlichen, so doch groben Irrthum verfallen. Es wird ihm aus dem alten Testament wohl bekannt sein, daß auch die alten Juden in mehrere Stämme zerfielen, die nicht blos eigene Rechte, resp. Verpflichtungen, sondern auch ihre speciellen Eigenthümlichkeiten hatten; es wird ihm auch bekannt sein, daß der Zuzug der Juden nach Europa nicht lediglich von Spanien (resp. Italien) her erfolgt ist, sondern daß auch unabhängig von diesen, Juden von Süd-Rußland her nach Europa kamen. Es wird ihm auch wohl bekannt sein, daß das von Seiten der sogenannten portugiesischen Juden gesprochene Jüdisch ein anderes ist, als

das von den sogen. polnischen Juden gesprochene.* Auch ist die ganze äußere Erscheinung des echt polnischen Juden eine andere, als die des portugiesischen. Zum Beweise, wie in die Augen fallend dieser Unterschied ist, mögen einige Zeilen dienen, die General v. Ségur, der in Frankreich doch gewiß auch Juden gesehen hatte, zur Charakterisirung der polnischen Juden 1812 schrieb:

»On les reconnaissait à leur prononciation grasse, à leur élocution voluble et précipitée, à la vivacité de leurs mouvements, à leur teint qu'échauffe la vile passion du gain. On remarquait surtout leurs regards avides et perçants, leurs figures et leurs traits allongés en pointes aiguës, que ne peut ouvrir un sourire malicieux et perfide; et cette taille longue, souple et maigre, cette démarche empressée; enfin leur barbe ordinairement rousse, et ces longues robes noires, que retient autour de leurs reins une ceinture de cuir: car tout, hors leur saleté, les distingue des paysans lithuaniens; tout rappelle en eux un peuple dégradé.«

Einem Einwande, der bei einem jüdischen Dialektiker nicht unmöglich wäre, will ich dabei gleich von vornherein begegnen, daß das, was 1812 galt, heute nicht mehr gilt. Wo es sich um *Stammes*eigenthümlichkeiten handelt, kommen einige Jahrzehnte nicht in Betracht.

Ferner ist es nicht bloß den Historikern, sondern auch vielen Laien wohlbekannt, daß selbst von den Juden, die im heutigen Rußland sitzen, nicht alle von Osten, sondern ein sogar großer Theil von Deutschland her gekommen ist. Als im Mittelalter die Juden in Deutschland vielfach verfolgt wurden, floh ein großer Theil von ihnen nach Polen, wo sie mit offenen Armen aufgenommen wurden. Der damalige König von Polen, Kasimir, genannt der Große, hatte eine jüdische Maitresse Esther und diese sorgte für ihre Glaubensgenossen

* Bei dem reinen, von der abendländischen Cultur noch nicht angehauchten, polnischen Juden überträgt sich sein eigenthümlicher Dialekt auch auf das Nichtjüdische; so spricht er z. B. mit Vorliebe statt laudo, ich lobe: lodo, ich laube.

in fast ähnlicher Weise, wie ihre Namensschwester es in ähnlichen Verhältnissen einst in Persien gethan hatte. Ob nun diese damals von Deutschland nach Osten gezogenen Juden ursprünglich dem von Süd-Westen oder dem von Osten nach Europa eingedrungenen Judenstamme angehörten, dürfte schwer zu entscheiden sein. Wahrscheinlich ist für die große Masse derselben das Erstere. Sie sind es nun auch wieder in ersterer Linie, die, von Osten kommend, uns jetzt überfluthen. Insofern ist es schwer zu behaupten, resp. zu bestreiten, daß die Hauptmasse der sich in diesem Augenblicke in Deutschland befindlichen Juden ursprünglich von Osten oder von Süd-West gekommen ist, ob wir es hier ursprünglich mit sogenannten portugiesischen oder polnischen Juden zu thun haben. Vielleicht weiß Herr Dr. Breßlau selbst nicht, ob er ein portugiesischer oder polnischer Jude ist.

Ich komme noch einmal auf den »bedauerlichen Irrthum« des Herrn v. Treitschke zurück. Liegt er, wie gesagt, darin, daß Herr von Treitschke von einem polnischen und portugiesischen Judenstamme spricht, da er von beiden doch nicht behauptet, daß es nicht richtige Juden sind? Oder ist es ein »bedauerlicher Irrthum«, daß Deutschland gerade von den polnischen Juden überfluthet ist? Oder ist es ferner ein »bedauerlicher Irrthum«, daß die portugiesischen Juden eine größere Accomodationsfähigkeit haben sollen, als die polnischen? Oder endlich, ist es ein »bedauerlicher Irrthum«, daß überhaupt ein Judenstamm sich den christlichen Anforderungen theilweise zu accomodiren im Stande ist?

Sie lassen uns ganz im Unklaren darüber, welches der Irrthum des Herrn v. Treitschke und was in diesem Irrthum bedauerlich ist. Im Wesentlichen führen Sie nur an, daß ein großer Theil der Juden in Frankreich und England aus Deutschland stammt, ob aber diese aus Deutschland kommenden Juden ursprünglich von Osten oder von Westen her in Deutschland eingewandert sind, darüber geben Sie uns keine Kunde. Soviel mir bekannt, ist es historisch sicher noch nicht

festgestellt, ob die in Deutschland wohnenden Juden ursprünglich von den Ost- oder den Süd-West-Juden abstammen und ehe dies nicht festgestellt ist, sollten Sie, Herr a. o. Professor Dr. Harry Breßlau, sich doch bedenken, trotz Ihrer jüdischen Superiorität, einen Mann wie Herrn von Treitschke eines »bedauerlichen Irrthums« zu zeihen.
Jedenfalls, welches auch der nach Ihrer Ansicht bedauerliche Irrthum des Herrn v. Treitschke gewesen ist, geben Sie ihm im *Wesentlichen* in dem für uns Deutsche allein wichtigen Faktum Recht, *daß* der Jude uns unsympathisch ist. Sie gestehen selbst zu, daß der echte Jude dem deutschen natürlichen Gefühl nicht bloß fremdartig, sondern widerwärtig erscheint und führen uns hierfür ein von uns gern acceptirtes Beweismittel an: Ihre eigene Person. Allerdings führen Sie nur »Buben auf der Straße« an, die eben ihrem ersten Eindruck folgten; glauben Sie aber, daß im späteren Leben nicht Viele nur aus gesellschaftlicher Höflichkeit sich mit Ihnen einließen?
Ihre eigene Erklärung hierfür will ich, soweit sie Deutschland betrifft, allerdings gern als nicht unwahrscheinlich gelten lassen: »Die Eigenthümlichkeit unserer Erscheinung macht uns oft schon aus der Ferne kenntlich«. Ein wahres Wort. Zwar nicht jede Eigenthümlichkeit, nicht jedes Fremdartige stößt uns zurück. Es ist im Gegentheil dem Deutschen oft zum Vorwurf gemacht, daß er fremde Eigenthümlichkeiten höher schätzt, als seine eigenen. Aber die Eigenthümlichkeit des Juden ist dem natürlichen Gefühl des Deutschen eben unsympathisch, unangenehm, zum Theil selbst widerlich. Die große Masse der Juden in Deutschland – Sie selbst gestehen es für »eine nicht unbeträchtliche Anzahl der Juden« zu – gehört ihrem Aeußern nach zu den im Volke als »polnische Juden« bezeichneten, deren Aeußeres Ségur so richtig beschrieben. Aber es ist gar nicht nöthig, daß der Jude vorschriftsmäßig im Kaftan, mit den Peies, dem Kastor und den hohen Stulpen erscheint, das sind Aeußerlichkeiten der Kleidung, die er ablegen kann und in Deutschland wohl meist

abgelegt hat. Aber seine körperlichen natürlichen Anlagen! Wie er sich in den Hüften wiegt, wie er mit den Armen gestikulirt, vorgebeugten Hauptes umhereilt – das hat die Natur keinem Germanen verliehen!

Und naturam furca expellas, tamen usque recurret!

Doch auch hier bringen Sie wieder als Erklärungsgrund noch ein Moment hinein, welches Sie S. 4 ganz außer Acht lassen zu wollen behauptet haben, – das religiöse, und erklären mit aus ihm die Antipathie der Gebildeten gegen das Judenthum. Gleich darauf aber bringen Sie wieder die Redensart: »Der Gebildete beginnt sich ihrer zu schämen«. Was versteht Herr Dr. H. Breßlau unter »gebildet«? Ich könnte ihm eine große Anzahl von Männern nennen, deren Bildung seiner eigenen mindestens gleichartig ist, und die aus ihrer Antipathie gegen das Judenthum kein Hehl machen, will mich aber auf die beschränken, die der Herr Professor selbst anführt. Gehören etwa die Herren Stöcker, Diestelkamp und v. Treitschke nicht zu den Gebildeten? Auch hier wieder die Eigenthümlichkeit, daß der Jude mit den Deutschen Worten einen andern Begriff verbindet, als der Deutsche.

Wie Herr Dr. Breßlau als gewandter Dialektiker bis jetzt nicht das Thatsächliche des von Herrn v. Treitschke Angeführten bestritten hat (von Widerlegen ist so wie so keine Rede), sondern sich nebensächliche Momente herausgegriffen hat, so auch im Folgenden. Herr v. Treitschke sagt: »Wir wollen nicht, daß auf Jahrtausende germanischer Gesittung ein Zeitalter deutsch-*jüdischer* Mischkultur folge.« »Wir haben ja doch thatsächlich eine Mischkultur!« ruft Herr Dr. Breßlau triumphirend. Und nun zeigt er seine tiefen historischen Kenntnisse wieder einmal, Kenntnisse, die, wie es scheint, nach seiner Ansicht noch nicht in Jedermanns Besitz sind. Höre aufmerksam zu, geneigter Leser, was der a. o. Professor der Geschichte entdeckt hat: 1) die alten Germanen, etwa zu Tacitus Zeiten, waren noch Heiden und wurden erst später zum Christenthum bekehrt; 2) in den letzten

Jahrhunderten werden bei uns in den höheren Schulen die alten Klassiker gelesen und die Grundlage unserer Bildung ist das klassische Alterthum. Ergo, wir haben ja schon eine germanisch-jüdische Mischkultur! Erstaunenswerth, wie die angeführten historischen Entdeckungen des Herrn Dr. Breßlau sind, so verschwinden sie doch gegen die Logik, mit welcher er sie verwerthet.

Wir haben eine deutsch-*jüdische* Mischkultur, weil unsere heutige Bildung eine klassische ist. Das zu verstehen reicht ein christlicher Verstand nicht aus. Wir haben aber außerdem und hauptsächlich deswegen eine deutsch-jüdische Mischkultur, weil wir Christen geworden sind, »denn die Bibel des alten und neuen Testaments ist doch unleugbar ein Product des Judenthums«. Hat denn Herr Dr. Breßlau, der doch so lange unter Christen wohnt, so wenig Interesse für das Christenthum gehabt, daß er nicht weiß, daß die christliche Ethik in directem Gegensatz zu der jüdischen steht? Oder ist er auch der Ansicht jenes jüdischen »Gelehrten«, der in concreto behauptete, daß nur der ein richtiger Christ sein könne, der ein richtiger Jude ist?

Ernsthaft ein Wort über die Logik des Herrn Dr. Breßlau zu verlieren, ist wohl überflüssig. Aber interessant ist es, daß er sich wieder auf das eine Wort »Mischkultur« wirft, während Herr v. Treitschke eine deutsch-*jüdische* Mischkultur ferngehalten wissen will. Er übergeht ferner fast ganz den Ausdruck »germanische *Gesittung«*, die, wie wohl ohne Weiteres zugegeben werden dürfte, der *jüdischen* Gesittung schroff gegenübersteht.*

Er übergeht endlich ganz das »Wir *wollen* nicht« des Herrn v. Treitschke. Das Factum, daß bei einzelnen Deutschen eine

* Als Beispiel jüdischer Gesittung führen wir — Herr Dr. Breßlau zieht ja selbst das Alte Testament heran — die Flucht der Juden aus Aegypten an, bei welcher sie ihren ägyptischen Nachbaren die goldenen und silbernen Gefäße stehlen, oder Jakob, Esau, um die Erstgeburt (Majorat) betrügend, etc. Solche »jüdischer Gesittung« entsprechende Thaten dürften sich kaum des Beifalls Deutscher Gesittung erfreuen.

deutsch-jüdische *Misch*kultur vorhanden ist, ist leider nicht zu bestreiten, daß Deutsche, germanischer Abstammung, sich jüdischer Gesittung überliefert, die alt-germanische verloren haben, führt Herr Dr. Breßlau S. 15 selbst richtig an.

Unter den Gründern und Wucherern, Pfandleihern und Rückkaufshändlern, unter all den Blutsaugern, die es verstehen, dicht an der Grenze des Zuchthauses vorbeizugehen, befinden sich auch viele Leute deutscher Abkunft. Sie sind es, die das Volk – nicht ich – als »Juden« bezeichnet, sie dienen uns als Repräsentanten und erste Sprößlinge der deutsch-jüdischen Mischkultur. Da dürfte Herr von Treitschke doch wohl Recht haben, wenn er, die alte deutsche Gesittung betonend, sagt: »Wir *wollen* keine jüdisch-deutsche Mischkultur.« In Bezug auf diesen Satz aber meint Herr Dr. Breßlau: »er ist nicht richtig«, »der Historiker kann ihn nicht verantworten«. Eine Meinung, unverständlich für Jeden, der mit »richtig« und »Historiker« den gewöhnlichen Begriff verbindet; wahrscheinlich haben aber diese Worte für Herrn Dr. Breßlau eine andere Bedeutung, als für die Deutschen. Wenn nun Herr Dr. Breßlau den Wunsch des Herrn v. Treitschke: »wir wollen keine *deutsch-jüdische* Mischkultur« als »nicht richtig« und als »für einen Historiker unverantwortlich« bezeichnet, so »unterschreibt er dagegen gern und völlig« die andere Forderung: »Die Juden sollen Deutsche werden, sich schlicht und recht als Deutsche fühlen.« Aber, sagt Herr Dr. Breßlau zu Herrn v. Treitschke: »Sie hätten sich bemühen sollen, die Frage positiv zu vertiefen, Sie hätten dann untersuchen müssen, wodurch denn der in Deutschland geborene und erzogene Jude, der nicht Gründer und nicht Wucherer ist, sich von dem *in gleichen Bildungs- und Standesverhältnissen lebenden Germanen* unterscheidet. Ich habe diese Frage schon wiederholt Ihren Gesinnungsgenossen vorgelegt und niemals eine (wen?) befriedigende oder über die allgemeinsten Phrasen hinausgehende Antwort von ihnen erhalten; vielleicht gelänge es Ihnen, hierüber Aufschluß zu geben.«

Daß ein solcher Unterschied factisch vorhanden ist, giebt Herr Dr. Breßlau zu. Aber, sagt er, der größte Theil der in Deutschland lebenden Juden bemüht sich redlich, Deutsche zu werden, vielen ist es sogar schon gelungen (zu diesen scheint er sich nach einer an einem andern Orte befindlichen Aeußerung selbst zu rechnen – mit welchem Rechte, ist eine andere Frage –), allerdings »giebt es ein kleines Häuflein ultra-orthodoxer jüdischer *Rabbiner*, die nicht ganz und gar Deutsche zu werden geeignet sind« und »thatsächlich ist noch heute eine nicht unbeträchtliche Anzahl von Juden (namentlich im Osten) vorhanden, welche noch nicht völlig die deutsche Kultur in sich aufgenommen haben.«
Auch hier überrascht uns Herr Dr. Breßlau mit einer neuen historischen Eröffnung: daß wir in Preußen wendische Sprachinseln haben. Wie diese Eröffnung in den Zusammenhang paßt, ist wenig ersichtlich. Vermuthlich calculirt er so: Es existiren in Deutschland, auf einem gewissen, in sich abgeschlossenen, Terrain Leute, die ihre alte Sprache und ihre alten Gebräuche behalten haben, folglich befinden sie sich in demselben Fall, wie die Juden. – Merkwürdige Logik oder merkwürdige historische Kenntnisse!
Es ist schlimm, wenn man einem »Jünger der historischen Wissenschaft« noch Dinge klar machen muß, die jeder Laie weiß. Aber es scheint doch nothwendig zu sein. Bekanntlich drang Deutschland – wenn ich diesen Ausdruck gebrauchen darf – von Westen her immer weiter nach Osten vor, unterwarf sich die dort befindlichen slavischen Stämme und assimilirte sie sich im Laufe der Zeiten. Einige, *auf einem bestimmten, ihrem alten, Terrain in compacter Masse* seßhaften und seßhaft gebliebenen Stämme nun haben ihre alten Eigenheiten bewahrt. Also sind sie, nach Herrn Dr. Breßlau, den Juden gleichzustellen. Sollte es Herrn Dr. Breßlau unbekannt sein, daß die Juden nicht ursprünglich Bewohner Deutschlands sind, zu Denen die Deutschen gekommen sind, sondern daß sie zu den Deutschen gekommen sind? Daß sie

nicht eine in sich abgeschlossene Masse bilden, die ihre Eigenthümlichkeiten unter sich und in ihrem Lande bewahren, sondern daß sie zwar mehr oder minder zahlreich, aber doch jedenfalls mitten unter den Deutschen zerstreut wohnen? Daß die von ihm erwähnten Lausitzer für sich abgeschlossen als ein Ganzes existiren, während der Jude überall im Lande sich einnistet und eindrängt? Wir würden nichts dagegen haben, wenn die Judenschaft Berlins, sowohl die aus der Victoriastraße als die aus der Königstraße, sich aufmachte und beispielsweise die Tucheler oder Lüneburger Haide bevölkerte, wenn Cohn dort den Pflug, Abrahamsohn den Dreschflegel führte, Philippsohn sich als Schmidt, Jacobsohn als Schlosser, Levysohn als Dachdecker etablirten, Breßlauer Theerschweler, Danziger Torfstecher würde, Veilchenfeld zimmerte, Rosenbaum mauerte, Lilienthal an der Chaussee, Löwe, Wolff, Bär und Hirsch an der Ramme arbeiteten u. s. w. – Wie die Verhältnisse aber thatsächlich liegen, die Juden mit den Wenden vergleichen, weil beide gewisse Eigenthümlichkeiten sich bewahrt haben – das erinnert an den bekannten Schlußsatz: Alle Menschen sind sterblich, der Esel ist sterblich, also ist der Esel ein Mensch!

Und dann vergessen Sie wieder einmal Eins, worauf Sie zu Anfang so ausschließlich den Nachdruck legten: Die Race. Die specifischen Eigenthümlichkeiten des Semiten dürften in Europa weniger Berechtigung haben, als die eines Abendländers. – Doch genug von diesem Ausfluß der Gelehrsamkeit des Herrn Dr. Breßlau, mit der er uns hier so unmotivirt überschwemmt. – Gehen wir auf die übrigen Punkte seiner Expectoration ein.

Also ein »kleines Häuflein ultra-orthodoxer Rabbiner giebt es, die nicht völlig geneigt sind, Deutsche zu werden;« gleichzeitig existirt »eine nicht unbeträchtliche Anzahl von Juden, die die deutsche Kultur noch nicht völlig in sich aufgenommen haben.« Zunächst fällt das gebrauchte »nicht völlig« auf. Sollen wir uns dabei vorstellen, daß es sich um halbe, drittel, viertel Deutsche handelt, daß ein Individuum zu ein Viertel ein Deutscher, zu drei Viertel ein Jude ist; daß ein anderes, schon weiter vorgeschrittenes dagegen 0,27 Deutschthum und 0,73 Judenthum in sich hat? – Geben wir das »nicht völlig« auf und sagen wir dafür präcise »nicht«. Wollen Sie nun dieses »kleine Häuflein von Rabbinern«, die nicht Deutsche werden wollen, mit Gewalt doch zu den Deutschen rechnen? Wollen Sie diese »nicht unbeträchtliche Anzahl von Juden, die die deutsche Kultur noch nicht in sich aufgenommen haben«, obwohl sie seit langen Jahren schon *sämmtliche Rechte* der Deutschen besitzen, zu den Deutschen rechnen? Das, glaube ich, werden selbst Sie, Herr Professor Dr. Breßlau, nicht wagen, jedenfalls dürfte selbst Ihre, in dieser Broschüre so glanzreich zu Tage getretene Dialektik es uns nicht glaublich machen können. Aber das betrifft doch einmal nur das kleine Häuflein *ultra-orthodoxer* Rabbiner, die noch um die Rückkehr nach Palästina beten! Wissen Sie vielleicht nicht, daß bis vor nicht zu langer Zeit dieses Gebet selbst in Berlin noch in gar vielen Schulen (in jüdischem Sinne genommen) gebetet wurde? – Daß in Oberschlesien, Posen, West-, auch Ostpreußen, Provinzen, in welchen wohl verhältnismäßig die meisten Juden sitzen, die überwiegende Anzahl der Rabbiner sowohl als der Juden selbst streng orthodox ist, daß das sogenannte Reformjudenthum dort fast gar keine Wurzel geschlagen hat? Da werden Sie sich wohl damit helfen – von der gesammten Art Ihrer Beweisführung wäre es wohl zu erwarten – daß Sie sagen: ich spreche nicht von den orthodoxen, sondern von den *ultra*-orthodoxen Juden. Ach, Herr Dr. Breßlau, wären Sie dann so freundlich, uns den Unterschied zwischen einem orthodoxen und einem ultra-orthodoxen Juden zu erklären. Sie haben Ihre Broschüre ja doch an einen Christen gerichtet und da Sie sie dem Publikum übergeben haben, auch wohl an alle Christen Deutschlands, und Sie können nicht erwarten, daß dem Christen der jedenfalls sehr feine Unterschied zwischen einem nur orthodoxen und einem ultra-orthodoxen Juden geläufig ist. Eins aber constatiren Sie selbst: »ein kleines Häuflein Rabbiner und eine nicht unbeträchtliche Anzahl von Juden« sind nicht Deutsche, resp. wollen es auch gar nicht werden (ein Satz, welchem ich mit der Aenderung: ein nicht kleines Häuflein und eine ganz beträchtliche Anzahl, zustimme), diese also sind ein fremdes Element – ob schädliches oder nützliches, ist wohl keine Frage – im deutschen Körper und seine Ausmerzung dürfte sich nach Ihrem eigenen Ausspruch empfehlen.

Ergötzlich ist hierbei die Art und Weise, wie hier, ähnlich wie oben die Lausitzer, die Ultramontanen hineingezogen werden, nachdem Herr Dr. Breßlau zu Anfang ausdrücklich erklärt hat, von der religiösen Seite abstrahiren zu wollen und nur die Racenfrage zu erörtern. Ist für Herrn Dr. Breßlau der Ultramontane etwa eine besondere Race? Auch hier wäre es leicht, ihn ad absurdum zu führen, doch da der logische Fehler seiner Deduction derselbe ist, wie oben, können wir darüber hinweggehen, allenfalls mit dem Rathe für Herrn Dr. Breßlau, noch einmal seine barbara zu studiren.

Herr Dr. Breßlau wünscht, daß Herr v. Treitschke ihm klar gemacht hätte, worin der Jude sich von dem in *»gleichen Bildungs- und Standesverhältnissen«* lebenden Deutschen unterscheidet. Einen Theil seines Wunsches hätte ihm jedes Kind erfüllen können. Welche Fülle von Unterscheidungsmerkmalen würde ihm in jeder Gesellschaft gegeben werden, wenn er fragt: welches ist der Unterschied zwischen einem deutschen und einem jüdischen Baron? Wie leicht würde ihm jeder Unteroffizier den Unterschied zwischen einem deutschen und einem jüdischen Recruten, die beide *auf gleicher Bildungsstufe* stehen, klar machen!

Die Beantwortung der Gesammtfrage nennt Herr Dr. Breßlau »ein schwieriges Problem« und verlangt, daß Herr v. Treitschke es ihm lösen solle. Eine sonderbare Zumuthung, aber einem Juden nicht unähnlich. Er selbst giebt zu, daß ein

Unterschied existirt; versucht auch eine Erörterung, daß es nicht anders sein könne, erklärt, daß er selbst und seine Glaubensgenossen redlich bemüht sind, diese Verschiedenheit zu beseitigen; erzählt, daß er vielfach, ohne eine ihm genügende Antwort zu erhalten, herumgefragt hat – und nun soll ihm Herr v. Treitschke das Problem lösen! Man weiß wirklich nicht, was man mehr bewundern soll, die Naivität der Forderung oder . . .? Sind wir Deutsche die Eingedrungenen, die den Charakter und das Wesen der Juden zu studiren haben, oder sind die Juden, unaufgefordert noch dazu, zu *uns* gekommen und haben unser Wesen zu ergründen! Sollte es nicht Herrn Dr. Breßlau's Sache sein, sich mit diesem Problem zu beschäftigen und es zu lösen? Ja, auch noch mehr. Herr Dr. Breßlau ist, wie er sagt, »unablässig bemüht«, diesen Unterschied auszugleichen und weiß nicht einmal, worin dieser Unterschied besteht. Das begreife, wer es kann!

Vielleicht ist es aber Herrn Dr. Breßlau gelungen, dieses Problem zu lösen und seine jüdische Bescheidenheit verbietet ihm, die Mitwelt mit seiner Lösung zu beglücken. In diesem Falle würden wir ihn bitten, seine Bescheidenheit bei Seite zu lassen und uns Christen, von denen er noch nie eine andere als phrasenhafte Antwort bekommen hat, zu belehren, welches, ohne Phrase, das Wesentliche der Beantwortung ist. Er würde ja auch damit in erster Linie seinen zahlreichen Stammesgenossen, die so sehr danach dürsten, nicht halbe oder viertel, sondern ganze Deutsche zu werden, einen großen Gefallen erweisen. Aber Herr Dr. Breßlau verlangt von Herrn v. Treitschke nicht nur, daß er dieses Problem lösen soll, nein, er geht auch weiter. Er sagt zu Herrn v. Treitschke weiter: »Würden Sie uns dann ferner die Mittel angegeben haben, vermöge deren dieser Prozeß der Umwandlung des Juden zum Germanen beschleunigt werden könnte, so würden Sie jeden unbefangenen und vorurtheilsfreien Juden sich zu Dank verpflichtet haben«.

Also Herr v. Treitschke soll nicht allein das schwierige Problem lösen, worin der *»wesentliche«* Unterschied zwischen gleichgebildeten Juden und Christen besteht, er soll auch die Mittel ausfindig machen, mit deren Hülfe die Umwandlung der Juden beschleunigt werden kann – dann wird er zur Belohnung den Beifall der »vorurtheilsfreien« Juden erhalten. Das ist denn doch eine starke Zumuthung. Demselben Manne, der die deutsch-jüdische Mischkultur perhorrescirt, diese Proposition zu machen! Das hätte außer Herrn Dr. Harry Breßlau schwerlich Jemand fertig bekommen. Weiß denn der a. o. Professor der Geschichte nicht, daß, wo immer 2 Stämme in einander aufgegangen sind, ein jeder bei dem Amalgamirungsprocesse etwas von seiner Eigenthümlichkeit hat opfern müssen, daß beispielsweise der Lombarde ein Anderer ist als der Sicilianer, obwohl Beide Italiener, der Baske ein Anderer als der Andalusier, obwohl beide Spanier, daß ebenso der Deutsche, wenn der Jude ganz mit ihm verquickt ist, ein gutes Theil seiner germanischen Gesittung aufgegeben, und ein gutes Theil jüdischer Gesittung aufgenommen haben wird? Und zu dem schleunigsten Zustandekommen einer jüdisch-deutschen Mischkultur soll ein Christ die Mittel und Wege angeben!

Herr Dr. Breßlau, verdienen Sie sich, als Jude, den Dank der unbefangenen Juden, hierzu mögen Sie vielleicht »verpflichtet und berufen« sein, aber lassen Sie uns unbehelligt, denen am Dank weder der unbefangenen noch der befangenen Juden etwas gelegen ist.

Jedoch will ich, damit Sie nicht wieder sagen dürfen, es sei nur eine negative Kritik geübt, einige positive Daten anführen, welche die Juden benutzen könnten, um sich den Deutschen zu assimiliren. Sie werden zugeben, daß es leichter ist, äußere, als innere Verschiedenheiten zu beseitigen und daß mit der Beseitigung der äußeren Verschiedenheiten es dem Deutschen leichter werden wird, den Juden nicht mehr als fremdartiges Wesen zu betrachten. Sie, als Jude, der Sie sich »berufen und verpflichtet« fühlen, für das Judenthum eine Lanze zu brechen, werden, mit den jüdischen Eigenarten und Gebräuchen bekannter, als ich, der ich mich nur sehr *en passant* und nicht gerade mit großer Vorliebe mit den Juden beschäftige, gewiß noch Vieles hinzufügen und ergänzen können, und sich so den Dank der vorurtheilsfreien Juden erwerben. Den Dank, den Sie mir für Angabe des Folgenden zollen, will ich Ihnen außerdem ganz und gar überlassen.

Die äußere körperliche Erscheinung wollen wir außer Spiel lassen, da kann ja nur der liebe Gott helfen. Eine andere Nase kann sich mit dem besten Willen Niemand ins Gesicht setzen; wer beim Sprechen lispelt oder spuckt, wird es stets wieder thun; wer einen watschelnden, wackelnden oder hüpfenden, zappelnden Gang hat, wird ihn behalten; wen die Natur eckig und unbeholfen geschaffen, wird nie graciös werden. Das ist selbstverständlich. So werden wir auch, trotz aller Bemühung auf der einen, trotz alles guten Willens auf der andern Seite, darauf verzichten müssen, daß der Jude in seiner körperlichen Erscheinung dem Deutschen gleichartig wird, wenn man nicht etwa, wofür *wir* freilich danken, ein deutsch-jüdisches Mischvolk constituiren will.

Aber der Jude kann seine äußeren Gebräuche den deutschen unterordnen, resp. sie aufgeben. Natürlich habe ich hierbei nicht die »ultra-orthodoxen«, sondern die vorurtheilsfreien Juden, zu denen Sie ja auch gehören wollen, im Auge.

Mag also der Jude – der Reformjude thut es ja so wie so – sich nicht mehr weigern, zu essen, wovon wir essen. Sollen wir denn den als Deutschen betrachten, der kein Schweinefleisch, keinen Hasen, keinen Aal etc. ißt, weil es ihm »verboten« ist? Ich kenne, vielleicht auch Sie, Herr *Dr. Breßlau*, jüdische Familien, in welchen der vorurtheilsfreie Mann der ultra-orthodoxen Frau wegen sich eine koschere Köchin hält, wo die Frau kein Geflügel, keinen Fisch etc. verzehrt, wenn die koschere Köchin nicht vorschriftsmäßig untersucht und geschlachtet hat etc. – Sieht eine deutsche Familie diese Familie als eine deutsche an?

Lassen Sie künftig die Beschneidung fort. Ist dies nicht ein Unterscheidungszeichen? Im Orient mag diese Operation einen Sinn gehabt haben, aber hier in Deutschland?
Verlegen Sie den Sabbath auf den Sonntag. Sie zählen die Zeit, die Sie als siebenjähriger Junge verlebt, zu Ihren trüben Erinnerungen, wie Sie sagen. Selbst wenn Sie in Ihrem Aeußern nicht so prononcirt jüdisch wären, wie Sie es sind, würden Sie, wenn Sie am Sonnabend nicht in die Schule gekommen wären oder dort nicht gearbeitet hätten, Ihren deutschen Kameraden doch undeutsch erschienen und von ihnen gehänselt worden sein.
Lassen Sie die specifisch jüdischen Feiertage!
Wenn ein Fremder Sonnabends, oder, noch mehr, an einem der hohen jüdischen Feiertage durch die Straßen Berlins geht, es braucht nicht einmal die Königstraße oder der Mühlendamm zu sein, und die Unmasse geschlossener Läden einerseits, die Unzahl ostentativ geschmückter orientalisch aussehender Gestalten andererseits sieht, werden Sie ihm glaublich machen, daß alles dies mit Deutschthum etwas zu thun hat, daß diese Leute den redlichen Willen haben, Deutsche zu sein? Wozu schlagen Sie noch immer den Haman todt? Was geht Haman einen Deutschen an? Unsertwegen mag er leben und gesund sein 100 Jahre!
Vor allen Dingen bringen Sie es zu Stande, *daß die Juden in demselben Verhältniß, wie die Deutschen, Mitglieder der arbeitenden Klasse werden,* daß sie nicht bloß durch Handel sich bereichern, sondern selbst produciren; dann wird das bis jetzt gerechtfertigte Urtheil über die Aussaugung des Landes durch die Juden ein anderes werden können.
Sie werden jedenfalls Ihren Glaubensgenossen noch mehr fremdartige Gebräuche, als diese von mir herausgegriffenen (z. B. die Waschungen) angeben können, die sie abschaffen müssen, um den Deutschen adäquater zu werden.
Auf ein Institut möchte ich ferner Ihre Aufmerksamkeit lenken, das gerade viele der »gebildeten« Juden zu seinen

Mitgliedern zählt und welchem ein *Deutscher* unmöglich angehören kann, ich meine den *»allgemeinen Judenbund* (alliance israélite universelle)«.
Wenn sich in dem von Deutschland eroberten Elsaß-Lothringen ein Bund bildete, der mit den in Canada, im Süden der Vereinigten Staaten, in Ostindien etc. ansässigen Franzosen zusammen eine Vereinigung zur Wahrung von speciell französischen Interessen ausmachte, so würden Sie den Mitgliedern dieses Bundes schwerlich zugestehen wollen, daß sie sich als Deutsche fühlen. Ebensowenig können wir die Mitglieder dieses allgemeinen Judenbundes, dem es in keiner Weise um humane Interessen zu thun ist, dem die größten Greuelthaten in Indien und China völlig gleichgültig sind, der aber mit Wort und That da ist, wenn es sich um das geringfügigste Interesse eines beliebigen Juden in Italien oder Rumänien handelt, ebensowenig, sage ich, können wir die Mitglieder eines solchen, von *fremdländischen Juden geleiteten,* Bundes als Deutsche ansehen. Für uns sind sie nichts als Juden. Der »vorurtheilsfreie« Jude wird sich, um eine Annäherung an das Deutschthum zu ermöglichen, von diesem »Judenbunde« ebenso fern halten, wie von der »Gesellschaft der Freunde«, der »Jüdischen Hochschule«, – die im Gegensatz zu germanischen Verbindungen und Bildungsstätten rein dem specifisch jüdischen Interesse dienen.
Auch hier werden Sie mit Leichtigkeit gewiß noch Manches hinzufügen können. Wenn der Jude so in seinem äußeren Auftreten das hat fallen lassen, was ihn zu deutlich von uns unterscheidet, mag er daran gehen, auch sein Inneres zu reformieren. Doch, da das noch im weiten Felde liegt, will ich ihm vorläufig nur eine deutsche Charaktereigenschaft anempfehlen: mag er sich ein klein wenig mehr Bescheidenheit aneignen. Sie sehen, daß ich Ihnen einige, wenn auch nur wenige, positive Rathschläge ertheile. An Ihren Stammesgenossen wird es sein, sie zu befolgen.
Den nächstfolgenden Artikel über jüdische Gründer und

Wucherer, welche im Verein mit verjudeten Deutschen arbeiten, können wir übergehen, da wir ihn bei Gelegenheit der deutsch-jüdischen Mischkultur zur Genüge besprochen haben.

Interessant ist hier nur wieder das Verlangen von Herrn Dr. Breßlau, daß Herr v. Treitschke im Interesse des *Judenthums* – »denn«, sagt Herr Dr. Breßlau: »Niemand leidet unter diesem Unwesen schwerer als wir« – die Mittel zur Abhülfe angeben soll. Das dürfte denn doch hauptsächlich Sache derer sein, die darunter schwerer leiden, als sonst Jemand.

Dann berichtet Herr Dr. Breßlau, daß ihm eine Ideenverbindung in dem betreffenden Artikel der Preußischen Jahrbücher nicht völlig klar geworden ist und daß die vielen jüdischen Professoren an den Universitäten durch die Bemerkung über die »betriebsame Schaar der Talente dritten Ranges« aufs Tiefste verletzt sind.

Hierüber ein Wort zu verlieren, ist überflüssig.

Drei Seiten lang ergeht sich Herr Dr. Breßlau über die sogenannte Judenpresse. Die Art und Weise, wie er wegdeduciren will, daß die größte Zahl der sogenannten liberalen Zeitungen dem Judenthume verfallen ist, ist so trivial, daß darauf einzugehen sich gar nicht verlohnt. Man vergleiche dagegen die positiven Daten, die mit Namensangabe im 3. Heft Band I der »Deutschen Wacht« gemacht sind. Anführen wollen wir, als die Gesinnung des Herrn Dr. Breßlau ferner kennzeichnend, nur folgende Stelle:

»Eine Schwierigkeit liegt dabei allerdings vor: wie soll sich ein jüdischer Redacteur bei der Erörterung von Angelegenheiten der christlichen Kirche verhalten?«

Die Beantwortung der Frage erscheint so selbstverständlich:

So wenig sich ein christlicher Redacteur in die inneren Synagogenstreitigkeiten mischt, so wenig mische sich ein jüdischer Redacteur in christlich-religiöse Fragen.

Aber Herr Dr. Breßlau ist praktischer. Er sagt: »daß er sie ganz von der Besprechung in seinem Blatte ausschließe, ist *natürlich* von vornherein unmöglich; die Zeitung . . . . würde ihren Leserkreis *gar bald verlieren«*. Die Erörterung christlich-religiöser Angelegenheiten ist ihm wie ein Handelsartikel. Besprichst du sie nicht, hast du weniger Leser, bekommst du weniger Geld – also besprichst du sie, bekommst du doch Geld dafür. – Das ethische Moment verschwindet ganz. Was mach' ich mit der Ethik, nehme ich lieber Geld! Soll man bei einem Gebildeten eine so unumwundene Erklärung seiner Gesinnung naive Offenheit oder anders nennen? Sonderbarerweise fügt er auch hier wieder in Bezug auf die »catilinarischen Zeitungsexistenzen« einen Passus ein: »Es wäre eine sehr verdienstvolle, wenn auch sehr schwierige Aufgabe, wirksame Vorschläge zur Hebung dieses in unserem öffentlichen Leben sehr fühlbaren Mißstandes zu machen – mit dem bloßen Schelten auf die Judenpresse ist es wahrhaftig nicht gethan!« Macht nun Herr Dr. Breßlau dergleichen wirksame Vorschläge, oder verweist er auf einen andern Ort, wo er sie gemacht hat, oder erwähnt er, daß er welche zu machen beabsichtigt? Durchaus nicht. Er wendet sich, wie oben, speciell an Herrn v. Treitschke, hier an das allgemeine Publikum, diese Frage zu lösen. Und auch zuletzt sagt er wieder: »Wenn es gelingen könnte, den Begriff Jude aus den Merkmalen zusammenzusetzen, welche diese Mittelklasse aufweist, so wäre, glaube ich, die sog. Judenfrage ihrer Lösung erheblich näher gebracht. Dazu aber könnten Sie, sehr geehrter Herr College . . . . . sehr wesentlich beitragen«.

Warum flehen Sie immer die Hülfe Dritter an? Sie waren »aufs Tiefste verletzt« von der Behauptung, »daß unter den führenden Männern in Wissenschaft die Zahl der Juden nicht sehr groß sei«. Sie haben in Ihrer Broschüre mehrere Fragen, Aufgaben, Probleme aufgestellt, deren Lösung Sie schwierig, aber verdienstvoll nannten und deren Lösung für Sie, als Juden, gewiß interessant sein muß. Lösen Sie sie doch in wirksamer Weise und zeigen Sie, daß Sie einer von den wenigen führenden jüdischen Gelehrten sind! Oder rechnen

Sie sich selbst nur unter die betriebsame Schaar der Talente dritten Ranges und überlassen Andern gern die Führung?

Endlich geht Herr Dr. Breßlau noch auf den anderweitigen verderblichen Einfluß über, den das Judenthum auf die Presse ausgeübt hat. Er sieht sich hier gemüßigt, Börne mit S. v. Pufendorf zusammenzustellen. Börne, der weder Christ noch Jude, weder Deutscher noch Franzose war, der jeden positiven Halt unter den Füßen verloren hatte, Börne, dem nichts geblieben war, als die lediglich zersetzende Säure seines allerdings scharfen Verstandes, wird mit S. v. Pufendorf zusammengestellt, weil sie Beide Blößen Deutschlands öffentlich aufdeckten.

Da kann ich nur wiederum Ihnen rathen, Herr Professor, studiren Sie noch einmal *barbara.*

Dann wendet sich Herr Dr. Breßlau noch gegen folgenden Ausspruch des Herrn v. Treitschke: »Bis in die Kreise unserer höchsten Bildung hinauf, unter Männern, die jeden Gedanken kirchlicher Unduldsamkeit oder nationalen Hochmuths mit Abscheu von sich weisen würden, ertönt es heute wie aus *Einem* Munde: die Juden sind unser Unglück!«

Herr Dr. Breßlau erwidert darauf: »Dem ist zur Ehre der deutschen Nation mit nichten so!«

Es ist wohl jedem Deutschen überlassen, sich selbst ein Urtheil darüber zu bilden, ob in Wirklichkeit Herr v. Treitschke oder Herr Dr. Harry Breßlau mehr Recht hat.

Schließlich sei noch ein Satz des Herrn Dr. Breßlau angeführt.

»Ich denke alle wichtigeren Punkte ...... im Vorstehenden unbefangen und vorurtheilsfrei geprüft zu haben, soweit das bei der starken Erregung möglich ist, die sich angesichts der gegenwärtigen Agitation jedes deutschen Juden bemächtigen mußte.«

Dieses Geständniß, daß die Broschüre in einer nothwendigen Erregung niedergeschrieben ist, erklärt den vielfachen Mangel an Logik und die manchmal recht große Flüchtigkeit in der

Behandlung. Aber dann hätte Herr Dr. Breßlau, eingedenk des jedem Historiker bekannten Grundsatzes: *sine ira et studio*, die Broschüre entweder ungeschrieben lassen sollen – was das Beste für ihn gewesen wäre – oder warten sollen, bis sich die Erregung gelegt hätte. Wie es aber ist, kann man ihm, dem Herrn Dr. Harry Breßlau, außerordentlichen Professor an der Universität Berlin, nur noch einmal zurufen: *Si tacuisses, philosophus mansisses!*

Nachwort

Als vorstehende Broschüre bereits dem Druck übergeben war, erhielt Verfasser derselben Kenntniß von der Erwiderung, welche Herr von Treitschke Herrn Dr. Breßlau zu Theil werden läßt.

Verfasser glaubte trotzdem auch seine Antwort dem Publikum nicht vorenthalten zu dürfen. Herr Dr. Breßlau verdient eine derbere Zurechtweisung, als die ihm von Herrn von Treitschke gewordene.

Herr von Treitschke erfüllt »dem Jünger derselben Wissenschaft« den Wunsch, ihn noch einmal über seine Irrthümer zu belehren und ihm *thatsächlich* zu zeigen, wie falsch und gehaltlos seine – des Herrn Dr. Breßlau – Behauptungen sind. Er thut dies aber in so milder Form, daß der in seinen Ausführungen liegende Tadel Herrn Dr. Breßlau wahrscheinlich verborgen bleiben wird.

Herr von Treitschke spricht sogar von einem »würdig und sachlich gehaltenen Sendschreiben«. Für jeden Andern, aber vielleicht für Herrn Dr. Breßlau nicht, ist klar, daß hiermit eine gesellschaftliche Höflichkeit erfüllt ist. Denn einem »unerhörten Sturm leidenschaftlicher Erwiderungen«, wie Herr von Treitschke auf der folgenden Seite selbst sagt, kann man nicht ein würdiges und sachlich gehaltenes Sendschreiben vindiciren. Aeußerungen, wie die des Herrn Dr. Breßlau, wenn er von dem »mißtönenden Chorus« zweier angesehenen

Geistlichen spricht; wie »fanatische Ultramontane« (sie haben doch mit der Racenfrage nichts zu thun), »Perfidie der Polemik«, »das römische Jesuitenblatt, das zur Schmach des deutschen Volkes den Namen ›Germania‹ an der Spitze trägt«, »Niedertracht der Verleumdung«, »freche Verhöhnung«, »der *ur*germanische Dr. Sigl« – derartige Aeußerungen dürften in einer Sendschrift, die in würdiger und sachlicher Weise geschrieben ist, schwerlich zu rechtfertigen sein.

Hat Herr Dr. Breßlau nun auch den begehrten Bescheid von Herrn von Treitschke erhalten, der so schonend aber doch entschieden ablehnend lautet (Herr von Treitschke kann, wie er selbst sagt, von seinen Behauptungen nichts zurücknehmen noch mildern und thut es auch Herrn Dr. Breßlau gegenüber nicht), so dürfte doch auch das *(christlich-deutsche)* Publikum, vor dem Herr Dr. Breßlau seine Streitfrage öffentlich geführt, ihm die gebührende Antwort nicht ganz schuldig bleiben.

Verfasser hat von diesem guten Rechte Gebrauch gemacht, ohne Anderen, die hierzu Zeit und Lust haben, vorzugreifen.

Berlin, den 24. Januar 1880

Der Verfasser

Hermann Cohen, Ein Bekenntniss in der Judenfrage

Es ist also doch wieder dahin gekommen, daß wir bekennen müssen. Wir Jüngeren hatten wol hoffen dürfen, daß es uns allmählich gelingen würde, in die »Nation Kants« uns einzuleben; daß die vorhandenen Differenzen unter der grundsätzlichen Hilfe einer sittlichen Politik und der dem Einzelnen so nahe gelegten historischen Besinnung sich auszugleichen fortfahren würden; daß es mit der Zeit möglich werden würde, mit unbefangenem Ausdruck die vaterländische Liebe in uns reden zu lassen, und das Bewußtsein des Stolzes, an Auf-

gaben der Nation ebenbürtig mitwirken zu dürfen. Dieses Vertrauen ist uns gebrochen: die alte Beklommenheit wird wieder geweckt.
Denn der Angriff ist nicht nur von den culturfeindlichen Mächten ausgegangen, sondern von einem Manne, der bisher als ein Führer der nationalen Partei galt, dem wir Jüngeren alle an Verständniß und Impulsen Manches verdanken. Der Herausgeber der Preußischen Jahrbücher hat es für angezeigt gehalten, die *Racenfrage* gegen uns zu erheben, und zur Genugthuung und Schützung des germanischen Jnstinctes in Tagen der Aufregung, der Aufstachelung von Volksleidenschaften seine israelitischen Mitbürger thatsächlicher Kränkung, verschwörerischem Argwohn auszusetzen.
So lange jedoch der Stammesunterschied vornehmlich betont wurde, konnte es den Anschein haben, als gerathe diese Sache allgemach ins Indiscutable. Denn Racen-Instincte dürften sich allerdings durch keinen Federkrieg beschwichtigen lassen. Physiognomische Probleme, als Fragen unter Bürgern desselben Staates erhoben, sind Ehrenfragen.
In den letzten Tagen hat nun aber Treitschke seine Judenfrage weiter dahin formuliert, daß er uns auf den Unterschied von Religion und Confession hinweist, die weltgeschichtlichen Kämpfe der Confessionen als »häuslichen Streit« schildert, das Judenthum als »die Nationalreligion eines uns ursprünglich fremden Stammes« bezeichnet, und somit den messianisch-humanistischen Gedanken einer »reinern Form des Christenthums« mit bestimmtester Ausdrücklichkeit gegen den israelitischen Monotheismus und seine Verschmelzbarkeit in jene »reinere Form« geltend macht.
Dem hartnäckigsten, zudringlichsten Verlangen nach Verständigung ist nunmehr der Boden entzogen. Das Bekennen wird auch im nationalen Sinne zu einer religiösen Pflicht.
Schreiber dieses fühlt dieser Pflicht am wenigsten sich entziehen zu dürfen. Denn er hat die amtliche Obliegenheit, nicht über religiös indifferente Probleme die academische

Jugend zu unterweisen; und er ist nicht nur in der fachlichen Lage, als Lehrer der Philosophie, religiöse Fragen zu berühren; er befindet sich in persönlichster Verlegenheit jener Formulirung des nationalen Problems gegenüber: weil er deutsche Philosophie, deutsche Erfahrungslehre und deutsche Ethik zu vertheidigen und wiederherzustellen als seine Lebensaufgabe nicht ohne ermuthigenden Zuspruch bisher verfolgt hat. Bei solcher Bestrebung ob des israelitischen Monotheismus von der Hoffnung auf jene »reinere Form des Christenthums« schlechtweg ausgestoßen zu werden, fordert Rechtfertigung vor den protestantischen Männern, die nicht nur das staatsbürgerliche Recht, sondern auch das herzliche religiöse Zutrauen mir geschenkt haben, als der Ihrigen einer unter ihnen zu lehren.

In dieser meiner exceptionellen Lage fühle ich mich verpflichtet, öffentlich meine Ueberzeugung in dieser Gewissensfrage darzulegen, so ungern ich mich in publicistische Dinge mische; und so peinlich es mir sein muß, auch den angegriffenen und sich vertheidigenden Glaubensgenossen in einzelnen Punkten entgegenzutreten, die mir unumwundener Erörterung zu bedürfen scheinen.

Ich beabsichtige, vornehmlich aus diesem *religiösen* Gesichtspunkte die Judenfrage zu behandeln; nicht als Sprecher einer jüdischen Partei, sondern als Vertreter der Philosophie an einer deutschen Hochschule und Bekenner des israelitischen Monotheismus. Aus meiner Auffassung der religiösen Frage aber entsteht zugleich die Möglichkeit, auch die Racenfrage in ihren discutabeln Grenzen zur Sprache zu bringen.

»Verschiedenheit der *Religionen:* ein wunderlicher Ausdruck! Gerade als ob man auch von verschiedenen *Moralen* spräche. Es kann wohl verschiedene *Glaubensarten* historischer, nicht in die Religion, sondern in die Geschichte der zu ihrer Beförderung gebrauchten, ins Feld der Gelehrsamkeit einschlagender Mittel und ebenso verschiedene *Religionsbücher* (Zendavesta, Vedam, Koran u. s. w.) geben, aber nur eine einzige, für alle Menschen und in allen Zeiten gültige *Religion*. Jene also können wohl nichts anders als nur das *Vehikel der Religion*, das zufällig ist, und nach Verschiedenheit der Zeiten und Oerter verschieden sein kann enthalten«. So lauten *Kants* Worte. Und doch sollen wir mit unseren Religionsbüchern, dem Pentateuch, den Propheten und Psalmen mit unseren christlichen Mitbürgern zu einer reineren Form der Religion uns zu verbinden nicht hoffen dürfen?

Ich lasse es jedoch bei diesem Citat bewenden; verschmähe überhaupt das Verfahren, judenfreundliche Aeußerungen zu sammeln. Vor Männern von religiöser, protestantischer Gesinnung, vor Männern einer nationalen Gesinnung, die von dem *geistigen* Inhalt nationaler Cultur erfüllt ist, wage ich zu bekennen: daß ich *in dem wissenschaftlichen Begriff der Religion* zwischen dem israelitischen Monotheismus und dem protestantischen Christenthum eine Differenz nicht zu erkennen vermag.

Gegen eine solche Ansicht erhebt sich zunächst die Frage: was bedeutet sonach und wie überhaupt wird die geschichtliche Erscheinung des Christenthums verständlich? Diese für eine tiefere Geschichts-Auffassung der religiösen Probleme schwierige Frage dürfte sich durch die folgende Erwägung verständlich machen lassen.

Der israelitische Monotheismus charakterisirt sich durch die beiden Ideen *der Geistigkeit Gottes* und der *messianischen Verheißung*. Die eine betrifft das Wesen der Gottheit, die andere die geschichtliche Aufgabe, das sittliche Ideal des Menschengeschlechts. Beide erwachsen aus einander. Mit Shakespeare'schen Strichen kennzeichnet der Prophet die in der bildenden Kunst sich vollziehende Ironisirung des lebendigen Gottes, »welcher ist die Wahrheit«: damit wird der König der Welt, der Schöpfer des All zum Vater der Menschen, der am Ende der Tage alle seine Kinder, Ein Hirt seine Heerde, sammeln wird. Bei der Einweihung des salomonischen Tempels läßt der prophetische Geschichtsschreiber den nationalen König beten: »Siehe, die Himmel und aller Himmel Himmel fassen Dich nicht, geschweige dieses Haus, welches ich gebaut. – Auch wenn ein *Ausländer*, der nicht von Deinem Volke Israel ist, aus einem fernen Lande kommt um Deines Namens willen, und er kommt und betet in diesem Hause, so höre Du im Himmel und thue Alles, um was der Ausländer zu Dir rufet, auf daß alle Völker der Erde Deinen Namen erkennen.«

Ein Punkt nur ist in dieser Vertiefung der Gottesidee nicht zum vollen Ausdruck gekommen, dessen dogmatische Ausgestaltung den christlichen Monotheismus von dem israelitischen unterscheidet. Es ist dies der fundamentale Gedanke, welcher die Verbindung der modernen Völker mit dem griechischen Geiste zur Erzeugung einer neuen Cultur ermöglicht hat: die Idee des Verhältnisses von Mensch und Gott wird in der Menschwerdung Gottes verinnerlicht, und vollzieht in der dogmatischen Form der Humanisirung Gottes die culturgeschichtliche Mission der Humanisirung der Religion.

Denken wir uns diese Idee aus der Geschichte der Ideen hinweg, so fehlt uns die Möglichkeit, die *Autonomie* des Sittengesetzes, die Freiheit der Unterwerfung unter das unbedingte Sittengebot geschichtlich zu verstehen. Diese idealistische Bedeutung der Sittlichkeit, kurz was wir Deutsche als das unantastbare Heiligthum Kantischer Lehre ehren, worin alle Auffassungen sich einigen, was wir als den höchsten Schatz nationaler Weisheit allen modernen Völkern entgegen als Deutschheit hochhalten, das erscheint aus der Tiefe, aus der Gottinnigkeit, aus der Gluth des sittlichen Enthusiasmus der Propheten historisch unvermittelt. Die Kantische Ethik trifft zwar inhaltlich in ihrem Imperativ völlig zusammen mit dem Rigorismus der israelitischen Sittenlehre. Die Haggada, derjenige Theil des Talmud, welcher die Sittenlehre enthält, hat Sätze von frappanter Aehnlichkeit mit den Kantischen. Aber wie sehr auch durchgängig der freie Wille des Menschen gegenüber dem göttlichen Gebote betont wird: »Alles ist in Gottes Hand, ausgenommen die Gottesfurcht«; so erscheint dennoch die *Begründung* dieses Imperativ, die Ableitung des Sittengesetzes aus dem Begriffe der *gesetzgebenden* Vernunft, dieser Charakter der Autonomie erscheint, nach unserer Art in geschichtlichen Zusammenhängen die Gedanken zu begreifen, unverständlich ohne die christologische Form der Humanisirung des Göttlichen.

Diese Art von Christenthum haben wir moderne Israeliten alle, wir mögen es wissen oder nicht. *Schiller* sagt von dem zur Religion reifenden Menschen: »Er *bebte* vor dem Unbekannten; er *liebte* seinen Wiederschein.« Das gilt nicht minder unweigerlich von den modernen Israeliten. Aber wir erkennen wegen dieser culturgeschichtlichen Würdigung des Christenthums keine Nöthigung, das »Evangelium von dem Gottessohn« zu bekennen. Denn wir wissen, daß bei aller nothwendigen Humanisirung des Sittlichen doch ein der Vermenschlichung unzugänglicher Kern des alten Prophetengottes gewahrt bleiben muß: »Wem wollt ihr mich vergleichen, daß ich gliche?« In diesem ewigen und keineswegs lediglich kosmologischen Kern des Gottesglaubens sind alle Christen Israeliten. Und die, welche, die einen in sittlicher Begeisterung, die andern in naturalistischem Unglauben oder metaphysischer Phantasie, die Idee des Einen Gottes bekämpfen, sind zugleich Feinde des Christenthums und Gegner des Judenthums.

Männer von religiöser Bildung und einer das *achtzehnte Jahrhundert nicht ausschließenden* nationalen Gesinnung, welche diesen Sachverhalt sich vergegenwärtigen, werden anerkennen müssen: daß wir Israeliten religiöse Gemeinschaft mit dem Christenthum haben. Selbst Christen von positiver Gläubigkeit, welche die Unterscheidung von Religion und Confession mit vollem dogmatischen Inhalt anerkennen, haben theils soviel religiöses Gemüth und demselben gemäße Duldsamkeit, theils soviel Anhänglichkeit an das alte Testament, um uns nicht von aller religiösen Gemeinsamkeit mit ihnen auszuschließen.

Damit aber ist eine in diesem Streite wichtige Frage erledigt. Man hat es als einen Mangel des Culturkampfes bezeichnet, daß derselbe zu wenig positiv religiöse Gedanken zu seinem Inhalt gehabt habe. Ich bin allerdings der Ansicht, daß man ohne religiöse Ideen, ohne schöpferische religiöse Begeisterung den Kampf nicht zu neuen Epochen werde führen können, den der religiöse Geist des deutschen Volkes im sechszehnten Jahrhundert begonnen hat. Und ebenso bilde ich mir ein, von vaterländischer Geschichte soviel gelernt zu haben, um zu erkennen, daß das deutsche Volk ein religiöses sei, und ob aller Culturschwankungen bleiben werde.

Daraus aber ergiebt sich für die jüdische Minderheit dieses deutschen Volkes die Nothwendigkeit: *der religiösen Gemeinschaft ihres Volkes sich angehörig zu bekennen und zu erweisen.*

Es ist falsche liberale Schablone, welche leider von vielen Juden angenommen worden ist, daß die religiöse Form ein politisch Indifferentes sei, um das der Staat sich nicht zu kümmern habe; wenn nur die Dogmatik polizeifest sei. Es muß dagegen mit aller Macht anerkannt werden, daß in solchen Wendungen nur aus der Noth eine Tugend gemacht wird; daß solche temporäre Schlagworte durch eine grundsätzliche Problemstellung erledigt werden müssen. Die Kirche soll keineswegs durch den Staat entsetzt werden; sondern die Aufgabe ist: eine solche religiöse Verfassung herzustellen, welche dem in der Bildung begriffenen deutschen Staate gleichartig und gerecht wird.

Eine Nation, welche ihr staatliches Dasein gründen und festigen will, hat für ihre religiöse Grundlage zu sorgen. Was zu Einem Volke gehören will, muß an dieser gemeinsamen religiösen Grundlage Antheil haben. Von dieser Gemeinsamkeit aus können sich, ohne Schädigung der einmüthigen nationalen Gesittung, confessionelle, auf die historische Tradition bezügliche Unterschiede forterhalten, weil deren mit einem modernen Staate verträgliche Deutung, die wissenschaftliche wie die pädagogische, stets nur nach der Seite jener allgemeinen religiös-sittlichen Grundlage erfolgen kann.

Ich hoffe gezeigt zu haben, daß der Religions-Inhalt des israelitischen Monotheismus mit dem Religions-Inhalt des *in geschichtlichem Geiste* gedachten Christentums vereinbar, und zur Volks-Gemeinschaft zureichend sei. Ich will nunmehr darauf hinweisen, wie aus der Geschichte der Juden und der deutschen Judenheit insbesondere hervorgeht, daß ihre religiöse Entwickelung in der geschichtlichen Tendenz des deutschen *Protestantismus* verläuft.

Es kann hier nicht meine Aufgabe werden, die zahlreichen Sätze anzuführen, in denen von den Propheten ab durch den Talmud hindurch bis zu den arabischen Religionsphilosophen der denkende Gottesglaube gefordert, die Werkheiligkeit bekämpft, die Befreiung durch die Heiligung gelehrt wird. Wer diese Dinge nicht kennt, den kann man durch einige Seiten von Auszügen nicht belehren. Nur sei es mir verstattet, durch diese Erwähnung zur Bescheidenheit und Gewissenhaftigkeit in diesen Fragen der Wissenschaft ermahnen zu dürfen. Einen andern Thatbestand will ich hier berühren.

Wie die Geschichte des israelitischen Monotheismus, mit seinem einzigen Dogma vom Einzigen Gotte, die innere Entwickelung des protestantischen Charakters aufzeigt, so haben sich insbesondere die deutschen Juden in ihren religiösen Bewegungen der protestantischen Art religiöser Cultur auf das unverkennbarste angeschlossen. Seit der Blüthe des jüdischen Geistes in der arabisch-spanischen Periode hat der jüdische Stamm *erst in dem deutschen Volke wieder ein universales Culturleben entfaltet.* Wenn ein Tropfen Lessing'schen Blutes in den Männern rollt, die heute von deutschem Geiste reden, so muß es ihnen rührend erscheinen, wie der Talmudjünger, der von Dessau seinem nach Berlin berufenen

Lehrer nachzieht, dort der Freund eines Lessing und dessen Genoß in der Neubildung der deutschen Sprache wird: »Er hat namentlich auch durch seine Uebersetzung und Erklärung alttestamentlicher Schriften außerordentlich viel dazu beigetragen, daß die deutschen Juden in die Gemeinschaft der deutschen Sprache und Bildung hereingezogen wurden, und der triftigste von den Gründen, *der scheinbarste von den Vorwänden* beseitigt wurde, auf die man sich bis dahin berufen hatte, um ihnen die Rechte des Menschen und des Bürgers zu entziehen.« *(Eduard Zeller)*

Als nun die Kantische Philosophie entstand, gehörten die kaum aus dem Judendeutsch Entsprungenen alsbald zu ihren Anhängern. Man hat auch nicht versäumt, der Kantischen Philosophie daraus einen Vorwurf zu machen, den ein Biograph witzig zu heben weiß. Marcus Herz wird von Kant einmal in einem Briefe: »Auserlesener und unschätzbarer Freund« angeredet. Wenn dieser Arzt es aber zu keiner philosophischen Selbstständigkeit gebracht hat, so hat Lazarus Bendavid in trefflichen Schriften über die Kantische Philosophie ein feines Verständniß derselben bekundet, – und von kleinlicher Originalitätssucht auch nicht die leiseste Spur.

Was die deutschen Juden innerhalb der deutschen Wissenschaft und Kunst geleistet haben, lasse ich füglich unbesprochen. Ich habe nur auf die unbestreitbare Thatsache hinzuweisen, daß die deutschen Juden, ob zum Schaden oder ob etwa auch zu einigem allgemeinen Nutzen, in der Mitarbeit an der deutschen Cultur ihre religiöse Entwickelung vollzogen und ihr Dasein als Deutsche bezeugt haben.

Es ist *Felix Mendelssohns* Name genannt worden. Man erzählt nun von ihm, daß er, der sonst nicht gern von seiner jüdischen Abstammung gesprochen habe – er soll ja auch die Bedeutung seines Großvaters gar nicht gekannt haben – als er die Matthäus-Passion zur Aufführung brachte, gesagt haben soll: es sei doch seltsam, daß ein Jude dieses Werk zum ersten Male wieder aufführe! Glaubt man denn aber, die

Taufe hätte ihn dazu befähigt? Oder ist es das religiöse Blut eines Mendelssohn, das nicht zur Oper, sondern zum Oratorium gemischt war. Und einer solchen Persönlichkeit gedenkend, wagt es ein deutscher Gelehrter uns deutschen Israeliten rundweg zu sagen, daß wir in den »höchsten und heiligsten Fragen des *Gemüthslebens grundverschieden* denken.«

Gerade an diesem Beispiel kann man, ohne tieferes Eingehen auf die wahrhaften realen Kräfte modernen Gemüthslebens, durch Selbstbeobachtung prüfen, ob diejenige Gemeinsamkeit der religiösen Gefühle, deren Vorhandensein allerdings für das Gemüthsleben eines Volkes unerläßliche Grundbedingung ist, uns Juden mit den Protestanten möglich und gegeben sei. Es ist wahrlich nicht zufällig, daß unter den besten, innigsten Interpreten *Bach*'schen Geistes Juden mit Ehren genannt werden. Man sage nicht, wenn man mit tiefster Bewegung des Gemüthes der geistlichen Musik Sebastian Bach's sich hingiebt, so sei das nur ästhetische Rührung. Das ist schablonenhafte Unterscheidung. Wo die Poesie solcher Texte in Verbindung mit in solcher Weise dem Texte entquellenden Tönen das menschliche Gemüth zu ergreifen vermag, da *ist* Gemeinschaft der religiösen Gefühle – soweit dieselbe für die »höchsten und heiligsten Fragen des Gemüthslebens« in einem *modernen Culturvolk* erforderlich ist.

Zu meinem Bedauern muß ich nun zugestehen, daß diese Consequenz der Opposition durch *Lazarus*' Einrede veranlaßt war, der einen an sich interessanten Gedanken zu der falschen Verallgemeinerung gebracht hat, daß es keine deutsche Religion gebe, und daß das Judenthum ganz in demselben Sinne deutsch sei, wie das Christenthum. Im Ernste aber wird Lazarus nicht bezweifeln, daß das deutsche Volk, und wir Juden mit ihm, aus der Cultur des Christenthums athmen; daß das deutsche Volk zu seinem und unserm Heile Eine Religion hat, zu deren Grundlage und Culturgedanken wir uns theils von unseren Vätern her, theils durch unsere deutsche Erziehung und Bildung bekennen. Niemand kann die Richtigkeit des Satzes bestreiten: »Das Bestehen mehrerer Religionen innerhalb einer Nationalität kommt wohl als ein Uebergangszustand vor; auf die Dauer ist es, wie die Geschichte aller abendländischen Culturvölker lehrt, nur da möglich, wo eine Religion die Regel bildet, die Andersgläubigen die Ausnahme, die verschwindende Minderheit.« Ich halte diesen Satz für ganz richtig, aber in diesem Streite für gegenstandslos. Denn mit einer religiösen Minderheit, welche einen so reinen, *alles Heidenthums baaren* Glauben hat, kann sich, so wage ich zu hoffen, die Christenheit in ihrem weltgeschichtlichen Ringen nach jener »reineren Form« recht gut vertragen.

Leider sind auch andere praktische Anwendungen, welche Lazarus von seinem in den erforderlichen Einschränkungen richtigen Gesichtspunkte macht, theils im Ausdruck unglücklich, theils im Gedanken nicht zutreffend. Ich komme bei der überaus nothwendigen Berichtigung dieser Aeußerungen zu der Erörterung des *zweiten* Punktes, der *Racenfrage*.

Mit gesundem Menschenverstande und Menschengefühle wird man die Frage, ob in einem Volke Raceneinheit wünschenswerth und in gewissen Minimalgrenzen erforderlich sei, unbedenklich *bejahen*. Die Begriffsbestimmung der Nationalität ist freilich, als eine wissenschaftlich complicirte Sache, schwieriger. Aber es handelt sich für die Ethnographie um einen empirischen Begriff; in der Politik dagegen um ein Ideal, einen Musterbegriff. Wenn die Erfahrung zeigt, daß es innerhalb einer Nation verschiedene Gruppen mit verschiedenen Sitten gebe, so abstrahirt der Empiriker, daß in der Einheit der Sitte das Wesen der Nationalität nicht bestehe. Eine untere Grenze wird es jedoch wohl auch hierin geben; und die Bestimmung derselben kann eine Streitsache idealer Politik werden. Wie in der Sitte, so macht sich Variabilität und minimale Grenze bezüglich des Territoriums noch leichter kenntlich; deutlicher ferner bei der Staatsangehörigkeit.

Endlich die *Abstammung*. Auch hier sagt der Ethnograph, es gebe im idealen Sinne keine thatsächliche Raceneinheit. Die Sprache sei, sagt der Statistiker Böckh, das Kennzeichen, das Band nationaler Gemeinschaft.

Wenn nun in dieser auf dem Boden der Empirie berechtigten Weise der Ethnograph den empirischen Begriff des Volkes aus den Thatsachen und der Abschätzung ihres relativen Werthes abstrahirt, so wird nichts desto weniger der ideale Politiker dagegen sagen dürfen: Mag der Statistiker mit diesem Begriffe für seine Forschungsinteressen auskommen; meinem Idealbegriff einer Nationalität ist derselbe nicht gewachsen. Ich erstrebe eine innigere, eine höhere Einheit für mein Volk, als welche der Statistiker aus dem gegebenen Erfahrungsmaterial zu abstrahiren vermag. Ich erstrebe eine die leibliche Eigenart respectirende, den Racentypus zu herrlichster Entfaltung bringende Repräsentation meines Volkes. Dieser Wunsch, dieser ideale Maßstab zur Abschätzung nationaler Vorgänge und Mißverhältnisse ist natürlich, ist berechtigt. Treitschke hatte nicht gesagt: Die Juden sind Semiten, dürfen also nicht deutsche Staatsangehörige bleiben, sondern das Gegentheil ausgesprochen.

Es ist daher von Lazarus bedauerliche Uebertreibung, wenn er mit einem in solchen schweren Fragen unpassenden Wortwitze sagt: »Das Blut bedeutet mir blutwenig«. Ebenso können alle die Wendungen, die Racentheorie zum Ausfluß »des grobsinnlichen Materialismus der Welt- und Lebensanschauung« zu machen, bei flüchtiger Lectüre wohl das Concept verrücken, aber gegnerisches Bewußtsein nicht überzeugen. Ich will meine Glaubensgenossen hiergegen an das alte Wort erinnern: »Die Thora ist nicht den Engeln gegeben.« Wer die leibliche Substanz einer Volksseele als ein Eigenthümliches lieb und werth hält, der ist darob nicht Materialist; so wenig wie der, welcher mit natürlicher reflexionsloser Liebe sein Vaterland liebt, darüber zum engherzigen Weltbürger zu verschrumpfen fürchten braucht.

Ich halte es als unvermeidliche Verpflichtung, auch in dieser Beziehung die von Lazarus gegebene Formulirung zu berichtigen. Indem er nämlich richtig auseinandersetzt, daß der Begriff des Volkes bei den verschiedenen Völkern, in deren nationalem Bewußtsein, ein verschiedener sei, sagt er: »Aber das Deutschthum, das wir erstreben, muß ohne jede Felonie gegen angestammte Traditionen, und ohne jede Felonie gegen allgemein menschheitliche Principien bestehen können«. Unter diesen »angestammten Traditionen« können *die Gegner* alles Erdenkliche verstehen. Auch der Ausdruck »Felonie« ist so unangemessen als möglich; denn er bezeichnet ursprünglich Bruch der Lehnstreue. Wir haben aber bekanntlich keinen andern Lehnsherrn als »unsern Vater im Himmel«, keinen also unserer nationalen Pflicht gegenüber. Die Traditionen, die als »angestammte« uns als Deutschen heilig bleiben, sind einzig und allein die Formen unseres Gottesdienstes, für welche wir schon Manches zu dem Angestammten hinzuerworben haben, und – will's Gott! – noch weiter heranbilden werden.
Ganz desorientirend aber und erschreckend schien es mir, daß die Untreue gegen »allgemein menschheitliche Principien« ausdrücklich abgelehnt und gesperrt gedruckt wird. Ich habe nicht die Ruhe und Geduld, in diesem Moment in die Erörterung der Frage einzutreten, ob Veranlassung vorliege, in den *deutschen* Nationalismus das Menschheitliche warnend einzuschließen. Aber das weiß ich, und das muß ich sagen: es thut nicht noth, uns Juden diese Mahnung gar so heiß ans Herz zu legen. Wenn es ohne lächerliche Anstößigkeit, ohne täppische, indiscrete Zudringlichkeit geschehen könnte, so sollte ich meinen, die naturwüchsige Pflege des puren Deutschthums könnte uns Allen nur nützen. Denn vor Allem müssen wir – und so wahr wir Menschen sind, wir thun es – anders fühlen und denken, als Lazarus uns fühlen und denken läßt. Wir müssen nämlich unser Vaterland nicht lieben, wenn es »liebenswürdig« ist; und wenn es Burke zehnmal

gesagt haben mag; sondern – *weil es unser Vaterland ist.* Wir müssen die deutsche Nation nicht preisen und ehren, »weil wir meinen, daß sie am heißesten ringt nach der Erfüllung eines menschheitlichen Ideals« – was sollen da die englischen oder französischen Juden sagen, die sich auch gelegentlich wieder einmal ihres Patriotismus zu berühmen haben? – Nein! Wir lieben alle unser Vaterland, weil es unser Mutterboden ist, weil wir unsre Heimath lieben, weil wir Palästina allenfalls als eine Reisegelegenheit betrachten; weil im Vaterland unsre Muttersprache, die deutsche Zunge klingt: erster Laut, den ich gelallet, süßes, erstes Mutterwort! Weil wir just Menschenkinder sind, *und jeder Mensch ein Vaterland haben will.*

Wenn wir aber älter und etwa Literaturjuden werden, so finden wir allerdings, daß die deutsche Literatur einen Volksbegriff erzeugt, dem zufolge wir nicht Ausgestoßene bleiben, sondern Kinder des Hauses werden können. So deuten wir alsdann unsere nationale natürliche Empfindung, mit etwas selbstischer Freude, sachlich ebenso, wie *Wilh. v. Humboldt* die Deutschheit bestimmt. Aber diese Erkenntniß ist nicht der Quell, und nicht die Bedingung unsrer Empfindung.

Ich bestreite, daß das Heimathsgefühl und die natürliche Vaterlandsliebe erst mit der Emancipation beginnt. Ich weiß nicht, ob ich es von Erzählungen habe, oder aus jüdischen Novellen, daß die alten Juden unter Friedrich dem Großen mit köstlicher Parteinahme preußisch waren. Aber man lese nur, wie Moses Mendelssohn über nationale Politik und nationale Geschichte schreibt, mit welchem Verständniß, mit welcher Begeisterung; und das war der »Comptoirschreiber«, der nur als solcher das Aufenthaltsrecht in der Stadt seines Königs erhielt.

Diese schlimme, schlüpfrige Unklarheit muß gänzlich beseitigt werden. Die deutsche Judenfrage erledigt sich *in ihren beiden Punkten zugleich; in und mit der religiösen Frage löst sich die Racenfrage – soweit die letztere menschlicher Ueberlegung gegeben ist.*

Wir Juden dürfen uns nur vom Parteihaß und von der Bosheit oder der Unklarheit des Angriffs nicht verblenden lassen. Wir müssen anerkennen, daß der Racen-Instinct mit nichten simple Barbarei ist; sondern ein natürliches, national berechtigtes Verlangen. Barbarei wird das Naturgefühl, wenn es zu politischer und nationaler Ausschließung solcher Mitbürger degenerirt, die kein anderes Vaterland haben, noch haben wollen. An sich ist es ein unwillkürliches und gutes psychologisches Motiv, und es kann in Wahrheit als ein brauchbares und beherzigenswerthes Correctiv und Regulativ ausgebildet werden; – niemals aber darf es als eine *sittliche Norm* gelten wollen.

Wenn wir ruhig und aufrichtig dem Racengefühl antworten, so müssen wir sagen, daß wir selbst es anerkennen. Ich behaupte getrost: wir wünschen Alle, wir hätten schlechtweg das deutsche, das germanische Aussehen, von dem wir jetzt nur die klimatischen Nebenwirkungen an uns tragen; wie denn allerdings sogar der norddeutsche von dem süddeutschen Juden sich unverkennbar unterscheidet. In dieser Frage haben wir also einfach zu sagen: Habet Geduld, und – ich kann und brauche es nicht zu wissen, in wievielen Jahren oder Jahrhunderten kein weiserer Mann zu kommen braucht, um diesen Prozeß zu entscheiden.

Inzwischen aber haben wir die Pflicht, diese Ansicht zu bekennen, durch kein Partei-Manoeuvre von diesem schlichten Programm uns verdrängen zu lassen, und in unserem Leben und äußeren Benehmen, in Handel und Wandel danach zu verfahren.

Es muß also grundsätzliche Ueberlegung, und mehr als dies, es muß heiligstes Verlangen werden, dem *Naturton* des Volkes, zu dem wir verschmelzen wollen, in allen seinen Weisen uns einzustimmen. Absonderlichkeiten dürfen uns eben nur einstweilen zu Gute gehalten werden; aber wir müssen fortfahren, das Bestreben zu zeigen, daß wir sie loswerden wollen. Unter keinerlei sentimentalem Vorwande darf es als eine unschuldige Privatliebhaberei angesehen werden, daß wir – *außer zur Abwehr* – unseres Stammes, als eines solchen, als einer constanten Eigenthümlichkeit unserer lebendigen Religion uns rühmen. Ein nationales Doppelgefühl ist nicht nur ein unsittlich Ding, sondern ein Unding. Nur die Uebergangszeit, in welcher der beste Jude doch immer nur ein Jude ist, kann ein solches Mißgewächs gedeihen lassen. Mit dem Rechte, welches ein jeder Schriftsteller in Anspruch nehmen darf, möchte ich das meinen Glaubensgenossen an's Herz legen: daß sie aus der Aufgeregtheit der Vertheidigung nicht eine Stimmung des Friedens machen; daß ein Jeder in seiner Weise und Umgebung es als seine Aufgabe erkenne, darüber klar zu sein und Klarheit zu verbreiten: daß die israelitische Religion durch die rückhaltlose, unbedingte *deutsche Naturalisirung* in keiner erdenklichen Weise beeinträchtigt wird.

Viele werden meinen, ich hätte die Partei der Palästinenser unter uns zu viel berücksichtigt; denn sie haben in der That innerhalb der deutschen Cultur keinen Boden, und als eine Partei nur in den ungesunden, unwahren, gesinnungslosen Verhältnissen der heutigen religiösen Bewegungen einen reclamenhaften Bestand. Aber diese Richtung berührt sich mit einer verwandten Stimmung, von welcher allerdings zu wünschen wäre, daß sie in ruhigeren Tagen von der Art des Herrn Graetz bestimmter und ausdrücklicher sich unterschiede, gegnerisch sich trennte. Es ist ein Unglück, daß ein jüdischer Geschichtsschreiber, der immerhin ein solches zwar bedingtes Ansehen sich erarbeitet hat, eine so erschreckliche Perversität der Gefühlsurtheile zu Stande bringen konnte. Es ist das eben derselbe Mann, der, als er sein Geschichtswerk begann, seinen Dank an einen *Zunz* mit jenem berüchtigten Ausdruck abgetragen hat. Es ist das derselbe Mann, welcher in seinem zehnten Band zwei Kapiteln die Ueberschrift gegeben hat: »Spinoza und Sabbathai Zewi«: Erhabenheit des Gedankens und schwärmerischen Schwindel nebeneinander titulirt. Welches Zartgefühl für den jüdischen Stamm! Es thut mir leid, daß ich jetzt es aussprechen muß; denn ich bin sein Schüler gewesen. Auf dieser Bahn liegt nichts Gesundes. Von dieser Bahn muß abgelenkt werden. Seid nicht blos gerührt und begeistert, wenn Ihr von jüdischen Stammesdingen redet und freut euch nicht über Herrn Disraeli's Geschichtsweisheit: Habet auch, wenn und da ihr deutsche Gelehrte sein wollt, ein natürliches Gefühl für deutsche Art und deutsche Größe. Dann wird historische Objectivität in euch kommen; dann werden Trivialitäten, wie die Abschätzung deutscher Männer nach dem Grade ihrer Judenfreundlichkeit verschmäht, und jene widerlichen und empörenden Urtheile über den Stolz und die Würde des deutschen Geistes unmöglich werden.

Ich muß zu meinem Bedauern noch länger bei diesem Punkte verweilen. Es gilt demselben Irrthum noch in einer abstracten Formel entschieden entgegenzutreten. Lazarus sagt, die Meinung von der nothwendigen »Zuspitzung« aller Mannichfaltigkeit der Cultur sei ein Irrthum und »die tiefste Wurzel aller Intoleranz«. »Die wahre Cultur aber liegt in der Mannichfaltigkeit«. Wohl möglich! jedoch nur aus der Vogelperspective. Für Menschen von Fleisch und Blut, die hienieden einen Staat gründen wollen, dürfte die Mannichfaltigkeit unter Umständen nicht blos eine schwere Zumuthung bedeuten, sondern geradezu eine unerlaubte. Wenn der göttliche Weltenlenker uns in unsrer Sonderart aufzubehalten beschlossen hat, so kann sich vermuthlich die Weltgeschichte am Ende der Tage damit trösten. Menschen aber, die zu einer Staats- und Volks-Einheit sich einigen wollen, haben nach Einheit zu streben, mit allen Kräften ihres Geistes und Gemüthes, nach allen Beziehungen des staatlichen Daseins. Für die Menschheit mag die Mannichfaltigkeit in gleicher Weise nützlich sein, wie die Einheit; *allein* werthvoll ist sie sicher auch für diese nicht. Eine Volkseinheit aber ist nicht lediglich ein geschichtsphilosophischer Begriff, ist im Unterschiede von Naturbedingungen eine sittliche Aufgabe. Glieder Eines Volkes haben die Pflicht, eine Einheit des Daseins und Bewußtseins anzustreben, und dieselbe immer inniger, immer intensiver auszubilden.

Diese Meinungs-Verschiedenheit betrifft aber nicht nur einen an sich nicht unwichtigen Gedanken, sondern hat unmittelbaren Bezug auf diese leidige Frage; ist von durchschlagender Consequenz für dieselbe. Lazarus sagt: »Daraus ergiebt sich eine *dauernde Aufgabe* der Juden, welche in sich selbst mannichfaltig, in der Theilnahme an verschiedenen Nationalgeistern eine fortdauernde Bereicherung mit sich führt«. Diese Ansicht, welche die kosmopolitische Natur des *Glaubens,* der *Religion* zu einer den *individuellen Bekennern* förderlichen, für ihr einheitliches nationales Fühlen nützlichen Sache auslegt, muß ich für durchaus irrig erklären. Derartige Geschichtsphilosophie hat überhaupt nichts mit nationaler Politik zu schaffen. Zur Sache darf ich bemerken, daß diese Ansicht eben eine individuelle ist, daß ich sie *für alle geschichtliche Zukunft* bestreite; vor Allem aber, daß sie mir in ihrem Princip bedenklich erscheint.

Die Juden haben nur Eine »dauernde Aufgabe«, das ist die *Erhaltung des Monotheismus,* bis zu jener »reinern Form des Christenthums« als einer gesonderten, nach Erreichung jener aber als eine mit allen Monotheisten gemeinsamen Aufgabe. Für sonstige Mannichfaltigkeiten habe ich schlechterdings kein Interesse, und vermag kein Asylrecht anzuerkennen. Die Sittlichkeit eines Volkes ist eine nationale Einheit, oder strebt einer solchen zu. Innerhalb einer nationalen Gemeinsamkeit kann und darf es eine individuelle Sittlichkeit geben. Aber keine in besonderen religiösen Gruppen oder Sekten substantiirte ist wünschenswerth.

Nach solcher Auffassung, von der ich behaupten möchte, daß sie mit allermeist nach Stimmungen wechselnden Ausnahmen von den deutschen Juden getheilt wird, scheint mir die Racenfrage kein ernstliches Bedenken zu bilden – wohlverstanden unter wohlwollenden und religiösen Christen. Wenn den Juden die ihnen seit wenigen Jahren, nicht »längst«, gewordene staatsrechtliche Qualification in ehrlicher Verwaltungspraxis nicht illusorisch gemacht wird; wenn sie zu den Ehren des staatlichen Beamtenthums zugelassen werden und bleiben, so wird allmählich Gesinnungsgleichheit sich heraus- und herstellen; und der geistige und sittliche Untergrund zu nationaler Verschmelzung wird wachsen und reifen. Damit aber wird die sociale Annäherung sich ausbreiten und ausbilden; Anstößigkeiten des Benehmens werden *cessante causa* sich mildern und schwinden. Das Connubium wird unter weniger schwierigen Bedingungen sich vollziehen können, als es anderswo der Fall ist. Was in verständiger, was in *rechtschaffener religiöser* Weise zur Ausgleichung der Racenunterschiede geschehen kann, das wird auf diese Weise allmählich geschehen; und wir Juden haben anzuerkennen, daß das *Ideal nationaler Assimilation,* als solches, von Geschlecht zu Geschlecht bewußter erstrebt werden soll.

Dieses mein Racen-Bekenntniß richtet sich nicht mehr an den Herausgeber der Preußischen Jahrbücher, der von der Emancipation also sich vernehmen läßt: »Die Emancipation hat insofern günstig gewirkt, als sie den Juden jeden Grund berechtigter Beschwerde entzog. Aber sie *erschwert* auch die Blutvermischung, die doch zu allen Zeiten das wirksamste Mittel zur Ausgleichung der Stammesgegensätze war; *die Zahl der Uebertritte zum Christenthum hat sich sehr verringert,* und Mischehen zwischen Christen und *ungetauften* Juden werden immer nur seltene Ausnahmen bleiben, so lange unser Volk seinen Christenglauben heilig hält.« (S. 87)

Wie vom Standpunkte des »Christenglaubens« überhaupt, nicht nur einer gewissen Bekenntnißweise desselben, dieser Ausspruch zu taxiren sei, ist nicht meine Sache. Vom Standpunkt der allgemeinen Religiosität giebt es vielleicht keine

Bezeichnung, welche die Entrüstung über solche Gesinnung zulänglich auszudrücken vermöchte.
Vom Standpunkt der Logik aber ist dieser Ausdruck unverständlich. Wenn man »aus freiem Ermessen« die Emancipation beschließt, dann ist es naiv, zu beklagen, daß die Uebertritte sich verringern. Wenn man aber mittlerweile an der logischen Consequenz arbeitet, daß die Emancipation zurückzunehmen sei, so darf man nicht fortfahren mit der Anklage, daß die Juden nicht Deutsche werden wollten.
Denn jetzt wissen wir deutlich, was unter jenem »Deutsch werden« zu verstehen ist. Und wir haben darauf nur Eine Antwort: *Die Schaam über solche Verleugnung religiöser Gesinnung als einer innerlichsten Wahrheit.*
Solche Sittlichkeit ergiebt sich aus der politischen Ansicht: jeder Staat entscheide über das Recht der Theilnahme an der Leitung desselben »nach seinem freien Ermessen.« Freilich ist das Ermessen der gesetzgebenden Factoren frei, nämlich von äußeren Gewalten; es ist der Ausfluß der allgemeinen nationalen Gesittung. Die Emancipirten werden in ihren Herzen den Dank nicht schuldig bleiben, der solcher Reife der nationalen Gesittung gebührt. Aber es ist gegen den staatsbürgerlichen Anstand, diesen Dank zu fordern. Und solche unehrerbietige Forderung kann auch nur von einem Manne ausgehen, der von dem »freien Ermessen« eine so geartete Vorstellung hat. Es ist wahrhaft traurig, daß ich gegenüber dem nationalen Politiker, dem Bearbeiter der Deutschen Geschichte im neunzehnten Jahrhundert es sagen muß: jene Freiheit des Ermessens hat ihre Schranken, nicht im sogenannten natürlichen Recht, mit dem Unklarheit verbunden wird, sondern in der jeweiligen Ansicht einer Nation von dem – Sittengesetz. Es kann nämlich ein Staat zu der Einsicht gelangen, daß, wenn man die Theilnahme an ihm von einem gewissen positiven Bekenntniß abhängig macht, dadurch Unsittlichkeit, Lüge und Heuchelei in den Staat geleitet werde; und zu der principiellen Einsicht, daß für die sittliche Verwaltung des

Staates eine von gewissen Dogmen, über welche Streit ist, unabhängige religiöse Grundlage erforderlich und zureichend sei. Durch solche sittliche Einsicht gelangt alsdann jenes Ermessen des Staates zu seiner Freiheit.

Aus solcher des Herausgebers der Preußischen Jahrbücher sittlichen Ansicht ist auch die vorausberechnende Art seiner Judenstatistik zu begreifen. Entweder er hat jüdische Freunde, die völlig deutsch geworden sind, dann ist das Problem einfach gelöst; und aus den östlichen Schaaren entstehen ihm vielleicht neue Freunde; wie denn in der That aus den jüdischen Gemeinden der Provinz Posen eine Reihe von Gelehrten hervorgegangen ist, die uns für manches wenig Erquickliche entschädigen dürften. Diese ganze Art statistischer Fürsorge für des Staates Wohlfahrt an berechtigten Gliedern desselben verübt, ist pharaonischer Naturalismus.

Käme es nun aber, was solcher Ansichten innerliche Consequenz ist, zu jener mittelalterlichen Wahrheit wieder, so würde viel und tiefes menschliches Elend heraufbeschworen; und ich will ebenso um des deutschen Namens willen, wie als Jude wünschen und hoffen, daß wir in die Zeiten nicht zurückgerathen möchten. Aber die *religiöse Rückwärtsbewegung* ist leider der reale, der treibende Grund des Angriffs, den wir jetzt im neuen Reiche erleiden. Mag es immerhin eine chronische Judenfrage gegeben haben, so hat man doch mit mehr oder weniger individualisirender Billigkeit die einzelnen Fälle behandelt, in denen verwerfliches Benehmen und Verfahren von der allgemeinen Art landesüblicher Häßlichkeit abzustechen den unwillkürlichen Anschein hatte. Man wird sich dann doch zugleich in den eigenen Kreisen umgeblickt haben, ob da lauter Redlichkeit, überall Verschmähung der Reichthumssucht, überall anständige Geschäftsführung, in den höchsten wie in den niedrigsten Kreisen walten. Jetzt aber fehlt jene Selbstcontrole, und die »Frage« entsteht in dem aggressiven Aufschrei gegen die Juden, die wahrlich nicht besser sind, als die Andern. Es hätte, meine ich, zu diesem

Aufschrei nicht kommen können, wenn die Religion nicht zum Vorwand genommen worden wäre.
Da nun aber der religiöse Punkt der Judenfrage *mit Verletzung religiöser Pietät und Wahrhaftigkeit* bezeichnet, übrigens aber zu persönlicher Ehrensache gemacht worden ist, so halte ich mich verpflichtet, persönlich zu erklären: Ich glaube, daß mein Fleiß und meine Liebe zur Sache mir ein Recht geben, von deutschem Geiste mitzusprechen; und ich werde mir in meiner literarischen und amtlichen Wirksamkeit dieses Recht nicht verkümmern lassen. Aber bei solcher Auffassung der Juden-Emancipation, solcher Handhabung der israelitischen Religion stelle ich mich zu dem in seinem Glauben bedrohten Glaubensgenossen, weil ich mich ihm sittlich verwandter fühle als einer Culturanschauung, welche mit der Enttäuschung statistischer Erwartungen von dem Vollzug der Emancipation die Mahnung an uns, Deutsche zu werden, verbindet.
Mit solcher Parteinahme für die *religiöse* Behandlung der israelitischen Religion bin ich mir aber bewußt, am besten und aufrichtigsten für die Lösung der Judenfrage im nationalen Sinne einzutreten. Man klagt über die Frivolität der Juden. Ich lasse es dahingestellt, ob die Klage, wenn nicht der Haß sie erzeugte, vorhanden wäre. Die wirklichen Verhältnisse, das Licht neben dem Schatten, kennen die Wenigsten. Ohne jegliche Staatsunterstützung, unter Mißgunst und Verdächtigung des den alten Formen anhangenden, *vom Staate protegirten* Theiles der Gemeinden haben die deutschen Rabbiner eine ernstliche religiöse Wirksamkeit in Schrift und Wort seit den ersten Jahrzehnten des Jahrhunderts entfaltet. Ich wage es, die Predigten von *Zunz* als einen Schatz deutscher Kanzelberedsamkeit zu bezeichnen. Zu dem Tiefsinn und der Geschäftigkeit des Schopenhauer'schen Gelichters hat kaum ein Jude Talent und Herz bewiesen. Ich beneide Herrn v. Treitschke nicht um den nationalen Genuß, auch im »Unglauben« »den Boden des Christenthums« zu fühlen. Aber es

ist freilich unbestreitbar, daß es religiös verwahrloste Subjecte unter den jüdischen Literaten gibt, die über ernste Angelegenheiten der christlichen Kirche, wie sie es eben auch in ihrer Frivolität mit solchen der ihrigen thun, spöttisch geschrieben haben. Es sind nur dürftige Fälle namhaft gemacht worden, wie auch andererseits der Fall in Linz doch nur Ein Fall ist. Aber so gering an Zahl und Bedeutung die Ausschreitungen sein mögen: sie bieten mir Anlaß, diesen Beschwerdepunkt von meiner allgemeinen Auffassung aus schließlich zu erörtern.

Der Rückgang der religiösen Gesinnung erscheint zwar bei den Juden nicht auffälliger als bei ihren christlichen Mitbürgern; scheinen die Juden doch sogar der neuesten durch die Schwarzen unter uns herbeigeführten Auflösung der Gemeinden und der daraus sich erhebenden Willkür des Individualismus Widerstand leisten zu können. Aber bei der erheblichen Auszeichnung, welche, gemäß den kleinen Zahlenverhältnissen, alles Jüdische sofort annimmt, ist der Rückgang religiöser Gesinnung und besonders *religiöser Bildung* in den letzten Jahrzehnten sehr spürbar. Ich glaube mich nicht zu irren, wenn ich annehme, daß ein großer Theil z. B. der jüdischen Professoren an deutschen Universitäten eine religiöse Jugendbildung genossen hat. In den letzten Jahren scheint es allerdings ein wenig locker in dieser Beziehung gegangen zu sein. Es ist ein die Religiosität des *Falk*'schen Regimentes bezeichnendes kleines Symptom, daß unter diesem Ministerium die Gymnasien die Ertheilung des jüdischen Religionsunterrichtes an ihre jüdischen Schüler sich haben angelegen sein lassen.

Wenn wir zu dem deutschen Volke verschmelzen sollen, zu einer Volksgemeinschaft aber die Gemeinsamkeit der religiösen Grundlage unentbehrlich ist, so müssen wir diesen unsern religiösen Beitrag zur nationalen Gemeinschaft hegen und mehren.

Den Orthodoxen unter uns ist zu sagen, daß sie, weil sie ihre religiösen Gebräuche, und somit eine gewisse Besonderheit der Sitten zäh festhalten, deßhalb die Bedeutung der Emancipation nicht äußerlich schätzen dürfen. Denn zu einem Staate gehören, das ist nichts Aeußerliches, Weltliches; sondern es fordert den ganzen innersten Menschen. Seine Einrichtungen muß man lieben, wie man die der Religion liebt; den höchsten und theuersten Platz muß man dem Staate, welchem man mit allen Kräften des Gemüthes sich zu widmen hat, in seinen Bestrebungen anweisen. Seinem Staate dienen zu können, muß als heilig gelten, wie Gottesdienst. Aber auch in der gesammten Art der Lebensführung, im nationalen Vergnügen wie im Dienste der Waffen, lasset die Naturzüge des Volkes, dessen Liebe doch auch in Euch lebt, soweit Ihr zum Culturbewußtsein gereift seid, zu rechter Unbefangenheit in Euch lebendig werden. Werdet darüber, daß Ihr Euren Glauben in positiver Differenz behauptet, daran nicht irre: daß Ihr vermöge dieser Eurer religiösen Grundlage zur Volksgemeinschaft mit den Christen zu verwachsen hoffen und streben müßt.

Den Reformjuden aber möchte ich zurufen: Es gibt unter Euch Viele, welche deutsch zu sein meinen, indem sie sich über alle Religion erhaben dünken. Von Solchen kommt Unheil in die Nation. Achtet, lernet verstehen euren israelitischen Monotheismus, wahret ihn in eurem Gemüth und macht ihn zu der allen Menschen nöthigen religiösen Richtschnur Eures Wandels. Dann werdet Ihr mit dem, was die moderne Bildung Geist des Christenthums nennt, Euch eins fühlen, und die Unterschiede im Ausdruck des Katechismus werden nicht diejenige Gemeinsamkeit der religiösen Grundlage erschüttern, welche für eine einheitliche, im Gemüthe harmonisirte Volksgemeinschaft erforderlich ist.

Allen Richtungen aber ist im Punkte der Differenz von den positiven christlichen Dogmen zu bedeuten: habet Respect und habet Pietät; und lernet soviel allesammt von geschichtlicher Einsicht, daß Ihr begreift und beherziget: Vieles von dem, was wir jetzt als moderne Menschen in unserm Judenthum lebendig erkennen, ist christliches Licht, das über jenem alten, ewigen Grunde aufgegangen. Oder wäre etwa die Ansicht, die wir jetzt von der Messianischen Idee haben, denkbar ohne die religiöse Befreiung, welche der deutsche Geist durch Martin Luther, gesegneten Andenkens, in's Werk gesetzt hat? Oder, bei aller Disposition, welche in den jüdischen Religionsphilosophen des Mittelalters für Verinnerlichung der Religion und Philosophir-Freiheit urkundlich ist, ist etwa Mendelssohn's Phaedon oder sein Jerusalem aus Maimonides allein geschichtlich und gedanklich erklärbar?

Damit bin ich denn zu dem Hauptpunkte zurückgekommen, welchen in dieser Sache zu erörtern mir angemessen und nöthig erschien. Unsere israelitische Religion, wie sie uns heute lebendig erfüllt, ist thatsächlich eine culturgeschichtliche Verbindung mit dem Protestantismus bereits eingegangen; nicht nur, daß wie jener die Tradition der Kirche, so wir die des Talmud mehr oder weniger bestimmt und unverblümt als verbindlich abgeworfen haben; sondern viel tiefer in allen geistigen Fragen der Religion denken und fühlen wir im protestantischen Geiste. Daher ist *diese religiöse Gemeinsamkeit in Wahrheit das kräftigste, das wirksamste Bindemittel* für eine innige nationale Verschmelzung.

Auch hier muß ich Lazarus' Formel ergänzen und berichtigen. Er führt selbst an: »so wird auch das Selbstbewußtsein des Volkes sich immer nur auf solche *objective* Verhältnisse, wie Abstammung, Sprache, Staatsleben u. s. w. stützen.« Diesen objectiven Verhältnissen ist die Religion hinzuzufügen. Es kann nicht verkannt werden, daß die Religion in erster Linie ein solches objectives Merkmal in dem Selbstbewußtsein des Volkes ausmacht. Und wir deutsche Juden wenigstens haben keinen Anlaß, diesen objectiven Grund zu verleugnen. Wir haben ein energisches Gefühl für das, was unserem Glauben an den Einen geistigen Gott, unserem Glauben an die einstige Verbindung aller Menschen zu sittlicher Gottesverehrung gemäß ist.

Von solcher Ueberzeugung aus gelangen wir zu einer positiven, vor Allem aber *praktisch wichtigen* Ansicht von der Bedeutung des Begriffs Volk. Statt der *»subjectiven* Ansicht der Glieder des Volks, welche sich alle zusammen als ein Volk *ansehen«*, halte ich die *objective Ueberzeugung* von der gemeinsamen religiösen Grundlage als ein *werthvolles Kriterium eines modernen Culturvolkes* fest. Damit ist ein *Anfassungsmittel* gewonnen für die Aneignung jener anderen objectiven Bedingungen, die ein jedes für sich unzulänglich bleiben für den empirischen Begriff der Nationalität. Nun wird die subjective Ansicht, welche sich zu einem Volke »zählt«, objectiv; sie hat nunmehr ein fühlbar Ding, mittelst dessen sie sich vollkräftig bethätigen und beweisen kann. Diese religiöse Gemeinsamkeit, *wenn sie nur mit Religiosität gedacht wird*, kann in Wahrheit das Mittel werden, den Mangel des objectiven Merkmals der Abstammung für das Gefühl zu ersetzen, zum mindesten die letztere weniger vermissen zu lassen: wenn wir dem idealen Volksbegriff mit unserm Herzblut uns anzunähern bestrebt bleiben.

Diese religiöse Gemeinsamkeit, wichtiger als die Gleichheit der Bildung und der ästhetischen Ansichten, *sie ist vorhanden*, ob auch gehässige oder bornirte Menschen sie verkennen mögen; denn auf ihr beruht die mit Einzelnen zugeständlich vollzogene Lösung des Problems.

Und sie wird wachsen und gedeihen zur Ehre des deutschen Namens und zum Heile deutscher Sittlichkeit.

Dixi et animam meam salvavi.

Marburg, am 24. Januar 1880

Ludwig Bamberger, Deutschthum und Judenthum

Es war eine interessante und lohnende Aufgabe für den Historiker und Patrioten, sich mit den eigenthümlichen Erscheinungen zu befassen, welche aus der Vermischung des jüdischen

Elements mit modernem Volkswesen sich herausgebildet haben. Für den Historiker welch ein Stoff! Dies Hereinragen eines Stückes ältester Zeit in die Gegenwart, diese wundersame Lebenskraft, die eine so starke Individualität voraussetzt, und dennoch wieder diese wundersame Fähigkeit der Assimilation, welche auf der Möglichkeit beruht, Eigenes preiszugeben und Fremdes in sich aufzunehmen! Welch ein Gegenstand der Untersuchung, selbst wenn auch nur bis zum Anfang des Jahrhunderts zurückgegriffen würde, die mannichfaltige Art und Weise, wie bei den verschiedenen Nationen das vom Banne befreite Element sich eingelebt hat! Für den Beobachter deutscher Dinge endlich, welch eine Aufforderung, an den gerade bei uns so absonderlich und scharf hervortretenden Symptomen des Vorgangs auch die Grundzüge des deutschen Wesens selbst und dessen Verhalten zu socialen und politischen Aufgaben zu studiren! Das hätte dann geradewegs auf die Lösung des Problems hingeführt. Dem Patrioten konnte nicht entgehen, daß die Unsterblichkeit des heillosen Zwiespaltes nur eine besondere Art jenes großen deutschen Erbübels, jener Selbstzerfleischung ist, auf welche die politischen Leiden der Nation, die überwundenen und die noch zu überwindenden, zurückzuführen sind. Aus dieser Erkenntniß heraus war den Deutschen aller Confessionen zu zeigen, wie sie eben wieder einen Anlauf nehmen, sich das Leben schwer und sauer zu machen, indem sie den alten Hader unter neuen, guten oder schlechten Vorwänden in der widerwärtigsten Weise entfesseln.

Herr *von Treitschke*, der Historiker und Patriot, war wohl berufen, sich der Sache auf diese Weise anzunehmen und damit seine unleugbaren Verdienste um die Stärkung des nationalen Geistes durch eine schöne und edle That zu erhöhen. Ist ihm dies gelungen, als er jüngst in den »Preußischen Jahrbüchern« (Novemberheft 1879) der eben wieder aufflackernden Verfolgungswuth seine Betrachtung zuwendete? Er scheint es zu glauben, und wahrlich, man sollte sich auch keiner als der besten Absicht von ihm versehen. Aber ich fürchte, er wird ziemlich allein stehen mit diesem seinem guten Glauben. Die unduldsamen Eiferer und die pöbelhaften Bandenführer rühmen sich bereits, daß sie ihn zu den Ihrigen zählen, und die Befehdeten selbst werden schon dadurch allein zu dem Argwohn verführt, sein Eingreifen bedeute vor allem, daß nunmehr eine wohlbeglaubigte Autorität den Flibustiern, welche mit der Libellenfabrikation einträgliche Geschäfte machen, Kaperbriefe ausgestellt habe.

Eine tiefe und peinliche Aufregung hat sich der zunächst an der Sache Betheiligten, aber auch weiterer Kreise bemächtigt, und es kann nicht fehlen, daß Uebertreibung mit Uebertreibung beantwortet wird. Einzelne Citate aus dem Text des Angriffes gehen von Mund zu Mund, wie immer in verschärfter Fassung, und wer den Text selbst nicht gelesen hat, muß nach den umlaufenden Commentaren ihn für eine wahre Brandschrift halten.

Dem ist nun nicht so. Schon Treitschke's wie immer pompöse Schreibweise durfte dafür bürgen, daß er nicht gemeine Sache mit den Leuten mache, die es auf die Erregung niedriger Leidenschaften abgesehen haben. Zum Ueberfluß aber spricht er zu wiederholten malen mit unverhaltenem Abscheu von dem Treiben, welches er selbst als zelotisch oder als roh und ekelhaft charakterisirt.

Wäre es mit der Form gethan, dieselbe könnte genügen, alle Klagen, welche gegen den Verfasser laut werden, zurückzuweisen. Aber leider hat er sich in der Sache eine zugleich so einseitige und sich selbst widersprechende Auffassung zu Schulden kommen lassen, daß es nur Wenigen gelingen wird, das Vertrauen in seinen guten Glauben zu bewahren, und ganz gewiß hat sich die erste und unmittelbare Wirkung seines Eingreifens als eine beklagenswerthe erwiesen.

Herr von Treitschke stellt die crasse Behauptung auf, daß bei vielen der Urtheilsfähigsten für ausgemacht gelte: die Juden seien Deutschlands Unglück! Und da er selbst nicht für denkbar hält, sie wieder rechtlos zu stellen oder auszutreiben, so mußte er seine Aufgabe darin finden, die Grundursache dieses angeblichen Unglücks zu prüfen, und, weil gewaltsame Heilmittel sich nicht bieten, auf besänftigende bedacht zu sein, auf Versöhnung, Verständigung, auf Ueberwindung vorhandener Schwierigkeiten. Er mußte, selbst wenn er noch so schlimm von den Juden denkt, den Antheil berücksichtigen, welchen der Fluch alter böser Ueberlieferung, das Erbe der vom blinden Glaubenseifer beherrschten Zeiten, an der Empfindungsweise des lebenden Geschlechtes hat. Er mußte, denen, die aus der Aufstachelung bestialischer Triebe ihr Gewerbe machen, entgegentretend, davor warnen, hier für alte unreflectirte Misgefühle nach neuen Rechtsgründen zu suchen. Er konnte daran erinnern, wie gerade der religiöse Hader am Mark des deutschen Lebens so zerstörend alle die Jahrhunderte her gezehrt und unsere Staatsentwickelung hinter der unserer großen Nachbarnationen zurückgehalten hat. Er konnte daran erinnern, daß wir mit dem, wenn auch aufgedrungenen, Culturkampfe doch wieder die Erfahrung gemacht haben, wie jeder neue Ausbruch der alten Streitigkeiten die Kluft zwischen Deutschen und Deutschen erweitert und vertieft. Er konnte, ohne der Wahrheit Gewalt anzuthun, sagen, daß die Hand voll Juden, eine halbe Million auf dreiundvierzig Millionen, trotz all der lauten Rührigkeit, mit der sie sich bemerkbar machen, im großen und ganzen wenig zu bedeuten vermöge, ja daß ihre guten Eigenschaften – und niemand kann sie ihnen abstreiten – sich sehr wohl verwerthen ließen, gerade um so mehr, je mehr ihr Ingenium vom germanischen verschieden wäre. Und hätte er mit solchem Mahnruf auch ein Wort an die Juden verbunden, dies oder jenes im Interesse des guten Einvernehmens ihnen zugemuthet, es wäre sicherlich auf günstigen Boden gefallen.

Nun schließt allerdings auch die Auslassung Treitschke's mit einer solchen Apostrophe. Aber leider steht dieselbe auf einer ebenso willkürlichen als ungerechten Voraussetzung, und, was noch mehr zu bedauern, sie bildet den Schluß einer Reihe grundloser Behauptungen, deren jede der beabsichtigten Wirkung geradezu entgegenarbeitet. Herr von Treitschke ruft den deutschen Juden zu, sie sollten gute deutsche Patrioten werden. Er bestreitet ihnen also diese Eigenschaft, aber er bringt nichts herbei, womit er diesen schweren Vorwurf begründet. Er beruft sich hauptsächlich auf einige Aeußerungen des Professors Grätz in Breslau, des gelehrten Verfassers einer bändereichen »Geschichte der Juden«, und in einer neuerdings demselben Autor gewidmeten Polemik (Decemberheft 1879 der »Preußischen Jahrbücher«) bringt er eine ganze Sammlung von Stellen aus demselben Werke, die allerdings lauten, als hätte sie ein Stöcker der Synagoge geschrieben. Was aber soll mit solchen Extravaganzen eines Einzelnen bewiesen werden? Genügt das Buch eines Mannes, um daraus den Geist einer großen Gesammtheit zu construiren? Erlaubt die strenge historische Methode, welche nach Herrn von Treitschke dem Botaniker Schleiden in dessen Schrift über die wissenschaftlichen Verdienste der Juden so gänzlich abgehen soll, mit Hülfe einer einzigen absonderlichen Erscheinung den Grundzug allgemeiner Zustände apodiktisch zu charakterisiren? Hätte der Ankläger auch nur mit einem Beleg darauf hingewiesen, daß die jüdischen Landsleute des breslauer Professors mit dessen grimmigen Ausfällen sympathisiren! Hätte er aus irgendwelcher Erfahrung zu melden gewußt, daß hier etwas mehr als die wunderliche Sinnesart eines Einzelnen zu Tage tritt! Aber nichts von allem dem vernehmen wir, dagegen wol, daß Herr von Treitschke das Buch von Grätz im Sommer 1879 gelesen hat. Ja so ist es. Die Lektüre eines Buches im letzten Sommer ist das historische Material, mit dem solche Anklageschriften verfaßt werden. Entfernen wir den Gedanken, die Spuren solcher Methode in andern Sphären der Literatur zu verfolgen; wir könnten

sonst, um eine Anzahl Stufen herabsteigend, auf das Geheimniß der Leute stoßen, welche gegen das »Milliardenland« vielgelesene Schriften in Umlauf setzen.
Solche und die andern hier aufgehäuften Anklagen, die auf ebenso schwachen Füßen stehen, müssen in den Angegriffenen die Vorstellung erregen, daß sie es auch in Treitschke mit einem jener Verfolger zu thun haben, welche je nach Zeit und Umständen plausible Vorwände herausgreifen, um für das eigene, zur zweiten Natur gewordene Gefühl des Widerstrebens eine Beschönigung zu finden. Wenn es noch viele Juden in Deutschland geben sollte, die sich nicht für Deutsche halten, so würde Treitschke's Anklageacte sie in ihrem Gefühl der Fremdheit nur befestigen, und manchem sehr gut deutsch Gesinnten wird diese Incrimination für die nächste Zeit den Gedanken aufzwingen, daß er unter seinen eigenen Landsleuten von vielen unbelehrbaren Feinden umgeben sei. Gerade je mehr Herr von Treitschke von der Ansicht ausgeht, daß der Einfluß der Juden im Verhältniß zu ihrer Zahl unleidlich groß sei, desto mehr mußte ihm am Herzen liegen, den Gegensatz überwinden, nicht ihn verschärfen zu helfen. Wie aber soll es auf die Angegriffenen wirken, wenn sie lesen, daß die neueste Aera der Verfolgung der Ausbruch »eines tief und lange verhaltenen Zornes« sei, eines Zornes, der damit gerechtfertigt wird, »daß der Instinct der Massen in den Juden eine schwere Gefahr, einen hochbedenklichen Schaden des neuen deutschen Lebens erkannt habe«. Wenn dem so ist, dann haben auch die Leute sich ein großes Verdienst erworben, welche die Bewegung in Gang gebracht, welche in der cloaca maxima der niedrigen Leidenschaften den Schlamm aufgewühlt haben, der dann, stilistisch desinficirt, in die höhern Regionen der Publicistik emporgehoben, zur Befruchtung neuer Zwietracht über das Land gebreitet werden konnte.
Dem Schriftsteller, der den deutschen Juden vorwirft, daß sie weniger patriotisch seien als ihre Glaubensgenossen in

andern gleich civilisirten Staaten, hätte es sehr nahe gelegen, zu fragen, wie es sich denn erkläre, daß die gehässige und cynische Art der Verfolgung, unter der sie zu leiden haben, jetzt ganz allein noch in Deutschland vorkommt. Ist es auch nur denkbar, daß dieser Ton mehr aus der Natur der Verfolgten herrühre, als aus der Natur der Verfolger? Auch in England und Frankreich vollzieht sich die Verschmelzung nicht ohne Verdrießlichkeiten. D'Israeli's merkwürdige Laufbahn, der mächtige Einfluß der Rothschild in Frankreich und vieles andere hat zeitweise da und dort wieder auf den Unterschied der Rassen die Aufmerksamkeit hingelenkt. Aber nur ausnahmsweise hat anderwärts die Polemik den niedrigen boshaften Ton angeschlagen, der ihr in Deutschland anhaftet. Wer versöhnend wirken will, wie Herr von Treitschke es mit seiner Apostrophe versucht, darf nicht einen Ruf ergehen lassen, der die ganze rach- und beutelustige Meute um ihn sammelt, darf nicht dem wüsten Treiben mit einem ganzen Schwall der bedenklichsten Stichworte zu Hülfe eilen. Dieses mit seiner ausgesprochenen Absicht in Widerspruch stehende Verfahren findet freilich seine Erklärung darin, daß in ihm selbst die innern Antriebe einer gewissen Geistesrichtung stärker waren als der nicht zu bezweifelnde gute Vorsatz.

Vor allem steht er selbst unter der Herrschaft der erblichen Antipathie, und wo er Arzt sein will, ist er Patient. Durch alle Poren seines Wesens transspirirt die vorgefaßte Stimmung, welche die deutschen Juden als Fremdlinge ansieht. Würde er ihnen sonst vorwerfen, daß hier und da Juden Goethe, Fichte und Luther oder deutsche Eigenthümlichkeiten scharf getadelt haben? Weiß er nicht, daß Luther, Goethe, Fichte – und wer nicht? – von Deutschen aufs bitterste angegriffen worden sind?

Waren die Nicolai, Manso, Fulda, war Kotzebue, war der Judenhasser Wolfgang Menzel, waren alle jene »Philisterpfaffen«, welche lange vor Börne durch ihre Polemik dem greisen Goethe das Leben zu verbittern suchten, etwa Juden? War der Judenhasser Schopenhauer, der über Hegel und Fichte und die »Lobesassecuranzgesellschaften der deutschen Professoren« endlose Ströme des Hasses und der Verachtung ausgoß, ein Jude? War der Bischof Ketteler, welcher erklärte, daß das deutsche Volk durch Luther's Reformation das Gewissen eingebüßt habe, ein Jude? Ist Richard Wagner, welcher nicht zugeben kann, daß Felix Mendelssohn ein deutscher Componist gewesen sei, ein Jude? Ist der Judenhasser Dühring, welcher einen Helmholtz anzuschwärzen sucht, ein Jude? Leider, leider! ist die Geringschätzung deutscher Dinge, die Herabwürdigung und Verfolgung der besten deutschen Männer ein Charakterzug, welcher sprichwörtlich vorgeworfen wird

Der frommen deutschen Nation,
Die sich erst recht erhaben fühlt,
Wenn all ihr Würdiges ist verspielt.

(Goethe)

Die herbe Kritik deutschen Wesens, deutscher Persönlichkeiten einigen Juden besonders anzurechnen, beweist, daß man sie eben nur als Geduldete, die das Gastrecht verletzen, ansieht, und ganz folgerichtig hält ihnen Treitschke dieses Unrecht auch als besondern Undank vor gegen das Land, das »sie schütze und schirme«. Solcher unmittelbaren Empfindung kam dann das politische Bedürfniß des Augenblicks entgegen, und für beide war die Gelegenheit, einander in die Hände zu arbeiten, eine sehr willkommene.

Der Aufsatz, an dessen Schluß die Judenfrage behandelt wird, richtet seine Spitze gegen den Liberalismus. Sind schon die Juden von jeher liberal gewesen, so ist insbesondere einer der hervorragendsten Führer jenes parlamentarischen Liberalismus, der bei Herrn von Treitschke eben in Ungnade steht, ein Jude. Der Angriff gegen die Juden ist nur eine Diversion im heutigen großen Feldzuge gegen den Liberalismus, und ohne Zweifel hat dieser Zusammenhang das Seinige dazu beigetragen, Herrn von Treitschke auf dies Gebiet zu führen. Er behauptet, die Erregung gegen die Juden sei so groß, daß bei der breslauer Wahl Lasker ihr Opfer geworden sei. In Wahrheit aber verhält sich die Sache, wie jeder Kenner der localen Verhältnisse weiß, umgekehrt. Lasker wurde als der Mann des linken Flügels der Nationalliberalen bekämpft, und an die judenfeindlichen Traditionen wurde nur appellirt, um die Gegnerschaft zu vermehren. Ein gut Theil des Zorns gegen die Juden kommt allerdings daher, daß sie liberal gesinnt sind. Das müssen sie sich schon gefallen lassen. Sie haben in deutschen Parlamenten von jeher auf den Bänken der Linken gesessen. Nur zwei jüdische Abgeordnete früherer Reichstage saßen auf der Rechten, Dr. Strousberg und Herr von Rothschild, vermuthlich weil sie verzeihlicherweise als Fürstlichkeiten der Finanz dies ihrer Stellung innerhalb der Aristokratie schuldig zu sein glaubten.

Und endlich viel mächtiger noch als durch das momentane taktische Bedürfniß wird Herr von Treitschke durch den Grundzug seines ganzen seelischen Wesens in dies Treiben mit hineingezogen. Es gab immer und überall und es gibt zur Zeit in Deutschland besonders viele Schwärmer, die den Feuereifer für ihr eigenes Ideal nicht wirksamer schüren zu können vermeinen, als indem sie alles andere geringschätzen oder hassen. Gerade der Cultus der Nationalität trägt diese Versuchung mehr als jeder andere in sich und artet leicht dahin aus, den Haß gegen andere Nationen zum Kennzeichen echter Gesinnung zu machen. Von diesem Haß gegen das Fremdartige jenseit der Grenze bis zum Haß gegen das, was sich etwa noch als fremdartig in der eigenen Heimat ausfindig machen läßt, ist nur ein Schritt. Je mehr Haß, desto mehr Tugend! Wo der Nationalhaß nach außen seine Schranke findet, wird der Feldzug nach innen eröffnet. Je enger der Cirkel der Bekenner gezogen werden kann, desto reiner lodert die Flamme auf dem Altar. Treitschke selbst kann nicht umhin, daran zu erinnern, daß die Judenverfolgungen von 1819 mit dem Teutonismus zusammenhingen.

Von jeher haben die Versuche, Scheidungen im Innern eines Landes herzustellen, mit Vorliebe an die Rechte der Geburt angeknüpft. Vor Jahren tauchte in Nordamerika eine Partei auf, welche sich die der »Nativisten« nannte. Es war zur Zeit, als die bereits länger Angesiedelten glaubten, dem Strom der Einwanderung Schwierigkeiten entgegensetzen zu müssen. Nur der auf amerikanischem Boden Geborene sollte das volle Bürgerrecht erwerben können. Je weniger Billigkeit und Vernunft einem Verlangen zu Grunde liegt, desto mehr scheut es logische Erörterung, desto mehr zieht es vor, sich auf nackte Gewalt zu stützen. Daher nannten sich die Vertreter des Nativismus auch »Know-nothings«, d. h. Nichtswisser, Leute, die von schwächlichen Betrachtungen des Rechtes und der Moral und von allem Denken und Wissen, woraus diese geschöpft werden, nichts hören wollen; und um die »Nichtswisser« bildete sich eine Garde, welche man »Rowdies« nannte, wüste Gesellen, welche kein Argument als das des Revolvers und des Todtschlägers anerkennen.
Ist es nicht eine Art von Nativismus, der jetzt gegen die deutschen Juden gleich als neue Ankömmlinge gepredigt wird? Sonderbar! In derselben Abhandlung, deren Schluß der Excurs gegen die Juden bildet, findet Herr von Treitschke auch Gelegenheit, sich mißbilligend gegen das falsche Idol der »Philanthropie« und »Bildung« und mit Behagen über die Agitation zu Gunsten der Prügel auszusprechen.
Doch mit dem Nativismus im streng amerikanischen Sinne ist gegen die deutschen Juden nichts anzufangen. Auf der deutschen Scholle sitzen sie, seitdem Deutschland in die Geschichte eingetreten ist. Ihre Einwanderung am Rhein und an der Donau führt auf die Römerzeiten und den Beginn der christlichen Aera zurück, und selbst die Komik des mau-

schelnden Kauderwelsch beruht theilweise darauf, daß es alt- und mittelhochdeutsche Worte am Leben erhalten hat, wie denn auch die uns etwas grotesk klingenden Thiervornamen Bär, Wolf, Hirsch u.s.w. im christlich-deutschen Mittelalter eingebürgert waren. Die Absonderung nahm ihren schlimmen Charakter mit den grausamen Verfolgungen, den Plündereien und Schlächtereien an, welche seit den Kreuzzügen um sich griffen, nachdem der einmal entzündete fromme Eifer seine Nutzanwendung auch auf die Häuser der Juden gefunden hatte.

So groß auch die Rolle ist, welche Stammesgemeinschaft im Ringen der Nationalitäten sich heute zutheilt, so wird sich doch niemand zu der Absurdität verirren, daß die heute bestehenden nationalen Großstaaten nach dem Grundsatz absoluter Rasseneinheit purificirt werden sollten. Alle civilisirten Nationen sind vielmehr bekanntlich aus verschiedenen Volksstämmen gebildet und haben gerade in solcher Assimilation ihre Stärke bekundet und gefunden. Nun gar aber das Kriegsgeschrei gegen die »Semiten« datirt, wie das Wort selbst andeutet, erst aus allerneuester Zeit. Es ist noch nicht lange her, daß dieser Ausdruck in der Sprache der landläufigen Bildung eingebürgert ist, daß die Popularisirung der linguistischen Studien und die daraus hervorgegangene Bekanntschaft mit der Eintheilung der Idiome das von den meisten kaum verstandene Wort in Umlauf gesetzt hat. Ganz bezeichnend für den Ausgangspunkt der heutigen Bewegung gegen die Juden holte sie ihr Stichwort aus den Abfällen der physiologischen und linguistischen Wissenschaft, welche der lernbegierigen Leserwelt zugetragen werden. Doch in der That ist alle Mühe dabei verloren; denn es läßt sich in der Wirklichkeit des Lebens mit dieser Rassenunterscheidung gar nichts anfangen. Sie ward eben erst zu Hülfe gerufen, als es nicht mehr anging, die Ungleichheit des Rechtes auf das religiöse Bekenntniß zu stützen. Aber Ersatz für dieses greifbare und ehrliche Scheidemittel kann das schwächliche Surro-

gat nicht liefern. Getauft oder ungetauft, das hat Sinn und Kraft; semitisch oder germanisch ist nicht zu brauchen, ohne die Getauften mit den Ungetauften zu treffen.
Herr von Treitschke denkt nicht daran, die Rechtsungleichheit auf die Verschiedenheit des Bekenntnisses zu gründen. Wie wäre das auch möglich, nachdem soeben der Berliner Congreß, unter dem Vorsitze des deutschen Reichskanzlers, den Grundsatz der Gleichberechtigung der Bekenntnisse in so feierlicher und zwingender Weise proclamirt hat, wie es noch nie vorher in der Welt geschehen war! Der von den Großmächten verkündete Fundamentalartikel des modernen Rechtes wurde der neuen rumänischen Selbständigkeit als Vorbedingung zu Grunde gelegt.
Aber eben diese Unmöglichkeit einer Rechtsverweigerung auf Grund der Religion drängt bei uns den Kampf immer wieder von neuem auf das physiologische Gebiet der Rassenungleichheit hinüber, obgleich Deutschland, welches die Ansprüche der Rassengleichheit auf eigenem Boden im Panslawismus zu bekämpfen hat, sich wahrlich nicht wird einfallen lassen, auch seine Bürger slawischer Abstammung aussondern zu wollen. Und wenn auch ausschließlich gegen die Juden das Rassenprincip angerufen werden soll, gegen die Asiaten, wie heute die Rede geht, d. h. wenn – o vergessene Wiege des Menschengeschlechts! – eine Scheidelinie gezogen werden soll zwischen den Juden kleinasiatischer und den Indogermanen großasiatischer Herkunft, die sich zu dem aus Kleinasien gekommenen Christenthum bekennen: wie in aller Welt soll die Praxis sich mit dieser Weisheit zurechtfinden? Auf Grund dieser Demarcationslinie wären alle als Kinder getauften oder später zum Christenthum übergetretenen Juden, ferner die von getauften jüdischen Aeltern oder Großältern stammenden Christen dem Interdict verfallen. Treitschke selbst führt die ungetauften Riesser und Veit in einer Linie mit dem getauften Felix Mendelssohn als deutsche Juden an. Was meint er zu Stahl, dem Stifter der

Schule, an welche sich die christlich-germanischen Hochconservativen anlehnen? Was zu Neander? Von den Lebenden will ich niemand nennen, um niemand unbequem zu sein. Und wie ist es mit den Abkömmlingen der bereits sehr zahlreichen Mischehen? Wenn die Rassenproscription nach nordamerikanischem Vorbilde gegen die Semiten angewendet werden sollte, so müßte auch das Halbblut ausgestoßen werden. Damit kämen wir schon bis in die höhern Chargen der Armee, von welchen bisjetzt zwar die Söhne, nicht aber, natürlich nur unter gewissen Bedingungen, die Schwiegersöhne Sems fern gehalten werden.

Warum doch sich mit all diesen fadenscheinigen Vorwänden quälen! Gestehen wir es uns ehrlich: wir haben es mit einer alten, von Geschlecht zu Geschlecht seit Jahrhunderten fortgezeugten Antipathie zu thun, die, zu einer naturalistischen Thatsache geworden, in Vielen auch die stärkste Logik nicht gegen die Macht der Gewohnheit aufkommen läßt. Wer es erklären sollte, brauchte nicht um die Gründe verlegen zu sein; nur müßte man ihm Zeit lassen, die halbe Weltgeschichte zu Hülfe zu nehmen. Im wesentlichen entsprang das Misgefühl aus dem Gegensatz der Glaubensbekenntnisse, deren jedes sich für das wahre, das allein berechtigte hielt. Seitdem die Confessionen angefangen haben zu lernen, daß es im Hause Gottes der Wohnungen viele gibt, ist die religiöse Antipathie bestimmt, zu verschwinden. Der Rassengegensatz wird ein etwas zäheres Leben fristen, aber auch ihn werden dereinst Bildung und Humanität überwinden, denn nicht allezeit werden, wie gegenwärtig, Bildung und Humanität ans Kreuz geschlagen sein. Bis dahin muß man aber mit der unumstößlichen Thatsache eines sich über sich selbst unklaren Gefühls rechnen.

In eine unumstößliche Thatsache fügt man sich, schon weil man muß, wogegen Scheingründe, die ihr ein besonderes Rechtsgewand umhängen sollen, nur die Betroffenen irritiren. Wenn jemand sagt: ich kann nun einmal die Juden nicht ausstehen, so läßt sich gar nicht mehr mit ihm rechten. Gibt es doch auch für gebildete Menschen kaum ein größeres Vergnügen als das, ihren Vorurtheilen zu fröhnen!

Die Denkenden unter den deutschen Juden sind mit allem dem so vertraut, daß sie nicht weiter darüber grollen, außer wenn die unreflectirte Empfindung auch ihr unmittelbares Gefühl wach ruft. Sie kennen und schätzen ihre deutschen Landsleute zu sehr, um nicht zu verstehen, warum gerade in ihnen das Widerstreben sich am stärksten ausspricht und am unliebenswürdigsten zu Tage tritt. Und wenn sie etwa selbst einen Theil der Schuld daran tragen, daß es ihnen in Deutschland bis auf diesen Tag schlechter geht als anderwärts – warum sollten sie nicht auch dazu mitgethan haben? – je nun, so sind es wahrscheinlich auch deutsche Unarten, die ihnen zur Last fallen. Denn mit keinem Volke haben sie sich auch nur entfernt so eng zusammengelebt, man könnte sagen, identificirt, wie mit den Deutschen. Sie sind germanisirt nicht blos auf deutschem Boden, sondern weit über Deutschlands Grenze hinaus. Das ist einer der Punkte, in denen sich Herr von Treitschke, wie ihm inzwischen schon von andern nachgewiesen worden ist, besonders stark geirrt hat. Auch die Juden Frankreichs, Hollands, Englands sind nicht, wie er behauptet, zum größern Theil Reste der spanischen und portugiesischen Ausgetriebenen, sondern aus Deutschland eingewandert! ihr Jargon, wo sie überhaupt einen solchen sprechen, ist mit deutschen Wörtern versetzt. Die europäischen Juden sind mit keiner Sprache so verwachsen wie mit der deutschen, und wer Sprache sagt, sagt Geist.

Treitschke sieht in den vom Osten her zuwandernden »hosenverkaufenden polnischen Jünglingen« eine ernste Gefahr. Man denkt bei seiner Schilderung an eine hereindringende Flut, etwa wie die der Chinesen in Californien. Möchte er uns nicht einige statistische Zahlen darüber aus den letzten Jahren geben? Bei seiner gar leicht generalisirenden Darstellungsweise liegt die Besorgniß nahe, die Angabe könnte auf

der Beobachtung einiger häufiger gewordenen Zudringlichkeiten an der Ecke der Behren- und Friedrichstraße beruhen. Und ist es gewiß, daß diese »Polen« aus Russisch- und nicht aus Preußisch-Polen kommen? Wenn aus dem Preußischen, mit welchem Recht behandelt der bittere Gegner des polnischen Nationalwiderstandes die Bewohner der Provinz Posen als Ausländer? Und noch dazu deutschredende? Was sagen wir deutschredende? Hat nicht von jeher das jüdische Element in Posen mit Recht als ein germanisirendes gegolten? Haben nicht meistens die Juden mit den Deutschen zusammen gewählt?
In eben dem Artikel, welcher die Juden das »Unglück« Deutschlands nennt, hält Herr von Treitschke den Russen ihre Verstimmung gegen die deutsche Politik vor. Dabei hätte er sich denn füglich erinnern dürfen, daß die russischen Treitschke – ich will sagen, die Katkow und Aksakow, die Deutschen für das »Unglück« Rußlands erklären. Und indem sie es thun, behängen auch sie nur althergebrachte Vorurtheile und Leidenschaften mit dem prunkenden Flitter der patriotischen Phrase. Bekanntlich nährt das nationale und orthodoxe Russenthum von jeher einen grimmigen Haß gegen die deutschen »Heiden«. Schon in den Stürmen der Reformation überschritt eine große Anzahl bedürftiger Deutscher die russische Westgrenze und gedieh in dem »heiligen« Rußland durch Geschicklichkeit, Fleiß und Mäßigkeit. Das russische Volk mußte diese Vorzüge der »Eindringlinge« anerkennen, verabscheute sie aber darum nur erst recht. Seit jenen Zeiten ist die Anklage gegen die Deutschen, »daß sie die nationale Religion zu Grunde richten und die Reichthümer des Landes in ihre Hand bringen«, eine stehende geblieben im Munde des gemeinen Mannes, und neuerdings wird sie von den mehr oder minder gelehrten moskauer Panslawisten mit einem ungeheuern Aufwande wohlfeiler sittlicher Entrüstung und wohlfeilen wissenschaftlichen Brimboriums wiederholt. Sowenig in Rußland tüchtige, fleißige,

umsichtige und sparsame Russen durch die Deutschen gehindert werden, die Früchte ihrer Arbeit zu genießen und zu Bildung und Wohlstand zu gelangen, sowenig verhindert das Gedeihen der jüdischen Deutschen das Gedeihen der christlichen Deutschen. Und so gewiß die Thätigkeit und der Erwerb der in Rußland angesiedelten Deutschen der russischen Cultur im ganzen zugute kommt, so gewiß gereicht die geistige und die wirthschaftliche Arbeit der deutschen Juden dem deutschen Staate und der deutschen Gesellschaft zum Vortheil. Herr von Treitschke, der sich sonst immer zu gesunden wirthschaftlichen Principien bekannt hat, wird hoffentlich nicht auch der jetzt allerdings wieder in Mode kommenden plumpen Wahnvorstellung Zugeständnisse machen wollen, wonach diejenigen, welche durch ihre Arbeit Geld erwerben, nicht die Gesellschaft durch ihre Dienstleistungen um ebenso viel bereichern, sondern sie nur ausbeuten. Gewiß, wo der Betrieb bestimmter Gewerbszweige vorzugsweise bestimmten Kreisen zufällt, läßt sich vermuthen, daß diese Kreise durch besondere Geschicklichkeit dazu qualificirt seien, aber auch daß sie ebendadurch sich um das Gemeinwesen besonders verdient machen. Wenn es wahr sein sollte, daß die Juden zu gewissen Thätigkeiten mehr Anlage hätten als die Germanen, so sollten die letztern, statt darüber Eifersucht zu empfinden, des Rathes, den Goethe gibt, eingedenk sein:

Seh' ich an andern große Eigenschaften
Und wollen die an mir auch haften,
So werd' ich sie in Liebe pflegen,
Geht's nicht, so thu' ich was andres dagegen.

Bedenkt man, durch welche besonderen Härten den Juden das Leben in Deutschland schwer gemacht worden ist und zum Theil noch schwer gemacht wird, und wie sie dennoch zu allen Zeiten sich in Deutschland behaupteten, so wird man zu der Vermuthung gedrängt, daß gemeinsame Berührungspunkte im Grundcharakter es bewirkt haben müssen, Deutschland und deutsches Wesen besonders anziehend für die Juden wie auch die Juden zur Ergänzung des deutschen Wesens besonders nützlich zu machen. Aber neben dem, was sie gegenseitig anzieht, gibt es auch wieder so manches, was die einen von den andern abstößt. Eine Mischung von heterogenen und verwandten Geisteseigenschaften: das ist gerade der Stoff, aus welchem die intimen Feindschaften gebraut werden. So wol auch hier. Das Gemeinsame ist der spiritualistische Grundzug: Juden und Deutsche sind zweifelsohne die beiden spiritualistischsten Nationen aller Zeiten und Länder. Das Christlich-Germanische ist keine bloße Erfindung teutonisirender Pietisten und Professoren. Vermöge ihrer besondern Anlage waren die Deutschen am besten geartet, die spiritualistischen Anschauungen des Judenthums, nachdem diese durch die christliche Fortbildung der Nationalität entkleidet worden, in sich aufzunehmen. Auch die unfrommen Philosophen von Voltaire bis auf Arnold Ruge haben ganz wie die altrömischen Heiden in dem Christenthum nichts anderes erblicken wollen als eine besondere Form des Judenthums, und im »Nazarenerthum« das spiritualistische Princip bekämpft. Die Neigung zu abstractem Denken, eine der begleitenden Ursachen der spiritualistischen Lebensanschauung, ist in Juden und Deutschen am stärksten ausgeprägt. Die speculative Philosophie Spinoza's ist nirgends so tief aufgefaßt und verehrt worden wie in Deutschland, und wenn es erlaubt ist, Namen von so verschiedenem Werthe nebeneinander zu nennen: niemals hätten in einem andern Lande die beiden philosophirenden Socialisten Marx und Lassalle solchen Anhang gewonnen. Auch die kosmopolitische Anlage, welche mit der Fähigkeit, sich vom Gegebenen loszureißen, innig zusammenhängt, ist beiden Theilen gemeinsam. Deutsche und Juden finden sich am leichtesten in fremde Sitten, Sprachen und Anschauungen hinein. Ja, beide besitzen das Geheimniß der Speculation, wie im philosophischen, so auch im kaufmännischen Sinne, wie denn das Wort nicht blos durch äußern Zufall die beiden Verstandesoperationen, die philosophische und die mercantile, mit der gleichen tiefbegründeten Bezeichnung deckt. Die Deutschen sind die vorzüglichsten Kaufleute der Welt; wer die deutschen Kaufleute im Auslande bis in den fernsten Osten hinein beobachtet, muß zugeben, daß da, wo nicht die Armseligkeit der Kleinstaaterei, der Junker-, Beamten- und Gelehrtenhochmuth sie herabdrückt, sie unerreicht dastehen; in den Hansestädten sind die Reste der ehemaligen Ueberlegenheit auch auf deutschem Boden erhalten. Der Angriff gegen die »Händler« im Allgemeinen war die logische Einleitung des Feldzugs gegen die Juden.

Aber neben den Zügen merkwürdiger Geistesverwandtschaft treten wieder andere hervor, die beide Theile scharf voneinander scheiden. Bedächtiges, feierliches, andächtiges, ernstes, gehorsames Wesen sticht ab gegen einen wundersam beweglichen, sarkastischen, skeptischen, undisciplinirbaren Geist. Heinrich Heine, den man zu nennen nie unterlassen kann, wo von Deutschthum im Verhältniß zum Judenthum die Rede ist, und mit welchem Börne nur von den Oberflächlichsten zusammen genannt wird, Heine ist der unsterbliche Ausdruck jener sonderbaren Mischung deutscher Gedankentiefe und Empfindungsfülle mit dem schnellblütigen, kecken, bis zur Frivolität gesteigerten Humor des jüdischen Ingeniums. So deutsch war er, daß er der deutschen Sprache einen reichen Schatz aus eigener Schöpfung hinterlassen konnte, so deutsch, daß er mit Recht der letzte der Romantiker genannt worden ist; so deutsch, daß er nur dem größten Meister in jener besondern deutschen Dichtungsweise nachsteht, die wir, mit einem den andern Nationen in diesem Sinne nicht geläufigen Ausdruck, Lyrik nennen; so deutsch, daß er es unter seinen Landsleuten nicht aushalten und doch nicht einen Augenblick aufhören konnte, mit ihnen und für sie denkend und dichtend zu leben. Aber die beißende, ätzende, schillernde Geistreichigkeit, mit welcher er dem deutschen Hang zur nationalen Selbstkritik sich hingab, war eine fremdartige Zuthat, die ihm bei Gerechten und Ungerechten viel Feindschaft zuzog, vor allem bei den falschen Biedermännern, die dem ganz undeutschen Chauvinismus das deutsche Bürgerrecht ertheilt und den freien humanen wahrhaftigen Geist unserer classischen Literatur proscribirt haben.

Bespricht man in unsern Tagen die Judenfrage in Deutschland, so kann man an dem Namen Lasker nicht schweigend vorübergehen, sowenig man auch von den Lebenden mit gleicher Rückhaltslosigkeit wie von den Todten zu reden Lust hat. Es war vorauszusehen, daß die stille Verwunderung über die führende Stellung, welche ein Jude im neuen deutschen Parlamentarismus einnahm, früher oder später laut werden und ihren Rückschlag haben mußte, wie es jetzt geschehen ist. Aber nur die größte Oberflächlichkeit kann verkennen, daß ein Mann nicht diese Rolle in der freien Kunst der Politik so lange behaupten kann, ohne die herrschenden Züge aus dem Geist der Nation in sich aufgenommen zu haben.

Man könnte die Philosophie der Geschichte von Lasker's Laufbahn nicht schreiben, ohne sich an die Philosophie der jüngsten deutschen Geschichte zu machen. In den Grundzügen seines Charakters ist er das Gegenstück zu Heine. Dort das maliciöse und frivole, genießende Weltkind, hier der von etwas unweltlichem Optimismus angehauchte, ernste, im Geruche der Ascese stehende Idealist. Als es dem großen Realisten Bismarck gelungen war, die deutsche Politik aus der Welt deutscher Abstraction auf den concreten Boden der Macht zu stellen, zog er den idealistischen Drang der Nation nach großer Gestaltung und großen gesetzgeberischen Zielen in die Dienste seines gewaltigen Beginnens. Das war die Blütezeit Lasker's, der mit den glänzendsten Waffen jüdischer Dialektik für den deutschen Idealismus eintrat und sich wegen dieser seiner, dem Realismus geleisteten Heerfolge mit dem abstracten berliner Radicalismus entzweite. Aber im Verlauf der Dinge schieden sich die beiden Elemente wieder voneinander, und die fortentwickelte Realpolitik des Kanzlers kehrte sich gegen seinen idealistischen Bundesgenossen, in welchem er die aus dieser Auseinandersetzung sich absondernde Fülle »sittlicher Entrüstung« als eine auf allen seinen Wegen ihm entgegensprudelnde Quelle unleidlicher Behinderung bekämpfen zu müssen glaubte. Natürlich siegte der Realist, und seine überwältigende Macht zog die Mehrheit der Nation so unwiderstehlich hinter sich her, daß dieselbe dem Unterliegenden gerade jene etwas abstracte sittliche Entrüstung, die ihm einst ihren begeisterten Zuruf eingebracht, zum Vorwurf machte. Eben den Leuten, welche jetzt ihn am wildesten anfallen, hat er zuerst das Stichwort geliefert, welches sie jetzt gegen ihn, als den hervorstechendsten seiner Stammesgenossen ausbeuten.

Wenn die »hosenverkaufenden Jünglinge« ihre Kinder und Enkel wieder zu Verkäufern alter Hosen erzögen, so würde der Jammer über die Eindringlinge lange nicht so groß geworden sein. Aber diese Kinder und Enkel reißen sich vom niedrigen Gewerbe los, ergeben sich dem ehrbaren Handel, der Industrie, der Kunst und – was von allem das Schlimmste – der Wissenschaft. Und da sie mit ungewöhnlichem Lerntriebe eine sichtbare Eile, das Versäumte nachzuholen, verbinden, so bewerben sie sich – man sagt in verhältnißmäßig auffallender Zahl – auch um akademische und richterliche Aemter. Ob sie nun wirklich in so schreiend großer Zahl erscheinen, oder ob nur das Ungewohnte ihres Erscheinens in Functionen, von denen sie bis vor kurzem systematisch fern gehalten wurden, diesen Eindruck hervorbringe: sicher ist, daß die Recrudescenz der Gehässigkeiten mit diesen Dingen eng zusammenhängt. Aber wie nun einmal die Sachen in Deutschland liegen, dürfen die Juden selbst sich nicht wundern noch erzürnen, daß diese Erscheinungen Anstoß und Bedenken erregen. Von welchen Ursachen immer die Antipathie herrühre, einerlei ob sie auf guten oder schlechten Gründen beruhe, man muß einräumen, und darin spricht Herr von Treitschke wahr: die Gleichheit des Rechtes ist in Deutschland wol für den Verstand, aber noch nicht für das unmittelbare Gefühl durchgedrungen, und man könnte, den Gedanken noch weiter verfolgend, leicht nachweisen, wie die kaum vollzogene Emancipation der deutschen Nation selbst auch die Hindernisse erklärt, mit welchen die Emancipation der Juden zu kämpfen hat. Endlich muß man noch zugeben, daß die Erinnerung an den alten festgewurzelten Gegensatz sich durch vielerlei, manchmal ans Groteske streifende Aeußerlichkeiten wach erhält, sodaß mit der Zumuthung plötzlichen Vergessens von der menschlichen Natur in der That viel verlangt wird. Steht doch selbst ein Nebensächliches, wie ihre Talentlosigkeit für das Trinken, den Juden in manchen kameradschaftlichen Verhältnissen, und nicht gerade der niedrigsten Kategorie, entgegen. So mischt sich Großes mit Kleinem, um die alte Misère jung zu erhalten.

Wenn Herr von Treitschke recht hätte mit der Behauptung, daß die Juden anderer Länder bessere Patrioten wären als die deutschen, so läge gewiß keine Art der Erklärung dafür näher, als daß diesen eben noch auf Schritt und Tritt immer von neuem die Vorstellung eingetränkt wird: ihr seid nur Deutsche zweiter Klasse. Kein Beruf ist enger verwandt mit dem lebendigen Gefühl fürs Vaterland als derjenige der Waffen. Wie muß es in die Seele eines Jünglings schneiden, der mit Aufopferung und Ehre sein Blut auf dem Schlachtfelde vergossen hat, und dann erfährt, daß er um seines Blutes willen nicht würdig befunden werde, dem Offiziercorps anzugehören! Wäre es wahr, was entschieden zu bestreiten ist, daß die deutschen Juden nicht von Herzen deutsch wären, man müßte die Gründe nicht in ihnen suchen.

Mittelbar gibt Treitschke dieses zu, indem er gewissermaßen zur Entschuldigung deutscher Abneigung anführt, daß die

Juden in Deutschland zahlreicher seien als in den andern westlichen Staaten. Aber in einzelnen Theilen Frankreichs wohnen die Juden ebenso compact zusammen als bei uns, ohne daß der Geist der Gehässigkeit sich breit machte wie bei uns. In Paris leben 35 000 Juden, nicht spanischer oder portugiesischer, sondern zum allergrößten Theil deutscher Herkunft; und obschon diejenige Gruppe, welche man dort gemeinhin als »Banque allemande« bezeichnet, ihre finanziellen Erfolge nicht unter den Scheffel stellt, ist sie trotz des erschwerenden Umstandes, daß deutsch und jüdisch für diesen Fall sich in der Auffassung der Menge deckt, von pöbelhaften Angriffen in der Presse und in Versammlungen nie behelligt worden.
Leider hat die Wahrnehmung solcher Verschiedenheit dazu beigetragen, daß werthvolle Bestandtheile der elsaß-lothringischen Bevölkerung mit besonderer Verbissenheit dem deutschen Regiment aus dem Wege gehen zu müssen geglaubt haben. Nicht die »hosenverkaufenden Jünglinge« beeilten sich auszuwandern; denn die Leute des niedern Gewerbes fühlen Kränkungen, welche ja gerade auf die Bessern gemünzt sind, weniger lebhaft; sondern die Hochofenbesitzer von der Mosel und die Tuchfabrikanten von Bischweiler zogen ab, und der jüdisch-solide Privatbetrieb ging auf christlich-deutsche Gründungen über, die es schwerlich an Solidität ihm gleichgethan haben.

Da, wo sich Treitschke's Betrachtung von der Kennzeichnung einzelner, sehr wenig erwiesener Thatsachen zu höhern Gesichtspunkten aufschwingt, sind es insbesondere zwei Einwürfe, welche unsere Aufmerksamkeit zu fesseln verdienen, weil sie einerseits besonders geeignet sind, das Urtheil zu bestechen, andererseits die Wahrheit in unbegreiflicher Weise verkennen. Die reine germanische Cultur der Jahrtausende soll durch das Eindringen des jüdischen Elements bedroht sein und auch die Sorge um die Erhaltung des christlichen

Glaubens soll diesem Eindringen nicht gleichgültig zusehen dürfen.

Es wäre sehr zu wünschen, daß bei erster Gelegenheit die so kurz hingeworfene Andeutung über die Reinheit der Cultur und die Gefahr ihrer Verunreinigung etwas deutlicher ausgeführt würde. Die meisten werden sich schwerlich bei den Worten »Reinheit der Cultur« etwas denken können, und ich bin in der größten Verlegenheit, zu errathen, was Treitschke selbst sich dabei gedacht hat. Wäre Reinheit eine besonders auszeichnende Eigenschaft in Verbindung mit dem Begriff Cultur, so müßte man allerdings der deutschen Cultur gegenüber mistrauisch werden. Denn was sollte man von einer Cultur denken, in welche die biblische Religion und Moral, die classische Weltanschauung, die römisch-rechtlichen und römisch-staatlichen Begriffe und Institutionen, hellenische, romanische und englische Poesie und Literatur, italienische Kunst und Musik, französischer Geschmack und Gesellschaftston in so breiten Strömen sich ergossen haben; was von der Cultur einer Nation, welche unter der Weltherrschaft der Karolinger, der Hohenstaufen, der spanischen Habsburger von dem Geiste aller Nationen getränkt und unter der Verwüstung des Dreißigjährigen Krieges von den Fersen aller Nationen zertreten worden ist; was von einer Cultur, die von den italianisirten, polonisirten, französirten Höfen so stark beeinflußt worden und diesem Einfluß noch heute das barbarische Gemisch deutsch-französischer Etikettensprache verdankt?

Wäre Cultur etwas, das aus dem eigenen Urwaldboden allein gezogen wird, das Stichwort von der mehrtausendjährigen reinen deutschen Cultur enthielte eine Fiction, gegen welche Victor Hugo's Phrase von dem in Paris eingeschlossenen Gehirn der menschlichen Civilisation nur als eine kleine Uebertreibung gelten könnte. Zum Glück aber ist Cultur genau das Gegentheil der geradlinigen Fortzeugung eines einzigen Volksgeistes, und deutsche Cultur steht so hoch, weil sie so viel in sich aufzunehmen und zu verarbeiten vermochte.* Goethe sagt einmal, daß er das Meiste Shakespeare und Spinoza verdanke. »Reine Cultur« hat kein Volk, selbst nicht das chinesische, und die cultivirtesten Völker haben sie am wenigsten.

Wie nun gar aber die deutsche Cultur durch die Betheiligung der beinahe seit den ersten Anfängen in Deutschland wohnenden Juden eine Mischcultur werden soll, ist vollends ein Geheimniß. Welch fremde Cultur wird denn durch diese Juden zugeführt? Und gerade durch die Juden, welchen der Nothschrei entgegentönt, weil sie sich in die Hörsäle der Mediciner, Juristen und Historiker drängen, weil sie auf deutschen Hochschulen studiren und im deutschen Heere dienen, d. h. ihre Nahrung an den beiden Brüsten des heutigen deutschen Gesammtlebens finden? Sie hören bei Treitschke, bei Dühring und Adolf Wagner Vorlesungen, sie brechen sich sogar die Hälse für Richard Wagner's Musik, und zum Lohn – o Undank! – werden sie beschuldigt, die deutsche Cultur in ihren Sack zu schieben, als wenn sie damit davonlaufen könnten wie mit einem silbernen Löffel. Haben sie wirklich so wenig führende Männer in Kunst und Wissenschaft aufzuweisen, wie Treitschke sagt, so sollte das eher eine Beruhigung für ihn sein. Doch müßte man, bevor man die Sache selbst anerkennte, sich über den Sinn des Wortes »führende Männer« verständigen; und wenn man die Berechnung anstellte, auf wie viele reine Germanen ein führender Mann kommt, würden die 500000 Juden wahrscheinlich sehr gut bestehen.

Herrn von Treitschke fällt am meisten das starke Contingent von »Talenten dritten Ranges« in die Augen, welches nach seiner Ansicht die Juden stellen. Er sieht eben nur, was ge-

* »Wir Deutsche würden noch, ruhig wie die Amerikaner, in unsern Wäldern leben, oder vielmehr noch in ihnen rauh kriegen und Helden sein, wenn die Kette fremder Cultur nicht so nah an uns gedrängt und mit der Gewalt ganzer Jahrhunderte uns genöthigt hätte, mit einzugreifen.« (Herder, »Ueber den Ursprung der Sprache«)

räuschvoll an die Oberfläche tritt, und das sind hüben wie drüben die Talente dritten Ranges. Wenn er sich die Mühe nehmen wollte, nachzufragen, wie viele stille, ernste, vom idealsten Streben durchdrungene Männer jüdischer Herkunft in Deutschland auf allen Gebieten der Forschung und des Lebens gearbeitet haben und noch arbeiten, so würde er wahrscheinlich seine Ansicht ändern. Lese er Gustav Freytag's Nachruf an dessen vor mehrern Jahren verstorbenen Freund und Mitarbeiter Jakob Kaufmann, ein rührendes Denkmal deutscher Freundschaft und ein Juwel deutscher Prosa zugleich! Hier findet er die Schilderung nicht eines Einzelnen, sondern eines ganzen Typus deutscher Juden, die freilich nicht von den Talenten dritten Ranges bekämpft werden, weil sie nicht gerade diesen Talenten am meisten Concurrenz machen. Was aber die literarischen Lobeshülfskassen auf Gegenseitigkeit betrifft, welche nun auch den Juden in die Schuhe geschoben werden, wollte Gott, nur die Juden betheiligten sich daran! Der Unfug wäre dann lange nicht so groß, wie er leider ist.

Endlich soll das deutsche Christenthum in Gefahr sein durch die Juden! Dieser ernst klingende Vorwurf verdiente eine so ernste Widerlegung, daß sie hier zu ausführlich würde. Aber in äußerster Kürze muß doch daran erinnert werden, daß am Werke der Glaubenskritik von Lessing an bis auf Eduard von Hartmann sich erstaunlich wenig Juden betheiligt haben. Die ganze mächtige Reihe unserer philosophischen Schulen hat nur ganz spärlich jüdische Mitarbeiter von Namen aufzuweisen, unter den Kantianern Maimon und Bendavid, unter den Hegelianern Eduard Gans. Was am strengen Christenthum durch zersetzende Kritik zerstört worden ist von Philosophen, rationalistischen Theologen, Naturforschern, ist alles, alles auf rein deutsches Geblüt zurückzuführen. War es doch der von Treitschke für »einen der reinsten und mächtigsten Vertreter germanischen Wesens« erklärte Fichte, welcher in Jena vom Katheder herab ankündigte: »In fünf Jahren ist keine christliche Religion mehr; die Vernunft ist unsere Religion.« Die Paulus, Baur, Strauß, Feuerbach, Schopenhauer, Vogt, Büchner, Moleschott, Haeckel und wer kann sie alle nennen, sind, soviel man weiß, rein germanischer Abstammung. Die bloße Erwähnung ihrer Namen und ihrer großen Popularität drängt aber von selbst zu einer zweiten Betrachtung. Es liegt gar kein Grund vor, zu bestreiten, daß die Deutschen ein christliches Volk seien, wie Treitschke sagt. Aber sie sind entschieden nicht christlicher als andere christliche Völker, sie sind sogar bedeutend weniger christlich. In keiner Nation der Welt ist der Bruchtheil der Ungläubigen so groß wie in Deutschland, und dies gilt nicht blos für die Christen. Auch unter den gebildeten Juden Frankreichs und Englands gibt es viel mehr Fromme als unter den gebildeten deutschen Juden. Und spricht nicht Treitschke selbst von dem crassen Unglauben, der sich breiter Schichten des deutschen Volkes bemächtigt habe? Mag man's loben oder tadeln – Lob und Tadel wechseln mit der Zeitrichtung – die Thatsache ist unbestreitbar. Herr von Treitschke, welcher den Socialismus bekämpft, nimmt in diesem Kampfe die Stellung derer ein, welche das Uebel in der Wurzel mit Wiederherstellung der Religion zu heilen hoffen. Wenn es ausführbar ist, Religion wiederherzustellen, hätten sie jedenfalls insoweit recht, als die socialistischen Ideen einen unbestreitbaren Zusammenhang mit den irreligiösen haben. Der Instinct der herrschenden Klassen in England, Frankreich und Amerika hat eine zur Respectabilität unerläßliche Kirchlichkeit erzogen, zu deren Erhaltung wesentlich das Bewußtsein jenes Zusammenhangs zwischen Religion und Ordnung mitwirkt. Ob etwas Aehnliches oder etwas Besseres in Deutschland gelingen kann, ist hier nicht zu untersuchen. Aber soll es versucht werden, so stellen sich ihm die Juden gewiß nicht entgegen. An der Durchführung der großen socialistischen Vermögenstheilung haben sie kein hervorragendes Interesse. Sie finden nur, daß man, um das Chri-

stenthum zu stärken, andere Mittel gebrauchen könnte als die Erregung von Haß und Verachtung gegen die Juden.
»Bis in die Kreise der höchsten Bildung hinauf, unter Männern, die jeden Gedanken kirchlicher Unduldsamkeit oder nationalen Hochmuths mit Abscheu von sich weisen würden, ertönt es heute, wie aus Einem Munde: die Juden sind unser Unglück.«
Das ist in seinem ganzen Umfange der schon erwähnte Kernsatz am Schlusse des Excurses. Ob der Verfasser, indem er ihn andern in den Mund legt, ihm beipflichtet, ist nicht ausgesprochen. Wären nicht die Höchstgebildeten zugleich als solche bezeichnet, die jeden Gedanken nationalen Hochmuths mit Abscheu von sich weisen, so könnte man glauben, Herr von Treitschke habe sich einbegriffen. Ich will nicht bezweifeln, daß die Hochgebildeten, welche die halbe Million Juden für das Unglück der 43 Millionen Deutschen halten, es in meiner Gegenwart etwas leise sagen. Aber wenn dieser Schrei des Schreckens wirklich so aus Einem Munde ertönte, so hätte ich doch auch schon etwas mehr von dem hören müssen, was Herr von Treitschke vernommen haben will. Vollends mir zu verschweigen, daß Deutschland überhaupt im Unglück ist, liegt gar kein Grund vor. Bisjetzt hatte es nur der Gouverneur der Französischen Bank behauptet, als er uns »ce malheureux peuple« nannte, weil wir die Doppelwährung abgeschafft hätten.
Ist aber dieses Unglück eine so offenkundige Thatsache und sind die Juden schuld am Deficit, an der Kartoffelmisernte, an der oberschlesischen Noth, am Socialismus, an den Attentaten, an der Gefahr eines russischen Krieges, an der wachsenden Militärlast, sogar am unbeendbaren Culturkampfe und wer weiß an was allem sonst noch; haben sie wieder einmal alle Brunnen vergiftet, aus welchen die sämmtlichen Pestilenzen sich herleiten, so muß auch entsprechend die letzte Frage beantwortet werden, nämlich: was hat gegen dies Universalunglück zu geschehen?

An dieser Stelle kommt nach allen so scharf formulirten Anklagen das Zugeständniß, daß eigentlich doch nichts geschehen solle; denn eine Widerrufung der Emancipation sei undenkbar. Das glauben auch andere Leute, und darum glauben sie auch Herrn von Treitschke nicht aufs Wort, daß die Hochgebildeten wie aus Einem Munde die Juden für das Unglück schlechthin erklären. Vielmehr liefern zahlreiche Abstimmungen bei Wahlen aller Art das unwiderlegliche Zeugniß, daß das Volk im großen viel vorurtheilsfreier und menschlicher denkt als einige Gelehrte; und es wäre Sünde, nicht hier auszusprechen, daß zahllose Deutsche jeden Standes so human und frei fühlen und denken wie die Besten aller Nationen; täglich und stündlich kann sich jeder von uns im öffentlichen und socialen Leben hiervon überzeugen.

Damit soll gar nicht bestritten werden, daß die Antipathien, denen Herr von Treitschke seine Stimme leiht, in allen möglichen Abstufungen weit verbreitet sind und namentlich weiter, als gerade oft die gebildeten Juden ahnen, deren eigenes Gefühl über diesen Punkt sie so lange täuscht, bis persönliche Erfahrungen oder allgemeine Erscheinungen sie wieder daran erinnern, daß sie selbst zwar mit allen Fasern an Deutschland hängen, daß aber nicht alle gebildeten Deutschen christlicher Abstammung diese Empfindung ihnen erwidern. Ist doch selbst die Rednerbühne des Deutschen Reichstages nicht freigeblieben von der Verunreinigung mit solchen häßlichen Expectorationen! Viel weniger scharf ist der Gegensatz unter den Ungebildeten und am wenigsten auf dem Lande, wo im ganzen der christliche Bauer mit seinem jüdischen Nachbar, der sich plagt und darbt wie er, auf traulichem, harmlosem Fuße verkehrt.

Herr von Treitschke bezeichnet den Gegensatz selbst als einen peinigenden. Und wahrlich, wir hätten solcher Peinigungen auch ohnehin genug, weil es eben der Fluch deutscher Nation ist, sich nach allen Richtungen hin gegenseitig zu scheiden und mit den Scheidungen zu peinigen. Wenn man doch von »unserm Unglück« sprechen wollte, so sollte man bei diesem Kapitel stehen bleiben und, statt auch diese alte Art der Selbstzerfleischung wieder zu erneuern, alles thun, ihr entgegenzuwirken. Dabei könnten ganz füglich auch die Juden selbst sich besinnen, wie sie ihrerseits dazu beitragen möchten. Fällt es ihnen auch nicht entfernt ein, zu meinen, wie Herr von Treitschke es ihnen nahe legt, daß sie nur geschützt und geschirmt seien, glauben sie vollständig mit dem gleichen Recht da zu sein für das Land, in dem sie geboren sind, für das sie bluten und sterben müssen und wollen wie alle andern, glauben sie sich moralisch, rechtlich und intellectuell ebenso gut zu Hause wie jeder andere Bewohner des Landes, so müssen sie doch wohl oder übel mit der Sinnesweise ihrer Landsleute rechnen. Und darin hat ihnen Herr von Treitschke einen Dienst geleistet, daß er viele, die unter dem Eindruck der letzten Jahrzehnte sich Illusionen hingegeben, auf das wahre Sachverhältniß wieder aufmerksam machte. Wer mit Selbsttäuschungen arbeitet, arbeitet immer unrichtig und verfällt bei der Entdeckung der Wahrheit dem Unmuth, wenn nicht der Entmuthigung. Es ist besser, die Juden kennen das Gefühl des Widerstrebens, welches unter dem Zwange der äußern Höflichkeit sich verbirgt. Die »jüdischen Freunde«, von denen Herr von Treitschke als den seinen spricht, haben gewiß aus seinen Ergießungen auch etwas mehr erfahren, als sie wußten, und werden zweifelsohne davon profitiren. Vielleicht werden die »Talente dritten Ranges« sich etwas weniger hitzig um Richterstellen und Professuren bemühen, nachdem sie erfahren haben, wie manche Collegen hinter ihrem Rücken von ihnen reden. Das wird denn auch wieder etwas Balsam auf die Wunden gießen, welche die ersten Uebergänge zur Gleichheit geschlagen haben. Es genügt nicht, sich vorzuhalten, daß dieses oder jenes andere Volk in diesen Dingen humaner oder ritterlicher denkt und fühlt. Es muß ja doch getragen sein. Je mehr ein Mensch in der Bildung seines Landes aufgewachsen und mit ihr verwachsen ist, desto unzertrennlicher ist er mit allen seinen höchsten Interessen und Empfindungen an dasselbe gefesselt, mag man sich auch einmal schnöde gegen ihn benehmen. Mancher gute Deutsche wurde bei Ausbruch des Krieges in blindem Haß vom französischen Boden vertrieben. Als er nach Deutschland zurückkam, fand er ein »einig Volk von Brüdern«. Aber nachdem eine Reihe von Jahren verstrichen, ward ihm eines Tags von deutschen Landsleuten vorgehalten, daß er sich mit Unrecht als Deutschen betrachte, da er doch nur ein Jude sei, und dabei kam es oft zu derselben Roheit und dem selben Misbrauch der Ueberzahl wie damals, als die Franzosen den unter ihnen wohnenden Deutschen das Leben zu verbittern suchten. Wenn der von solch schmerzlicher Erfahrung betroffene deutsche Jude richtiges Gefühl hat, so wird er seinen Ekel zu verwinden suchen und nur besorgt sein, daß man draußen nichts davon erfahre, wie es zu Hause Deutsche mit ihren eigenen Landsleuten treiben; denn schmutzige Wäsche wäscht man bekanntlich am besten in der Familie.

Die Stellung, welche Herr von Treitschke zur Frage genommen, hat bereits zahlreiche Erwiderungen hervorgerufen. Das wird nun zu neuen Vorwürfen führen. Die einen werden sagen, daß man die Sache zu tragisch nehme, die andern, daß man sich zu empfindlich zeige, noch andere, daß man der Aeußerung eines Einzelnen zu viel Gewicht beilege. Aber in Dingen, in welchen Stimmung und Empfindung so stark mitspielen, genügt oft ein einziger schriller Miston, um auf lange hinaus schädlich zu wirken. Ein socialer und geistiger Verschmelzungsproceß kann durch das Hineinfallen eines einzigen ätzenden Tropfens aufgehoben und zerstört werden. Noch haben die deutschen Staatsregierungen sich ganz correct gehalten. Könnten die, welche sie auch hierin zu alten Misbräuchen zurückführen wollen, nicht mit Treitschke's Anklageacte in der Hand an sie appelliren? Thun sie es nicht schon? Und Eins insbesondere übersehe man nicht: die Rück-

wirkung auf die Schule. Bereits verlautet wieder einmal, daß hier und da einzelne Lehrer den Unfrieden unter ihre Schüler aussäen. Das Kindesalter ist nicht zur Barmherzigkeit geneigt, ist zur Verfolgung nur allzu leicht anzureizen. Was aber den kindlichen Gemüthern in der Schule eingepflanzt wird, genügt, um den verderblichen Rassen- und Glaubenshaß für Generationen unausrottbar zu machen. Herr von Treitschke, selbst ein beliebter Lehrer der reifern Jugend, thäte ein gutes Werk, wenn er von der patriotischen Mahnung, die er an die deutschen Juden richtet, vor allem auch guten deutschen Christen des Lehrfaches etwas zu Gemüthe führte!
Schließlich aber erkenne er eben in den Widerlegungen selbst, die ihm zutheil werden, ein untrügliches Zeichen für die verkehrte Richtung, nach welcher er die Dinge hindrängt! Auch diejenigen fühlen sich zum Widerspruch herausgefordert, die lange Zeit in dem schönen Wahn gelebt hatten, es bliebe Wichtigeres zu thun, als sich um diesen alten Hader zu kümmern; Gesetz und Sitte würden ihn in Frieden begleichen, und nur wo und soweit ein besonderes religiöses Bedürfniß das Bewußtsein eines Unterschiedes aufnöthigt, möge dasselbe lebendig bleiben. Aber die ungerechten und verderblichen Angriffe erinnern auch solche wieder an diese Gegensätze, welche nur noch durch die Bande der Pietät mit dem Judenthum zusammenhängen. Ein wackerer Mann, Dr. Paulus Cassel, Prediger an der Christuskirche zu Berlin, fühlt sich als Bruder der Verfolgten, legt im Namen Christi und der Liebe seinen kernigen Protest ein gegen den Appell an den Rassenhaß. Und manch einer, der sich zwar nicht für einen guten Christen, aber für einen guten Deutschen hält, wird von Ehr- und Pflichtgefühl hinabgezogen in das Kampfgebiet, dem er im Bewußtsein seiner innern Freiheit und im Glauben an sein verjüngtes Vaterland für immer den Rücken kehren zu dürfen gehofft, allerdings vorerst wieder einmal vergeblich gehofft hatte.

H. Naudh, Professoren über Israel. von Treitschke und Bresslau

Prophete rechts, Prophete links,
das Weltkind in der Mitten.

Nachdem der Abgeordnete und Professor der Geschichte, Herr von Treitschke nicht umhin gekonnt hat, von der Deutschland bewegenden Judenfrage Notiz zu nehmen, hat Herr Bresslau, ebenfalls Professor der Geschichte, den Handschuh für sein Volk aufgenommen und in einem Sendschreiben zur Judenfrage seinem Collegen einen Verweis ertheilt.

Da es immer bedenklich ist, wenn praktische Streitfragen in die Hände von Professoren gerathen, weil die Gefahr nahe liegt, daß der Zwiespalt endlich mit einer bequemen Formel überdeckt und so die Heilung des Uebels verzögert oder gehindert werde, so hoffen wir für ein unbefangenes Wort zur Sache einige Berechtigung in Anspruch nehmen zu können.

Zunächst wollen wir den versöhnlichen Ton des Herrn Bresslau anerkennen und zur Erwiderung desselben vorwegschikken, daß, wenn wir allgemeine Urtheile aussprechen, diese nicht für jeden Einzelnen gelten sollen, wie denn der Satz, die Juden seien eine schwarzhaarige Race, nicht behaupten würde, daß es nicht auch Rothaarige unter ihnen gebe. Wir wollen nur die Regel bezeichnen, wenn wir ein Urtheil über die Juden fällen und wir sind zur Zulassung von Ausnahmen schon durch das Kind von Bethlehem gezwungen, welches Herr Bresslau – mit welchem Recht, lassen wir dahingestellt, – auch zu den Juden rechnet. Nur möge man uns gestatten, Beweise für solche Ausnahmen zu verlangen. – Unsere nächste Aufgabe ist es sodann, einige Irrthümer zu widerlegen, welche beiden Gegnern gemeinsam sind.

Herr von Treitschke datirt die »Judenhetze« seit seiner Rückkehr aus der Ferienreise, Herr Bresslau von den Bleichröder-Camphausen-Delbrück-Artikeln der Kreuzzeitung im

Jahre 1875. Die beiden Herren Historiker haben vergessen, daß sie dreitausend Jahre früher anhob, nämlich als Osarsiph (Moses) seine Horde arbeitsscheuer und schmutziger Diebe aus Aegypten flüchtete und sie das »auserwählte Volk Gottes« nannte, mit dieser Ueberhebung den Charakter der Juden ausdrückend.

Diese »Judenhetze« hat seitdem nie und bei keinem Volke aufgehört, mochte im Alterthume Tacitus *(Hist. 5. 8.)* die Juden als »deterrima gens« bezeichnen, das Mittelalter sie verbrennen oder die Schulkameraden dem Herrn Bresslau »Judenjunge« nachrufen. Sie hat nur in der Form gewechselt und ist nicht immer als Verfolgung, sondern zeitweise nur als thatenloser Haß oder leidender Ekel aufgetreten, je nachdem das Verhalten der Juden das Eine oder das Andere herausforderte. In der Form des Ekels lebte sie bei uns bis 1848 und entwickelte sich erst zu Haß, seitdem der Liberalismus sich willig in das Joch der Juden einspannen ließ um ihnen durch die, ihren gefährlichen Eigenschaften willkommene Freiheit gewährende Gesetzgebung zur Herrschaft auf wirthschaftlichem und staatlichem Gebiete zu verhelfen. Jetzt stehen wir vielleicht vor einer thätlichen Judenhetze – wenn nicht durch eine legislative Umkehr vorgebeugt wird – aber eingetreten ist dieselbe noch nicht.

Wäre die Geschichte nicht eine fable convenue, sondern wirklich die Wissenschaft vom Geschehenen, so würde sie ihre Jünger befähigen, aus dem Geschehenen auch das Geschehende zu verstehen oder wenigstens zu ahnen, und Herr von Treitschke hätte nicht nöthig gehabt, sich so lange in der üblichen Art des Fabulirens zu bewegen und erst jetzt zu seiner Ueberraschung zu entdecken, daß der Liberalismus an den Juden zu Schanden geworden sei.

Andererseits ist es eine sehr oberflächliche Auffassung, die jetzige Bewegung gegen die Juden ein paar Leitartikeln der Kreuzzeitung zuzuschreiben. Die Judenfrage war praktisch, die Juden dem Volke lästig geworden und darum verwan-

delte sich der Ekel in Haß, wie wegen ähnlicher Umstände derselbe Haß in Oesterreich lebt. Wenn in Italien, Frankreich und England nur Ekel herrscht, so liegt dies in der verhältnißmäßig sehr geringen Anzahl von Juden, mögen dieselben aus Spanien oder Polen stammen, mit welcher diese Länder behaftet sind: sie verschwinden dort in der Menge. Aber Herr Bresslau gebe sich keinen Illusionen hin: in keinem dieser drei Länder ladet man in der guten Gesellschaft Jemand mit einem Juden zusammen – oder, wenn man es durchaus nicht vermeiden kann, so entschuldigt man sich.
Es ist auch sehr wenig Grund vorhanden zu der geringschätzigen Art, in welcher der Hofprediger Stöcker von beiden Herren abgefertigt wird. Er hat in den Versammlungen nur ausgesprochen, was in den Leuten selbst gährte, sonst würde er eine solche Popularität nicht erlangt haben. Er hat durch milden – zu milden – Ausdruck die Leidenschaften der Menge zu besänftigen, und Erkenntniß an die Stelle derselben zu setzen gesucht.
Was wir dabei nur zu bedauern haben, ist, daß er wegen der ihm gebotenen christlichen Liebe zu den Juden genöthigt war, den Ausdruck der nationalen Liebe zu seinen Landsleuten zu schwächen und als Diener der Kirche durch Rücksicht auf die von derselben übernommene jüdische Gotteslegende gehindert wurde, die Frage so frei und durchgreifend zu behandeln, als wir gewünscht hätten. Denn wem die alten Juden Gegenstand der Verehrung sein sollen, der muß mit den neuen Juden mehr Umstände machen, als sich mit einer erschöpfenden Behandlung der Sache verträgt.
Und eben so schlecht angebracht ist der Hochmuth gegen die Antisemiten-Liga, welcher wir selbst übrigens fern stehen. Wenn dieselbe keinen Boden im Volke fände, hätte sie nicht entstehen können, wenn aber die Gemüther der Menschen für einen Gedanken empfänglich sind, bedarf es nur eines geringen Anstoßes, um denselben in ihnen lebendig zu machen. In der Geschichte sind unscheinbare Anfänge nicht sel-

ten und der Zweck der Antisemiten-Liga, die uns widerwärtigen Juden wieder in die Schranken zurückzuweisen, welche eine unbedachte Gesetzgebung zu unserem Schaden aufgehoben hat, ist ein mäßiger. Größeres ist schon aus Kleinerem entstanden. Als John Hampden mit der Verweigerung der wenigen Schillinge Schiffsgeld den Kampf eröffnete, dachte er wohl nicht an das Ende desselben vor dem Fenster von Whitehall, und als der Augustinermönch an die Schloßkirche von Wittenberg sein »Flugblatt« anschlug, hatte er keine Ahnung von dem Weltbrande, den es entzünden sollte.

Der eine Geschichtsforscher ist erstaunt, daß »auch in die Kreise höchster Bildung« endlich die Judenfrage gedrungen sei, während der Andere dies läugnet. Beide können Recht haben, der Eine mit seinem Erstaunen, der Andere mit seinem Bestreiten.

Es giebt Redensarten und Worte, welche, so unscheinbar sie sind, ein Volk verderben können. Wenn die deutsche Köchin einen Topf zerbricht, so sagt sie: »er ist entzwei gegangen«, indem sie ihre Ungeschicklichkeit in das Opfer derselben verlegt – und darum findet man in ganz Deutschland kein Cottelett, wie es in der kleinsten Dorfschenke Frankreichs bereitet wird, wo die Köchin sagt: »ich habe den Topf zerbrochen.«

Aehnlich ist es mit dem Worte »Bildung«, welches in dem deutschen Sinne in keiner anderen Sprache etwas Gleiches findet. Der Deutsche hat sich dadurch an den Gedanken gewöhnt, daß man einen lebendigen Menschen »bilden« d.h. durch äußere Einwirkung formen könne, während er doch nur von Innen heraus entwickelt werden kann. Der Deutsche vergißt, daß jede »Bildung« im eigentlichen Sinne etwas Falsches ist – denn »bilden« heißt nicht, die Sache selbst, sondern das »Bild«, den Schein derselben hervorbringen – und daß selbst der Marmorblock, wenn er zum Apoll gebildet worden, als Stein seinen Werth verloren hat und als Gott eine Lüge ist.

Kann man sich wundern, wenn unter solcher Beeinflussung durch den Geist der Sprache unsere »Kreise der höchsten Bildung« die Nationalität, den Grund alles lebendigen Lebens in ihnen, wie sie Hegel nennt, zu unterdrücken suchen, und statt Deutsche – die sie nur werden und sein können – Menschen schlechthin, die nirgends leben, sein wollen und daß sie sich mit dieser ihrer »Bildung der höchsten Impotenz« noch brüsten und »jeden Gedanken nationalen Hochmuthes mit Abscheu von sich abweisen?«
Fürwahr, man muß eher mit Herrn von Treitschke erstaunen, wenn sich in diesen Kreisen noch Ausnahmen finden, welche von nationalen Fragen berührt werden.
Mit diesem Begriff der Bildung hängt auch der Liberalismus zusammen, welcher die Eigenart der Menschen ignorirt und sie alle für gleich erklärt und zu welchem wunderbarer Weise auch unsere beiden Historiker mehr oder weniger sich bekennen, obgleich die ganze Geschichte nur aus der Verschiedenheit der Menschen hervorgegangen ist. Der Liberalismus ist der Scholasticismus in der Politik, und wie erst seit Bacon Fortschritte in den Naturwissenschaften möglich geworden, so wird auch in der politischen Wissenschaft ein Fortschritt erst möglich sein, wenn dieselbe sich von dem scholastischen Formelwesen befreit und zu einer Beobachtungs- und Erfahrungs-Wissenschaft umgestaltet haben wird. Leider scheint das noch weit im Felde, denn die jetzt übliche Mehrheits-Herrschaft wird das liberale Formelgebäude nicht aufgeben, weil leere Köpfe leichter zu dem Abhaspeln von leeren Formeln anzulernen, als mit wirklichem Wissen zu füllen sind.
Unsere liberalen Historiker haben denn auch die Formel gefunden, mit der sie die Sache abzuthun hoffen. Nach der liberalen Fibel sind alle Menschen gleich und es ist also nur eine Unhöflichkeit der Juden, daß sie Juden sind. »Sie sollen Deutsche werden« sagt Herr von Treitschke, und Herr Bresslau anwortet: »sie sind es ja schon, und ihr selbst seid

halbe Juden, denn eure Kultur ist eine Mischkultur, aus Germanenthum, Christenthum und klassischem Alterthum entstanden und an dieser Mischung hat der *jüdische* Factor, das Christenthum, den stärksten Antheil.«

Was den Einfluß des klassischen Alterthums auf uns anbetrifft, so wird gewiß Niemand mit dem Ausspruch übereinstimmen, daß derselbe eine »Mischkultur« hervorgebracht habe. Griechen und Römer waren Völker unseres Stammes, ihr Geist dem unsrigen sehr nahe verwandt und dem semitischen ebenso fremd. Schon Mommsen hat hervorgehoben, daß deshalb die punischen Kriege Vernichtungskriege wurden und das Sprichwort von »punischer Treue« drückt eine ähnliche Auffassung des semitischen Charakters aus, wie sie uns im Sinne liegt, wenn wir das Wort »jüdisch« zur Bezeichnung einer moralischen Eigenschaft benutzen.

Die Ansicht, daß das Christentum die Fortsetzung des Judenthums sei, ist nicht neu, aber kein Unbefangener wird sie heute noch theilen. Die christliche Kirche hat zwar an die jüdische Tradition des alten Testaments angeknüpft, aber sie laborirt noch heutigen Tages an den Folgen dieses Fehlers. Sie glaubte des Wunders zu bedürfen und wollte dasselbe durch die Beziehung auf frühere, noch weniger zweifellose Wunder beglaubigen lassen, ohne zu bedenken, welchen Gräuel und welche Last von Widersprüchen gegen das Wesen des Christenthums sie mit dem alten Testamente übernahm. Die katholische Kirche stellt sich zwar mehr auf ihre nachchristliche Entwickelung und enthält die Bibel den Laien vor, sie hat aber doch sich von dem jüdischen Geist der Unduldsamkeit nicht immer freihalten können. Ströme von Blut sind diesem Mißgriff geflossen und als die Reformation wieder ein besonderes Gewicht auf die jüdische Legende legte, traten der Nagel des Sissera und der Dolch des Ehud den Fanatikern anregend vor die Seele.

Das Christenthum mit seinem Gesetze der Liebe war die Revolution *gegen* das jüdische Prinzip der Ueberhebung und

Ausbeutung und es begann allerdings, wie jede Revolution, den Kampf von innen. Jesus setzte dem auf weltliche Vortheile gestellten Judenthume, der Religion des Manchesterthums, den transcendentalen Communismus entgegen und fand daher zunächst bei den Armen Eingang – unter diesen aber am Wenigsten bei den Juden, deren Geschmack ein Evangelium von weltlicher Nutzlosigkeit wenig zusagte. Selbst nicht einmal der Monotheismus ist specifisch jüdisch, denn Moses hat seinen Gott aus Aegypten mitgebracht. Die Idee des Monotheismus lebte, wenn auch nur esoterisch, überall in der alten Welt und wenn in der Ilias Zeus das »Schicksal« fragt, bevor er sich einmischt, so heißt das doch nur, daß er sich dem höheren letzten Gotte unterordne. Auch Numa hatte den Kultus des einen unsichtbaren Gottes eingeführt, ähnlich wie er bei den Huronen sich in der reinsten Form ohne alle halbgötterische Zwischenwesen vorfindet. Die Götterfiguren der klassischen Mythologie hat man neben dem letzten unbekannten Gotte wohl aufzufassen, wie die Engel und Teufel, welche, wie in dem Judenthume, noch jetzt in der christlichen Kirche leben: als dii minorum gentium.

Das Christenthum hat sich dann innerhalb der Völker der arischen Familie entwickelt, über welche, – Griechen, Römer, Kelten, Germanen und Slaven – es nie hinausgekommen ist und wenn bei diesen selbst das Christenthum weiter reicht, als die christliche Kirche, so liegt das nicht zum Geringsten an dem jüdischen Ballast, welchen die letztere aufgenommen hat. Das Christenthum ist gewiß nicht ein Produkt des jüdischen Geistes, welchen zu gewinnen es nie vermocht hat, sondern der Ausdruck des arischen Gewissens und Idealismus.

Aber wenn uns die alten Juden in dem Christenthum eine jüdische Mischkultur nicht haben aufdrängen können, so droht uns von den lebendigen Juden eine Gefahr. Nicht die einer Mischkultur, denn die Juden sind keine Kulturträger, wie man immer hat behaupten wollen, weil die christliche Kirche das alte Testament mit einer unverdienten Glorie umgeben hat. Man vergleiche die Bücher Moses mit Homer und Hesiod und das Uebrige des alten Testamentes mit der gleichzeitigen Literatur und Philosophie der Perikleischen Epoche und wage dann noch von jüdischer Tiefsinnigkeit, Poesie und dergleichen zu faseln. Die drohende Gefahr heißt nicht Mischkultur, sondern *Entsittlichung* und sie wird nicht abgewendet, wenn wir die Juden auch aus unserem Staatsleben wieder entfernen. Schon das blosse Vorhandensein einer *solchen Menge* von Juden neben uns und die unvermeidlichen vielfältigen Berührungen mit ihnen schließen diese Gefahr ein. Denn alle guten und alle schlechten menschlichen Anlagen finden sich in jedem Einzelnen zusammen und nur das Verhältniß, in welchem sie sich geltend machen, bestimmt die Charakterunterschiede. Es giebt auf der Welt gewiß keinen Menschen, der nicht schon gestohlen oder betrogen hätte: sei der Gegenstand des Diebstahls auch nur ein Apfel oder der des Betruges eine Schularbeit gewesen. Nun ist es aber mit den menschlichen Anlagen, wie mit den sogenannten musikalischen Gedanken: sie werden durch Consensus angeregt und man darf es nicht gering anschlagen, wenn die Deutschen täglich – im Großen, wie im Kleinen – den Erfolg jener Listen vor Augen haben, deren glückliche Anwendung bei den fleckigen Lämmern Jakobs und den väterlichen goldenen Hausgöttern der Rahel das auserwählte Volk bis auf den heutigen Tag feiert. Schon die Nothwendigkeit der Konkurrenz wird die Deutschen zur Anwendung ähnlicher Listen zwingen und wenn das auch in jüdischen Augen vielleicht ein Kulturfortschritt sein möchte: in den unsrigen würde es als ein großes Unglück erscheinen. Diese Art von Kultur hat Herr von Treitschke wohl im Sinne, wenn er sich gegen »deutsch-jüdische Mischkultur« verwahrt, aber wir verstehen nicht, wie er von diesem Gesichtspunkte aus einer »specifisch jüdischen Bildung« als kosmopo-

litischen Macht ein gutes – wenn auch nur historisches – Recht einräumen könne.
Sollen wir uns nun der Gefahr dieser jüdischen Kultur ruhig aussetzen, bis die Juden die Güte haben, Deutsche zu werden, was sie in Wirklichkeit weit entfernt sind, zu wollen, und, wenn sie es auch wollten, garnicht könnten?
Wenn das Studium der Geschichte mehr in naturwissenschaftlicher Richtung betrieben und dabei der gehörige Werth auf die Ethnographie gelegt würde, dann könnte dem Historiker nicht der abenteuerliche Gedanke kommen, aus Juden Deutsche machen zu wollen, selbst wenn er nicht wüßte, daß die Ersteren nie und nimmer ihre Eigenart aufgegeben haben und in kein Volk der Erde aufgegangen sind, nicht einmal in ihnen nahe verwandte semitische Stämme. Der Jude hält sich von dem Araber so streng geschieden, wie von dem Tartaren oder Germanen – und er hat seinen guten Grund dafür. Seine Knochen sind schief und krumm und seine Muskeln schwach und deshalb hat er eine geringe Arbeitstüchtigkeit, die mit einer noch geringeren Arbeitslust verbunden ist. Nun kommt es zwar bei einem Gelehrten nicht darauf an, ob seine Beine gerade oder seine Arme stark sind: ein ganzes Volk aber kann die Arbeit nicht entbehren. Will es dennoch ohne dieselbe leben, so kann es dies nur in der von den Juden geübten Weise als Parasiten auf anderen Völkern, wie sie gelebt haben von ihrem ersten Auftreten an; denn schon als sie sich in Kanaan einquartieren heißt es in ihrer eigenen Ueberlieferung immer von den anderen kananitischen Gemeinden: »und sie wurden zinsbar.«
Dieser körperlichen Anlage entspricht auch ihre geistige, wie sie sich in der Gestaltung ihrer Gottesidee ausdrückt.
Während für den Deutschen Religion die Vereinigung mit Gott durch sittliche Läuterung bedeutet, setzen die Juden sich mit ihrem Gotte *auseinander*, indem sie sich ihm als Contrahenten gegenüberstellen und – wie dies bei einem

solchen Verhältniß nicht anders sein kann – mit ihm einen durchaus unsittlichen Vertrag schließen.

»Du wirst alle Völker fressen, die der Herr, Dein Gott, Dir geben wird.« (5. Mose, 7, 16.)

Das ist die Verheißung, deren das Volk der Parasiten bedurfte.

Die Verschiedenheit in der Auffassung ihrer Stellung zu Gott und Welt zwischen Deutschen – oder Ariern überhaupt – und Juden kann man wohl mit kurzen Worten dahin ausdrücken, daß der Arier es für seine Aufgabe hält, sich zu vervollkommnen, der Jude für die seinige, sich zu bereichern.

Aus diesem Begriff seiner sittlichen Aufgabe entspringt bei dem Arier das Ehrgefühl, welches die Aeußerung des sittlichen Idealismus in Geschmack und Gemüth ist.

Dem Juden, welchem gegenüber sein Gott zur Abschließung eines unsittlichen Ausnahmevertrages sich herabgelassen hat, fehlt dieser sittliche Idealismus, den selbst sein Gott ihm nicht zeigt und welcher die Vortheile seines Gottesvertrages illusorisch machen würde. Wie sollte er sein Parasitenleben führen mit dem Hindernisse arischer Ehre im Leibe?

In Wahrheit besitzt er sie auch nicht, sonst hätte er schon einen solchen Gottesvertrag nicht schließen können und dieser Mangel an Ehre ist es, welcher, den Juden eigenthümlich, sie zum Ekel *aller* Völker und das Wort »jüdisch« zum Ausdruck dieses Ekels in *allen* Sprachen gemacht hat. Und diese Ehrlosigkeit erklärt auch ihre Erfolge.

Man wende dagegen nicht ein, daß die jetzigen Juden den alten Gottesvertrag weder geschlossen haben, noch ihn anerkennen. Das Letztere ist doch nur in beschränktem Maße der Fall: diejenigen aber, welche ihre Thorah verläugnen, können doch ihre Abstammung nicht bestreiten. Die Juden haben seit dreitausend Jahren strenge Inzucht getrieben und während dieser Zeit dasselbe Parasitenleben fortgeführt.

Man kann nicht annehmen, daß ihre Organisation durch bloße klimatische Einwirkung sich wesentlich geändert habe, so wenig als die Neger in Nordamerika weiß geworden sind. War daher die Denkungsart, deren Ausdruck der damalige Gottesvertrag ist, eine Funktion des damaligen jüdischen Gehirns, so ist kein Grund zu der Annahme, daß das heutige jüdische Gehirn nicht in derselben Denkungsart functioniren werde. Und die Erfahrung bestätigt das.

Die »große Masse der jüdischen städtischen Durchschnittsbevölkerung«, welche, »einfach und schlicht« in »stiller bürgerlicher Arbeitsamkeit lebt« von welcher Herr Professor Bresslau erzählt, macht seiner Phantasie Ehre, aber in der wirklichen Welt würde es ihm schwer fallen, die Wohnung dieser guten Leute zu finden. Unter der Adresse des Bankiers wird er den Gauner, unter der des Kaufmanns den Schacherer und überall den Wucherer – soweit es die Umstände erlauben – treffen. Das Andere ist nur der Sonntagsanzug.

Wir wollen den Juden aus ihrer Ehrlosigkeit keinen Vorwurf machen, wie wir einen solchen einem Deutschen machen würden, dessen Organisation auf Ehrgefühl veranlagt ist. Der Organisation des Juden ist dasselbe versagt, wie ihm der Arbeitstrieb und die Arbeitstüchtigkeit versagt sind. Man lasse sich nicht täuschen, wenn der Jude sich auf Ehre beruft: was er unter diesem Worte meint – wenn er überhaupt einen Sinn damit verbindet – ist ganz etwas Anderes, als der Begriff, welchen wir demselben unterlegen. Der Jude nennt vielleicht eine Frage seines Kredits oder seiner Eitelkeit eine Ehrensache, aber eine Arbeitsehre kennt er nicht und für unnütze oder unscheinbare Ehre, mit welcher er sich nur in seinem Innern abzufinden hätte und die nicht durch das Gesetz ausgedrückt ist, fehlt ihm das Verständniß.

Auch der lauteste Lobredner der Juden würde sich nicht auf ein jüdisches Ehrenwort verlassen, wo es im Stillen um das Leben ginge – anderenfalls wäre er unseres herzlichen Bei-

leides sicher. – Wir müssen also mit dieser geistigen Eigenthümlichkeit der Juden wie mit ihrer körperlichen rechnen, wenn wir die Frage, ob sie Deutsche werden können, wirklich einer Erörterung unterziehen wollten.
Bei der parasitischen Lebensweise, auf welche sie ihre Körperbeschaffenheit hinweist und welche aufzugeben sie, ihrem geistigen Hange folgend auch nach ihrer sogenannten Emancipation nicht einmal versucht haben, ist eine Aenderung ihres Characters nicht zu erwarten, selbst nicht bei denen, die wissenschaftliche oder wenigstens studirte Laufbahnen einschlagen. Bei diesen höchstens in so fern, als Kenntnisse den Character schwächen, und dadurch einen schlechten bessern, denn daß die bloße Wissenschaft den Charakter nicht direct günstig beeinflusse, dafür fehlt es nicht an Beweisen in vielen großen Gelehrten, die im Uebrigen vollkommene Lumpe waren. Auch lernt der Jude in der deutschen Schule etwas Anderes als der Deutsche. Der jüdische Jurist wird das römische Recht hauptsächlich aus der Seele des römischen Wucherers auffassen, der jüdische Philologe aber an dem »beatus ille qui procul negotiis« die Angabe des Zinsfußes vermissen, zu welchem die Prolongation am Schlusse stattgefunden hat.
Herr Bresslau führt eine Menge liberaler Zeitungen an, in deren Redactionen die Juden *»fast* garnicht« vertreten seien, obenan die Vossische und die National-Zeitung!
Will Herr Bresslau uns glauben machen, daß es auf die Person des vorgeschobenen Redacteurs und nicht einzig und allein auf Besitzer und Mitarbeiter einer Zeitung ankomme, und daß in Deutschland vom National-Liberalismus bis zur National-Zeitung Etwas nicht jüdisch sein könnte, was National heißt? Diese Vossische ist wegen der jüdischen Inserate ein eifriges Judenblatt, sie übt bezahlte Liebe. – Will Herr Bresslau wirklich die Thatsache in Abrede stellen, daß Deutschland in einem jüdischen literarischen Miasma athmet?
Er rühmt den glühenden deutschen Patriotismus von Börne,

aber dies Märchen ist nach gerade etwas verbraucht. Börne hatte richtig begriffen, was unseren Liberalen so lange verborgen war, daß der liberale Formalismus dazu brauchbar sei, nationale Eigenthümlichkeiten aufzulösen und nationale Schranken zu brechen und also den Juden freie Bahn zu machen, um andere Völker zu befallen. Wenn er sich pathetisch soweit aufpufft, um zu sagen, er schreibe mit dem Blute seines Herzens, so darf man nicht vergessen, daß dieses ein jüdisches Herz war, wie schon an der unglaublichen Unverschämtheit klar wird, mit welcher er die Deutschen behandelt; denn so wegwerfend kann Niemand von einem Volke sprechen, zu welchem er sich selbst rechnet.

Weit entfernt also, die Juden zu Deutschen zu bessern sind wir in Gefahr, die Deutschen verjudeln zu sehen, wie ja auch der gesundeste Apfel seinen faulen Nachbarn nicht heilt, sondern von diesem angesteckt wird: und die deutsche Moral hat schon mehr jüdische Stockflecken bekommen, als die Verbrecherstatistik sichtbar macht: – »böse Beispiele verderben gute Sitten!« –

Sollen die Juden sich mit den Deutschen verschmelzen, so könnte dies nur durch eine Aenderung in der Organisation der Juden in das Werk gesetzt werden und man müßte es über das Herz bringen, den Gedanken einer Blutsvermischung zu fassen, dessen Verwirklichung aber auch nicht so leicht sein dürfte. Auf deutscher Seite steht ihr der Ekel entgegen und auf jüdischer der Umstand, daß der Jude, wie Alles in der Welt, so auch seine Verheirathung aus dem Gesichtspunkte des Geldgeschäftes betrachtet. Einem deutschen Mädchen wird – abgesehen von Fällen seltener krankhafter Verirrung – die Ehe mit einem Juden immer als widernatürliche Unzucht erscheinen und wo Armuth die Stimme des natürlichen Gewissens unterdrückt, wird es den Juden nicht reizen. Es bleiben also die wenigen Mischheirathen, wo ein heruntergekommener Deutscher durch Verbindung mit einer reichen Jüdin die Schulden seines früheren Leichtsinns mit dem Geschmack seines ferneren Lebens und der Würde seiner Nachkommen bezahlen will und diese einzelnen Fälle fallen wenig in das Gewicht – wir können uns desshalb glücklich schätzen. Die Mischproducte würden nicht in billiger Theilung zu halb und halb beider Racentypen ausfallen, sondern zum bei weiten größten Theile jüdisch, wie das aus den Erfahrungen bei der Thierzucht unzweifelhaft hervorgeht, nach welchen die Constanz und Vererbungsfähigkeit einer Race in geradem Verhältniß steht zu der Zeit, innerhalb welcher dieselbe in reiner Inzucht fortgezüchtet worden ist. Und darin sind die seit dreitausend Jahren reinblütigen Juden allen übrigen Völkern und namentlich den Deutschen unendlich überlegen, welche in fortwährender Vermischung, wenn auch unter verwandten Stämmen, sich entwickelt haben. Man will an einigen Familien der Ungarischen Aristokratie, in welche jüdisches Blut eingedrungen ist, die Erfahrung gemacht haben, daß der jüdische Character Jahrhunderte lang hervorgetreten sei.

Wir müssen daher Herrn von Treitschke vollkommen beistimmen, wenn er sagt »die Juden sind unser Unglück«, aber wir haben zu bedauern, daß er nicht schon früher mit uns bemüht gewesen ist, diesem Unglück vorzubeugen.

Man darf bei einer politischen Partei – wir meinen nur den redlichen Theil derselben – welche sich selbst einen so widersinnigen Namen gab, als den der »nationalliberalen« – denn Nationalität und Liberalismus sind gerade Gegensätze – eingehendes Denken nicht suchen. Ihr Verstand war die wohlfeile Formel, ihr Inhalt der jüdische Leitartikel und ihr Ehrgeiz das Lob der jüdischen Zeitung. Wie sollte sie dem Schicksale entgehen, endlich als Opferthier auf dem Altar des Judenthums geschlachtet zu werden und wie sollte es ihr begreiflich gewesen sein, daß die gesunde Entwickelung eines Staatswesen unmöglich werde, wenn zwei Elemente von so verschiedener Sittlichkeit, wie Deutsche und Juden gleichen Theil haben sollen. Und doch lag es auf der Hand, daß Freiheiten, welche man den Deutschen gestatten könnte, von den Juden mißbraucht werden, und Beschränkungen, welche die Natur des Juden erfordert, den Deutschen unnöthig drücken würden. Und ebenso nahe lag die Erkenntniß, daß staatliche Freiheit überhaupt nur eine nationale sein und daß unter derselben nur verstanden werden könne die Freiheit eines Volkes, nach seinen natürlichen Eigenthümlichkeiten zu leben und sich zu entwickeln und daß eine solche Entwickelung unmöglich werden müsse, wenn die Organe der Gesetzgebung und Verwaltung einer ganz fremden, geradezu feindlichen Race angehören.

Einer Partei, welche in solchem Verhältniß zu der jüdischen Tagespresse stand, konnte es nicht verdächtig werden, mit welchem Eifer diese jüdischen Zeitungen den Culturkampf anbliesen, und wie immer, wenn sie gegen die »Pfaffen« zeterten, darunter stets die Diener der christlichen Kirche, niemals aber die jüdischen Rabbiner gemeint waren, welche doch eine viel weiter gehende Autorität in ihren Gemeinden üben. Ihr mußte es verborgen bleiben, daß das jüdische Geschrei nach Trennung des Staates von der Kirche – worunter natürlich nur die christliche Kirche zu verstehen – die beste Widerlegung der Behauptung des Herrn Professor Bresslau sei, nach welcher das Christenthum jüdische Kultur enthalte, und doch lag es wieder so nahe, hinter der Wuth gegen die Kirche die Erkenntniß zu vermuthen, daß für die Juden die christliche Kirche das stärkste Hinderniß und ihr Einfluß auf den Staat die wirksamste Schutzwehr für die Deutschen sei.

Seit die Nationalität in den Völkern wieder lebendig geworden, hat die Redensart von der Trennung des Staates von der Kirche ihren Sinn verloren; für uns wenigstens insofern, als die christlichen Kirchen alle den wesentlichen Inhalt des Christenthums gemeinsam haben: denn in einem nationalen Staate mit gleichartigem Volkscharakter fällt die Aufgabe der Kirche mit der des Staates zusammen. Die Religion ist der höchste Ausdruck der Sittlichkeit eines Volkes und Gott die Verkörperung seines Rechtsbewußtseins. Desshalb hat jedes Volk mit dem theokratischen Staate angefangen, wie uns Herr Bresslau von dem seinigen bezeugen wird, denn Recht, Sitte und Religion entspringen aus derselben Quelle. Die Könige traten erst als die Minister der auswärtigen Angelegenheiten ein, welche in der Urzeit noch nicht durch die Feder, sondern durch die Keule – die jetzt Scepter heißt – geordnet wurden, weshalb auch der ältere Cato die Könige Fleischfresser nannte. Diese Minister des Auswärtigen bemächtigten sich dann allmählig mittelst des vorerwähnten Scepters auch des Portefeuille des Inneren, wenn sich aber die ganz isolirte Entwickelung eines Volkes denken ließe, so würde diese nie über die Theokratie hinaus gekommen sein.

Kirche und Staat sind nicht einander fremd, sondern haben dieselbe Aufgabe, nur in getrennten Sphären. In dem Bereich des Staates liegen die Handlungen: diese aber sind vorher Gedanken gewesen und haben sich mit dem Gemüth und dem Gewissen abfinden müssen, welche im Bereich der Kirche liegen. Es ist besser und sicherer, daß die Kirche das Gewissen erziehe, als daß der Staat die Handlung strafe. Die Kirche arbeitet so in der Welt der Gedanken dem Staate vor und der Letztere hat in der Welt der Erscheinungen nur nachzuholen, was jener etwa entgangen wäre. Im Uebrigen beherrscht die Kirche nur den, dem sie nothwendig ist und sie bekämpfen kann nur, wer eine andere Kirche an ihre Stelle setzen will – abgesehen von profanen Hintergedanken. Denn zur Befreiung von der Kirche ist der bloße Wille dieser Freiheit ausreichend – aber auch das Bewußtsein nöthig, ihrer nicht zu bedürfen.

Aus dem Vorstehenden folgt, daß wir den Juden weder eine active Betheiligung am Staatswesen gestatten, noch bei ihrer angeerbten feindlichen Sittlichkeit sie in solcher Menge neben uns dulden können. Es mag dies hart klingen, aber wir würden auch die Thugs nicht unter uns dulden können, obgleich bei diesen der Raubmord nur religiöses Gebot, nicht erbliche Eigenthümlichkeit ist. Schon materiell ist es unmöglich, den jetzigen Zustand auf die Dauer zu ertragen. Möchte es auch achtzig Deutschen – wenn gleich mit Mühe und Noth – gelingen, einen unproductiven Juden zu ernähren, so ist doch die Last über das Land zu ungleichmäßig vertheilt und z. B. in Berlin – wo das Verhältniß noch nicht das ungünstigste in Deutschland ist – müssen nur achtzehn Berliner einen Juden erhalten, der im Durchschnitt vielleicht mehr an sich reißt, als seinen Ernährern bleibt. Unter diesen achtzehn Berlinern sind aber nach Ausschluß von Kindern und Greisen höchstens fünf arbeitskräftig, so daß der Jude mindestens den fünften Theil der werbenden Kraft der Berliner aufzehrt – wahrscheinlich einen viel größeren.

Diese Kalamität wächst durch die Endlosigkeit des jüdischen Zuschubes von Tag zu Tage. Wenn wir die weitere Entwickelung nach der Erfahrung der letzten zehn Jahre berechnen – und es wird eine progressive Beschleunigung eintreten – so werden nach weiteren zwanzig Jahren die Deutschen, falls sie nicht rechtzeitig Nothwehr brauchen, vollständig Heloten der Juden geworden und moralisch soweit heruntergekommen sein, als wirthschaftlich. Es handelt sich also für uns um das Leben – mindestens um das Leben als Nation.

Sehr zur rechten Zeit hat der »Reichsbote« darauf aufmerksam gemacht, wie Napoleon in dem Geburtslande der »Menschenrechte« und der »glorreichen Prinzipien von 1789« unter ähnlichen Umständen mit den Juden verfuhr und wir wollen das Wesentlichste davon anführen:

Napoleon sagte im Staatsrath am 30. April 1806:

»Die Gesetzgebung muß überall einschreiten, wo der allgemeine Wohlstand in Frage gestellt wird. Die Regierung kann nicht mit Gleichgiltigkeit zusehen, wie sich eine verächtliche Nation zweier Departements von Frankreich bemächtigt. Die Juden müssen als ein besonderes Volk, nicht als eine religiöse Secte behandelt werden. Sie sind eine Nation innerhalb der

Nation. Es ist zu demüthigend für die französische Nation, in die Gewalt der niedrigsten aller übrigen zu gerathen. Schon sind ganze Dörfer durch die Juden ihrer Eigenthümer beraubt worden. Die Juden sind die Raubritter der neuen Zeit, wahrhafte Rabenschwärme. Man muß sie staatsrechtlich behandeln, nicht civilrechtlich. Sie sind keine wirklichen Bürger. Es wäre gefährlich, die Schlüssel Frankreichs im Elsaß in die Hände solcher Menschen, die keine Patrioten sind, fallen zu lassen. Vielleicht würde es zweckmäßig sein, durch das Gesetz zu bestimmen, daß am Rhein nicht mehr als 50 000 Juden leben dürfen; die übrigen wären in's innere Frankreich zu weisen. Man könnte ihnen auch den Handel verbieten, da sie denselben durch ihren Wucher entehren.«
und am 7. Mai:
»Die Juden haben schon zu Moses Zeiten Wucher getrieben und andere Völker unterdrückt, während Christen nur ausnahmsweise Wucherer sind und in solchem Falle der Verachtung anheimfallen. Mit philosophischen Gesetzen wird man die Juden nicht anders machen. Da sind schlichte Gesetze, Ausnahmegesetze, vonnöthen. Man muß den Juden das Handeln verbieten, da sie Mißbrauch damit treiben, wie man einem Goldarbeiter das Handwerk legt, der falsches Gold macht. Ich bemerke noch einmal: was die Juden Böses verüben kommt nicht von den einzelnen her, sondern aus der ganzen Grundart dieses Volk.«
Dann kam das Gesetz vom 17. März 1808, welches vorläufig auf zehn Jahre erlassen und später in der Preußischen Rheinprovinz durch Kabinetsordre v. 3. März 1818 auf unbestimmte Dauer verlängert wurde. Die wesentlichen Bestimmungen waren folgende:
»Alle von Juden an Minderjährige, Frauen und Militärs gemachten Darlehne sind null und nichtig – Keine Klage auf Rückzahlung von Darlehnen, die von Juden an nichthandeltreibende Personen gemacht worden, wird angenommen, wenn der Kläger nicht nachweist, daß die betreffenden

Werthe ohne Abzug und ohne Betrug geliefert worden sind. – Mehr als 5 Procent Zinsen können nicht gefordert werden, mehr als 10 Procent machen die Forderung ungültig. – Ohne ausdrückliche Erlaubniß der Regierung darf in Frankreich kein Jude Handelsgeschäfte treiben, und diese Erlaubniß, die nur auf Grund verschiedener Zeugnisse ertheilt werden darf, muß alljährlich erneut werden. – Alle von Juden, die keine solche Erlaubniß besitzen, gemachten Geschäfte sind rechtlich nichtig. Ebenso die auf Grund derselben aufgenommen Hypotheken. Im Elsaß darf sich kein Jude mehr niederlassen. – Auch im übrigen Frankreich nur unter der Bedingung, daß er Ackerbauer und Feldeigenthümer wird.«

Wir möchten dem entsprechend für unsere Verhältnisse folgende Maßregeln vorschlagen, um doch mit einer praktischen Lösung zu schließen.

Es darf nicht mehr fremden Juden Aufnahme gewährt werden.

Staats- und Communal-Aemter dürfen keinem Juden übertragen und die in solchen Stellungen bereits befindlichen Juden müssen abgeschafft werden gegen Abfindung.

Das active und passive Wahlrecht wird ihnen entzogen.

Kein Jude darf Grundbesitz erwerben oder behalten. Die bereits im Besitz befindlichen werden exproprirt gegen Staatspapiere.

Eine solche Maßregel muß im öffentlichen Interesse sich Jeder gefallen lassen und das öffentliche Interesse erheischt dieselbe den Juden gegenüber dringend. Den Einfluß, welchen der Grundbesitz verleiht, darf man den Juden nicht gestatten. Können die Juden aus der Hypothek nicht mehr das Grundstück erwerben, so muß auch ihr Hypothekenwucher aufhören. Die Cabinetsordre Friedrich Wilhelms III. vom 20. Sept. 1816 für die Kreise Paderborn, Büren, Warburg und Höxter war noch härter, aber leider nicht für den ganzen Staat erlassen.

Kein Jude darf mehr als 5 pCt. Zinsen einklagen. Hat er

mehr als 10 pCt. – es sei auf welchem Umwege es wolle – sich versprechen lassen, so ist sein ganzer Anspruch nichtig und die Behörde befugt, ihn auszuweisen. Diese letztere Drohung halten wir für besonders wirksam und sie bewährt sich in Wien gegen die Wucherer.

Alle Zeitungsartikel müssen bei strenger Strafe mit dem Namen des wirklichen Verfassers unterzeichnet sein und das Inseratenwesen wird Staatsmonopol.

Juden dürfen ohne besondere, jährlich zu erneuernde und nur durch den Nachweis der Harmlosigkeit zu verlängernde Erlaubniß nicht Handel treiben. Von der Börse und dem Schankgewerbe bleiben sie ein für alle Male ausgeschlossen.

Die vorhandenen Juden werden gleichmäßig vertheilt, so daß jede deutsche Gemeinde in demselben Verhältnisse bedacht wird. Alle Deutschen haben gleichmäßigen Anspruch auf die Segnungen der neuen Gesetzgebung, und so dürfen wir auch eine der wesentlichsten dieser Segnungen, die Juden, unseren daran noch Mangel leidenden Landsleuten in unbilligem Maße nicht vorenthalten. Die geduldete Kopfzahl der Juden aber dürfte sich in den einzelnen Gemeinden nicht vermehren, denn es ist besser, daß die überzähligen Juden auswandern, als daß die Deutschen davon laufen müssen.

Diese Maßregeln müßten auch für reinblütige getaufte Juden und für jüdisches Mischblut bis mindestens zur dritten Mischgeneration gelten.

Während das Vorstehende sich unter der Presse befand, ging uns das Januar-Heft der »Preußischen Jahrbücher« zu. Es ist nur eine Forderung der Gerechtigkeit, eine wesentliche, durch die von Graetz gelieferte Probe »specifisch jüdischer Bildung« wohl geförderte Klärung der Ansichten des Herrn von Treitschke anzuerkennen und wir knüpfen daran die Hoffnung, daß seine gesunde deutsche Natur immer mehr die liberale Zwangsjacke auswachsen werde.

Er räumt ein, daß er erst innerhalb der letzten Wochen über die sociale Macht des unter sich zusammenhaltenden Judenthums belehrt worden sei und er wird eine fortlaufende Belehrung erfahren, je mehr er sich in die Judenfrage, welche ihn malgré lui nicht mehr verlassen wird, vertieft. Er erkennt jetzt in Bezug auf die Religion schon an, daß das Gefühl lebendiger Einheit, wie es das Nationalitätsbewußtsein erfordert, unvereinbar sei mit einem Widerspruch in den heiligsten Fragen des Gemüthes und er wird bei weiterem Eingehen in die Sache auch einräumen, daß dieser gemüthliche Gegensatz ein Gegensatz der natürlichen Anlage sei, also nicht – wie es nach seiner Darstellung scheinen möchte – durch die Taufe, welche ohne die Anlage doch immer nur etwas Aeußerliches bleiben müßte, aufgehoben werden könne. Die gemüthliche und selbst die körperliche Verschiedenheit von Deutschen und Juden wird immer das Gefühl »lebendiger Einheit« stören, wie denn eine kleine Abweichung in der Bildung der Ohrmuschel hingereicht hat, die Cagot's Jahrhunderte lang zu isoliren.

Aus diesem Grunde haben wir es auch nicht der Mühe werth gehalten, der Theorie des Herrn Professor Lazarus, welcher die Nationalität auf gleichen Wohnort und gleiche Sprache – bei den Juden nicht einmal ihre Muttersprache – zurückführen will, mit einem Worte zu erwähnen.

Er hätte schon bei Hegel (Philosophie der Geschichte) lernen können: »die Religion steht im engsten Zusammenhang mit dem Staatsprincip; *die Vorstellung von Gott macht die allgemeine Grundlage eines Volkes aus.«* Er hätte dies auch aus dem staatlichen Verfall der Europäischen Türkei lernen können, wo eine dieselbe Sprache redende Bevölkerung nicht mit einander leben kann, weil die Einen Muhamedaner und die Andern Christen sind, – aber das Alles scheinen auch viele Andere nicht lernen zu können.

Aber dem industriösen Vater des Nickel, Herrn Ludwig Bamberger, dürfen wir nicht vorbeigehen. Er hat in »Unserer Zeit« siebenzehn Seiten »Deutschthum und Judenthum« geschrieben, auf welchen siebenzehn Seiten er zwar nichts

Neues sagt, aber das Alte in einer Weise vorbringt, welche bei jedem Anderen durch ihre Dreistigkeit Staunen erregen würde. Lazarus will die nationale Identität von Deutschen und Juden beweisen, Bamberger behandelt sie als unzweifelhafte Thatsache und nennt den deutschen Judenhaß eine »Selbstzerfleischung der Deutschen unter sich«, »den Fluch der deutschen Nation, sich nach allen Seiten hin gegenseitig zu scheiden und zu peinigen.« »Die jüdischen Deutschen hindern nicht das Gedeihen der christlichen Deutschen« – und was der geistreichen Bescheidenheiten mehr sind: aber mit solchen Taschenspielerkunststücken wird er Niemand mehr einfangen.

»Eine Unterscheidung nach Race und Religion – er sagt immer ›Confession‹ – sei undurchführbar, übrigens seien die Juden den Deutschen am Nächsten verwandt, da sie sich in Deutschland so gern aufhielten.« Jetzt scheinen sie in den Rumänen Vettern entdeckt zu haben und die Heuschrecken sind vielleicht auch nahe Verwandte der Kosacken, weil sie sich gern am Don aufhalten.

»Den Juden gehe leider das Talent des Trinkens ab und das sei ein gesellschaftliches Hinderniß« – aber ein wirksameres Hinderniß ist es wohl, daß sie am anderen Morgen im Börsen-Courier damit prahlen, wenn sie von Mitgliedern der höheren Gesellschaft zu einem interessanten Souper zugelassen worden sind und dadurch ihren Genossen ernstliche Verdrießlichkeiten zuziehen. Verdrießlichkeiten übrigens, welche wir Cavalieren, die in dieser Weise mit Juden frère et cochon sind, von Herzen gönnen.

»Noch haben die deutschen Staatsregierungen sich ganz correct gehalten« – indem sie nämlich zusehen, wie die Deutschen von den Juden verzehrt werden. Er hält es für undenkbar, daß die Letzteren darin wieder gestört werden könnten – aber es scheint Vieles undenkbar, was doch wirklich wird. Vor zwanzig Jahren wäre auch die Gesetzgebung, welche die Deutschen seitdem erlitten haben und die heutige

Judenherrschaft undenkbar gewesen, – aber »ce qui est bon à prendre, est bon à rendre«.

In einem Punkte jedoch finden wir uns. Er sagt, in Deutschland scheine es jetzt fast zu heißen: »je mehr Judenhaß, desto mehr Tugend.« Darin hat er Recht und der Satz an sich ist in gewissem Sinne auch richtig. Der Judenhaß ist eine Reaction auch des sittlichen Gefühls und was wir an den Juden hassen, ist das gerade Gegentheil von dem, was wir Tugend nennen. Haß des Lasters aber ist, wenn noch nicht selbst Tugend, so doch die Voraussetzung derselben. Wer mit den Juden verkehrt ohne ihr Wesen zu erkennen, den beneiden wir nicht um seinen Verstand, wer aber das jüdische Wesen erkannt hat, ohne es zu hassen, dessen Charakter ist uns ernstlich verdächtig.

Bamberger flüchtet sich schließlich zu Herrn Professor Paulus Cassel, welcher Alles auf Lager hat – also auch ein Wort für sein Volk mit »jüdischem Christenthum« und »Heil von den Juden!«

Erklärung

Heiße Kämpfe haben unser Vaterland geeint zu einem mächtig aufstrebenden Reiche. Diese Einheit ist errungen worden dadurch, daß im Volksbewußtsein der Deutschen das Gefühl der nothwendigen Zusammengehörigkeit den Sieg über die Stammes- und Glaubensgegensätze davontrug, die unsere Nation wie keine andere zerklüftet hatten. Solche Unterschiede den einzelnen Mitgliedern entgelten zu lassen, ist ungerecht und unedel und trifft vor Allem diejenigen, welche ehrlich und ernstlich bemüht sind, in treuem Zusammengehen mit der Nation die Sonderart abzuwerfen. Von ihnen wird es als ein Treubruch derer empfunden, mit denen sie nach gleichen Zwecken zu streben bewußt sind, und es wird dadurch verhindert, was das gemeinsame Ziel ist und bleibt:

die Ausgleichung aller innerhalb der deutschen Nation noch von früher nachwirkenden Gegensätze.

In unerwarteter und tief beschämender Weise wird jetzt an verschiedenen Orten, zumal den größten Städten des Reichs, der Racenhaß und der Fanatismus des Mittelalters wieder ins Leben gerufen und gegen unsere jüdischen Mitbürger gerichtet. Vergessen wird, wie viele derselben durch Fleiß und Begabung in Gewerbe und Handel, in Kunst und Wissenschaften dem Vaterlande Nutzen und Ehre gebracht haben. Gebrochen wird die Vorschrift des Gesetzes wie die Vorschrift der Ehre, daß alle Deutschen in Rechten und Pflichten gleich sind. Die Durchführung dieser Gleichheit steht nicht allein bei den Tribunalen, sondern bei dem Gewissen jedes einzelnen Bürgers.

Wie eine ansteckende Seuche droht die Wiederbelebung eines alten Wahnes die Verhältnisse zu vergiften, die in Staat und Gemeinde, in Gesellschaft und Familie Christen und Juden auf dem Boden der Toleranz verbunden haben. Wenn jetzt von den Führern dieser Bewegung der Neid und die Mißgunst nur abstrakt gepredigt werden, so wird die Masse nicht säumen, aus jenem Gerede die praktischen Konsequenzen zu ziehen. An dem Vermächtniß Lessings rütteln Männer, die auf der Kanzel und dem Katheder verkünden sollten, daß unsere Kultur die Isolierung desjenigen Stammes überwunden hat, welcher einst der Welt die Verehrung des einigen Gottes gab. Schon hört man den Ruf nach Ausnahmegesetzen und Ausschließung der Juden von diesem oder jenem Beruf und Erwerb, von Auszeichnungen und Vertrauensstellungen. Wie lange wird es währen, bis der Haufen auch in diesen einstimmt?

Noch ist es Zeit, der Verwirrung entgegenzutreten und nationale Schmach abzuwenden; noch kann die künstlich angefachte Leidenschaft der Menge gebrochen werden durch den Widerstand besonnener Männer. Unser Ruf geht an die Christen aller Parteien, denen die Religion die frohe Bot-

schaft vom Frieden ist; unser Ruf ergeht an alle Deutschen, welchen das ideale Erbe ihrer großen Fürsten, Denker und Dichter am Herzen liegt. Vertheidiget in öffentlicher Erklärung und ruhiger Belehrung den Boden unseres gemeinsamen Lebens: Achtung jedes Bekenntnisses, gleiches Recht, gleiche Sonne im Wettkampf, gleiche Anerkennung tüchtigen Strebens für Christen und Juden.
Berlin, den 12. November 1880 [Es folgen 75 Namen]

Heinrich von Treitschke, Zuschrift an die Post

In der Erklärung der Herren v. Forckenbeck und Genossen vom 12. November stehen die Worte: »An dem Vermächtniß Lessings rütteln Männer, die auf der Kanzel und dem Katheder verkündigen sollten, daß unsere Kultur die Isolirung desjenigen Stammes überwunden hat, welcher einst der Welt die Verehrung des einigen Gottes gab.«
Ich ahnte beim ersten Lesen nicht, daß dieser Satz in irgend einer Beziehung zu meiner Person stehen könnte; denn wird er auf mich bezogen, so muß er, mindestens von allen Unkundigen, als eine öffentliche Anklage gegen meine Wirksamkeit auf dem Katheder gedeutet werden. Ich hielt für undenkbar, daß ehrenwerthe Männer, und nun gar meine Kollegen, die meine Lehrthätigkeit näher kennen, durch unbedachte Worte den Anlaß zu grundlosen Verdächtigungen nach oben und nach unten bieten sollten.
Inzwischen erfuhr ich von verschiedenen Seiten, daß man im Publikum allgemein jenen Satz als gegen mich und meine akademische Thätigkeit gerichtet betrachte. Obgleich ich gewohnt bin, mit offenem Visier zu streiten und alle versteckten Insinuationen mit Stillschweigen zu übergehen, so gebot mir doch meine Stellung als akademischer Lehrer, dieser Sache auf den Grund zu sehen.
Ich richtete daher gleichzeitig briefliche Anfragen an drei der

Unterzeichner dieser »Erklärung«. Der eine der Befragten erwiderte, er habe das ganze Aktenstück nur flüchtig gelesen und jenen Satz gar nicht bemerkt. Der zweite betheuerte, Niemand habe auch nur im Entferntesten an mich gedacht. Der dritte aber (ich verschweige vorläufig die Namen) erklärte freimüthig: *allerdings sei dieser Satz auch gegen mich gerichtet.*

Nach diesem Eingeständniß erachte ich es als meine Pflicht, um meiner Zuhörer und meiner akademischen Ehre willen, alle die Verleumdungen meiner Lehrthätigkeit, welche aus jenen Worten bereits abgeleitet worden sind und noch fernerhin abgeleitet werden können, hiermit öffentlich zurückzuweisen.

Was ich als Publizist vor Jahresfrist über die gegenwärtige Stellung des deutschen Judenthums geschrieben habe, halte ich aufrecht, bis man mich durch Gründe eines Bessern belehrt haben wird. Volltönende Worte pathetischer Entrüstung betrachte ich nicht als eine Widerlegung.

Berlin, 17. November 1880

Heinrich von Treitschke, Antwort auf eine studentische Huldigung

19. November 1880, Barackenauditorium

Meine Herren! Sie überraschen mich durch diesen Empfang. Ich weiß natürlich, was Sie damit sagen wollen, und danke Ihnen von ganzem Herzen. Nöthig war dies Zeichen der Zustimmung von Ihrer Seite nicht; denn ich habe stets, so lange ich auf dem Katheder stehe, das Gefühl gehabt, daß ich mit der deutschen Jugend im Einverständnis bin; und so lange ich diese Empfindung habe, werde ich auf dem Katheder bleiben. Sobald ich aber fühle, daß ich zu alt geworden bin, um die Jugend zu verstehen, würde ich es für meine Pflicht halten, den Lehrstuhl zu verlassen.

Da Sie mich nun zu einer Erklärung herausfordern, so sage ich Ihnen: es hat mir selten etwas so weh gethan, wie der Schritt, den ich vor einigen Tagen thun mußte. Männer, die ich liebe und verehre, haben durch die unklare Fassung und unglückliche Stilisirung einer öffentlichen Erklärung dazu Anlaß gegeben, dem Publikum meine akademische Thätigkeit in einem zweifelhaften Lichte erscheinen zu lassen. Ich konnte um Ihret- und um meiner akademischen Ehre willen nicht anders als dies in gemäßigter Weise zurückweisen – denn ich war dies auch *Ihnen* schuldig –, um so auch nicht einen scheinbaren Verdacht bestehen zu lassen, als ob auf unsern Lehrstühlen etwas anderes getrieben würde als die heilige Wissenschaft. Ob ich je etwas anderes getrieben habe wissen Sie ja. Das aber muß ich von vornherein bemerken: wenn die Natur meines Lehrstoffes es mit sich bringt, zu reden über Dinge, welche heute die Leidenschaften aufregen, so werde ich ebenso gut meine Meinung sagen wie sonst. Wenn ich in meinen Vorlesungen über deutsche Geschichte über das Haus Rothschild, über Heine und Börne und den Einfluß ihrer Werke werde reden müssen, so werde ich genau ebenso freimüthig meine Ansicht, wie ich sie mir in ehrlichem Studium erworben habe, äußern, wie alle andern Deutschen. Eine Ausnahmestellung kann ich den Israeliten in dieser Beziehung nicht zugestehen. Es wäre ein Schimpf, wenn wir Deutsche verzichteten auf ein ehrliches Urtheil den jüdischen Geschichtsgrößen gegenüber. Und wenn ich in meinem Kolleg über Politik auf die Judenemancipation komme, so werde ich nach meiner Lehrerpflicht meine Ansicht entwickeln, daß sie allerdings begründet war in der Natur des modernen Staates, daß aber mit der formellen Gleichberechtigung der schwierige Proceß noch nicht beendigt ist, sondern daß es namentlich darauf ankommt, daß die Juden auch innerlich Deutsche werden. Bringt mich mein Lehrstoff auf diese Dinge, so werde ich mich nicht scheuen, meine akademische Lehrpflicht zu thun, gleichviel was draußen geredet oder getadelt werden wird.

An Sie, meine Herren, will ich aber noch eine dringende Bitte richten. Lassen Sie uns die Ehre unserer Hauptstadt hoch und unverletzt erhalten. Wenn Zeiten kommen, wo Männer reden wie die Kinder, dann ist es kein Wunder, wenn Kinder reden wie die Männer. Wenn Obersecundaner ihrem Lehrer öffentlich Vertrauens- und Mißtrauensvoten ertheilen, so ist das ein höchst bedauerliches Zeichen unserer Zeit und ein Beweis für die Altklugheit unserer Jugend. Meine Herren, das ist fast so lächerlich, als wenn ich mir in der Zeitung würde beglaubigen lassen von meinen Kindern, daß sie das Vertrauen zu mir, ihrem Vater, noch nicht verloren hätten. Auf diesen abschüssigen Weg sind wir gerathen hier in Berlin. Meine Herren, halten Sie sich von allen Demonstrationen völlig fern. Freuen Sie sich Ihrer Wissenschaft und des Genusses Ihrer akademischen Freiheit. Freuen Sie sich, daß Sie noch nicht nöthig haben, mitten innen zu stehen in dem Kampfe des politischen Lebens. Denn dazu ist nicht bloß Ehrlichkeit und warme Begeisterung nöthig, die ein wackerer junger Mann ja schon hat, sondern auch ein innerer Gleichmuth, wie er nur in schweren Erfahrungen erworben wird. Deshalb ist es der Jugend nicht heilsam, sich in die Kämpfe des politischen Lebens zu mischen. Es wird ja auch für Sie die Zeit kommen, wo Sie ins Leben hinaustreten, und wo Sie nicht nur das Recht, sondern auch die Pflicht haben, Ihre Ansichten zu verfechten.

Daß der Gegensatz, der heute so viele trennt, sich in dem geselligen Verkehr der akademischen Jugend nicht zeigen wird, und daß Sie mit Ihren Commilitonen nach wie vor freundschaftlich verkehren, setze ich voraus. Ich bitte Sie aber dringend, öffentliche Demonstrationen jeder Art zu unterlassen. Die Luft ist heute wie von Fieberdünsten geschwängert, und man muß alles vermeiden, was diese auf beiden Seiten künstlich genährte Aufregung noch fördern könnte.

Damit will ich diese Worte des aufrichtigen Dankes schließen und wir wollen nun übergehen zu unserm Tagewerk.

Theodor Mommsen, Brief an die Nationalzeitung

Geehrter Herr!
Ich sehe aus Ihrem heutigen Morgenblatt, daß Herr Professor v. Treitschke mehreren seiner Collegen, welche die in Ihrem Sonntagsblatt veröffentlichte Erklärung unterzeichnet haben, die Frage vorgelegt hat, ob die Worte derselben:
»An dem Vermächtniß Lessings rütteln Männer ...«
mit gegen ihn gerichtet seien, und daß nur einer der drei Gefragten diese Frage bejaht hat. Ich bin nicht unter den Befragten, aber wohl unter den Unterzeichnern, und halte es angemessen, diese Auslegung meinerseits zu bestätigen. Die Fassung der Worte rührt nicht von mir her, wie wohl behauptet worden ist; aber ich wenigstens habe sie unterzeichnet in dem vollen Bewußtsein, daß dieser Tadel sich in erster Linie auf Herrn v. Treitschke bezieht.

Allerdings die Auslegung, die Herr v. Treitschke diesen Worten giebt, gehört ihm. Weder mir noch irgend einem der sonst Unterzeichneten wird er zutrauen, daß wir über die Stellung, die er in seinen Lehrvorträgen zu politischen Tagesfragen nimmt, Informationen einziehen oder, wenn uns ja zufällig darüber Mittheilungen zukommen sollten, davon in dieser Weise Gebrauch machen könnten. Wir beschuldigen Herrn v. Treitschke, daß er an dem Vermächtniß Lessings rüttelt. Wir bedauern, daß er auf dem Katheder das Evangelium der Toleranz nicht predigt, welches Lessing gepredigt hat; denn wir nehmen an, daß er als Lehrer nicht gegen diejenigen Sätze sprechen wird, die er als Publicist vertritt. Daß er das Evangelium der Intoleranz, wie er es in den »Preußischen Jahrbüchern« gepredigt hat und zu dem er auch heute noch sich bekennt, auch auf das Katheder bringt, ist mit keinem Worte gesagt und sicherlich auch nicht gemeint. Wer zugleich akademischer Lehrer und Publicist ist, thut nicht wohl daran, einen Angriff, der gegen den Publicisten sich richtet, auf das

erstere Gebiet hinüberzuspielen, das mit Recht innerhalb gewisser Grenzen als sacrosankt gilt.
Charlottenburg, 19. November 1880

Heinrich von Treitschke, Eine Erwiderung

Ich nehme gern Akt von der Versicherung des Herrn Prof. Mommsen, daß die Unterzeichner der »Erklärung« meine akademische Lehrthätigkeit nicht haben antasten wollen, kann aber den Wunsch nicht unterdrücken: die Unterzeichner möchten in Zukunft beim Gebrauch schwungvoller Worte etwas behutsamer verfahren. Wenn Herr Mommsen zu dem »Wahn«, der »Seuche« und den anderen Kraftwörtern der Erklärung jetzt noch das »Evangelium der Toleranz« hinzufügt, so wird er dadurch vielleicht einige schwache Gemüther einschüchtern, doch zur Beruhigung der aufgeregten öffentlichen Meinung sicherlich nichts beitragen.
Ich habe in mehreren meiner Schriften dem Danke, welchen die humane Bildung der Nation den Manen Lessings schuldet, einen vielleicht mangelhaften, aber unzweideutigen Ausdruck gegeben; und obwohl ich gern glaube, daß die Unterzeichner der Erklärung allesammt weit tiefer als ich in den Geist Lessings eingedrungen sind, so hat doch bisher Keiner derselben seine bessere Erkenntniß der Welt mitgetheilt. Ich bestreite ihnen daher das Recht, mir ohne Angabe von Gründen wegen des »Vermächtnisses Lessings« einen öffentlichen Verweis zu ertheilen.
Der Kern meiner Betrachtungen über die Judenfrage lag in dem Satze: »was wir von unseren jüdischen Mitbürgern zu verlangen haben, ist einfach: sie sollen Deutsche werden, sich schlicht und recht als Deutsche fühlen.« Ich theile nicht die pessimistische Ansicht meines Kollegen Mommsen, daß überall in der Welt »das Judenthum ein wirksames Ferment

des Kosmopolitismus und der nationalen Decomposition« bilde (Römische Geschichte III. 550), sondern ich lebe der Hoffnung, es werde der vollzogenen Emancipation im Laufe der Jahre auch die innere Verschmelzung und Versöhnung folgen. Als ich in diesem Sinne schrieb, glaubte ich allerdings dem »Vermächtniß Lessings« treu zu bleiben – treuer zum mindesten, als die Unterzeichner der Erklärung, die zwar den Christen mit zornigen Worten Toleranz predigen, aber für die Verhöhnung des Christenthums durch die jüdische Presse kein Wort der Warnung übrig haben.
Berlin, 19. November 1880

Theodor Mommsen,
Auch ein Wort über unser Judenthum

In dem Charivari, welches jetzt zum Befremden der übrigen gebildeten Welt in Deutschland über die Judenfrage sich erhoben hat und zu dessen Mißklängen der Pöbel auf beiden Seiten nach Vermögen beisteuert, wird es kaum möglich sein, daß eine einzelne Stimme sich Gehör verschafft; die Aussicht das Unwesen auch nur zu mindern erscheint selbst dann gering, wenn man es über sich gewinnt zu glauben, daß die Agitation nicht zugleich eine Machination ist. Ich bin es zufrieden, wenn die wenigen Worte, die ich zu sagen beabsichtige, denjenigen Antwort geben, die es etwa interessiren mag zu erfahren, wie ich über diese Angelegenheit urtheile. Sie scheidet viele sonst gut und lange Verbündete, und Scheiden thut weh. Vielleicht gelangt das Wort der Verständigung, welches als allgemeines verhallen wird, doch als persönliches hier und da an das Ziel.
Unserer Generation ist es beschieden gewesen, was die Geschichte nur von wenigen zu sagen vermag, daß die großen Ziele, die wir, als wir zu denken begannen, vor uns fanden, jetzt von unserer Nation erreicht sind. Wer noch die Zeit

gekannt hat der Ständeversammlungen mit berathender Stimme und des Deutschlands, das höchstens auf der Landkarte einerlei Farbe hatte, dem wird unser Reichstag und unsere Reichsfahne um keinen Preis zu theuer sein, mag immer kommen was da will, und es kann noch vieles kommen. Aber es gehört fester Muth und weiter Blick dazu, um dieses Glückes froh zu werden. Die nächsten Folgen erinnern allerdings an den Spruch, daß das Schicksal die Menschen straft durch die Erfüllung ihrer Wünsche. In dem werdenden Deutschland fragte man, wie es gemeinsam Fechtenden geziemt, nicht nach confessionellen und Stammesverschiedenheiten, nicht nach dem Interessengegensatz des Landmanns und des Städters, des Kaufmanns und des Industriellen; in dem gewordenen tobt ein Krieg aller gegen alle und werden wir bald so weit sein, daß als vollberechtigter Bürger nur derjenige gilt, der erstens seine Herstammung zurückzuführen vermag auf einen der drei Söhne des Mannus, zweitens das Evangelium so bekennt, wie der pastor collocutus es auslegt, und drittens sich ausweist als erfahren im Pflügen und Säen. Neben dem längst ausgebrochenen confessionellen Krieg, dem sogenannten Culturkampf, und dem neuerdings entfachten Bürgerkrieg des Geldbeutels, tritt nun als drittes ins Leben die Mißgeburt des nationalen Gefühls, der Feldzug der Antisemiten.
Wir älteren Männer, deren ganzes Wollen und Hoffen eben in dem nationalen Gedanken aufgegangen ist, stehen diesem Treiben gegenüber vor allen Dingen mit der doppelten Empfindung, theils, daß wieder einmal Saturnus seine Kinder frißt, theils daß diese Evolution, wie alle rückläufigen Bewegungen der Dinge, eines der retardirenden Momente ist, in denen die Geschichte gerade ebenso sich bewegt wie der Roman, und die schließlich an den Dingen nichts ändern. Das hindert aber nicht, daß sie an Personen und Interessen schweren Schaden stiften, und giebt uns nicht das Recht diesem selbstmörderischen Treiben des Nationalgefühls schweigend zuzuschauen.

Die deutsche Nation ruht, darüber sind wir wohl alle einig, auf dem Zusammenhalten und in gewissem Sinn dem Verschmelzen der verschiedenen deutschen Stämme. Eben darum sind wir Deutsche, weil der Sachse oder der Schwabe auch den Rheinländer und den Pommern als seines Gleichen gelten läßt, das heißt als vollständig gleich, nicht bloß in bürgerlichen Rechten und Pflichten, sondern auch im persönlichen und geselligen Verkehr. Wir mögen den sogenannten engeren Landsleuten noch eine nähere Sympathie entgegentragen, manche Erinnerung und manches Gefühl mit ihnen theilen, das außerhalb dieses Kreises keinen Wiederhall findet; die Empfindung der großen Zusammengehörigkeit hat die Nation geschaffen und es würde aus mit ihr sein, wenn die verschiedenen Stämme je anfangen sollten sich gegen einander als Fremde zu fühlen. Wir verhehlen uns die Verschiedenheit nicht; aber wer recht fühlt, der erfreut sich derselben, weil die vielfachen Ziele und Verhältnisse des Großstaates den Menschen in seiner ganzen Mannichfaltigkeit fordern und die Fülle der in unser großes und schicksalvolles Volk gelegten Gaben und der ihm aufgelegten Verpflichtungen von keinem einzelnen Stamm ganz entwickelt und ganz gelöst werden kann.

In wie fern stehen nun die deutschen Juden anders innerhalb unseres Volkes als die Sachsen oder die Pommern? Es ist richtig, daß sie Nachkommen weder von Istaevo sind noch von Hermino und Ingaevo; und die gemeinschaftliche Abstammung von Vater Noah genügt freilich nicht, wenn die germanische Ahnenprobe den Deutschen macht. Allerdings wird von der deutschen Nation noch allerlei mehr abfallen als die Kinder Israels, wenn ihr heutiger Bestand nach Tacitus Germania durchcorrigirt wird. Herr Quatrefages hat vor Jahren nachgewiesen, daß nur die Mittelstaaten wirklich germanisch seien und la race prussienne eine Masse, zu der verkommene Slaven und allerlei anderer Abfall der Menschheit sich vereinigt habe; als späterhin la race germanique und la race prussienne in den Fall kamen der großen Nation gemeinschaftlich den Marsch zu machen, ist im Laufen vor beiden kein Unterschied wahrgenommen worden. Wer die Geschichte wirklich kennt, der weiß es, daß die Umwandlung der Nationalität in stufenweisem Fortschreiten und mit zahlreichen und mannichfaltigen Uebergängen oft genug vorkommt. Historisch wie praktisch hat eben überall nur der Lebende Recht; so wenig, wie die Nachkommen der französischen Colonie in Berlin in Deutschland geborene Franzosen sind, so wenig sind ihre jüdischen Mitbürger etwas anderes als Deutsche. Daß die jüdische Masseneinwanderung über die Ostgrenze, welche Hr. v. Treitschke an die Spitze seiner Judenartikel gestellt hat, eine reine Erfindung ist, hat Hr. Neumann bekanntlich an der Hand der Statistik in schlagender Weise dargethan, und, wenn Hr. v. Treitschke, wie ebenfalls bekannt, »von dem, was er gesagt hat, kein Wort zurücknimmt«, so hat dafür Hr. Adolf Wagner, auch ein entschiedener Antisemit, der dieselbe Meinung ausgesprochen hatte, unumwunden zugestanden, daß er sich hierin geirrt habe.

In diesem Moment liegt der wesentliche Gegensatz der Stellung des Judenthums in alter und in neuer Zeit. Die alte Welt kennt das nicht, was wir heute den nationalen Staat nennen. Ihre Staatenbildung bleibt entweder hinter demselben weit zurück, wie die Stadtrepubliken Griechenlands und Roms, oder greift weit darüber hinaus, wie die Monarchien Alexanders und Caesars; auch in den letzteren und überhaupt im Alterthum dachte man gar nicht an dasjenige homogene und ungefähr mit dem Sprachgebiet zusammenfallende Staatsbürgerthum, welches heute den Grund jeder politischen Gestaltung bildet. Deßhalb blieb den Juden hier, auch nach dem Untergang ihres Staats, eine gewisse nationale Geschlossenheit, die namentlich ihren Ausdruck findet in der ihnen eigenthümlichen Litteratur. Allerdings haben sie bald als Schriftsteller statt ihrer eigenen sich der damaligen Weltsprache zu bedienen angefangen und stellen sich auch ihrerseits auf den damals allgemein gültigen Standpunkt der griechischen Bildung; aber ihre hervorragendsten Schriftsteller, der Historiker Josephus, der Philosoph Philon sind ganz und voll Juden und bewußte Vertreter des Judenthums. Eine solche Litteratur giebt es heutzutage nicht mehr. Wenn Hr. v. Treitschke an die talmudistische Geschichtschreiberei von Grätz erinnert, so vergißt er, daß in solchen Fragen die litterarischen Winkel außer Betracht bleiben – oder wird er die deutsche Historiographie etwa für Hurter und Genossen verantwortlich machen? Die jüdisch-alexandrinische Litteratur ist ein wichtiger Factor in der Geschichte des späteren Alterthums; wo giebt es heutzutage dafür eine Analogie? Alle hervorragenden Arbeiten, die von Juden der Neuzeit herrühren, stehen innerhalb der Litteraturkreise derjenigen Nation, welcher eben dieser Jude angehört. Es tritt dies weniger hervor in den philosophischen und den abstracten Wissenschaften, bei welchen überhaupt die Nationalität, namentlich auf den höchsten Spitzen, oft fast unfühlbar wird, als in der Poesie. Ich will keine Namen nennen; aber man vergegenwärtige sich jeden jüdischen Dichter und Romanschreiber von einigem Belang oder auch nur von einigem Erfolg; man wird wohl die Spuren ihrer Herkunft erkennen, wie denn kein Poet seinen Ursprung verleugnen kann und Goethe immer auch ein Frankfurter Kind bleibt; aber wie sie sind, trefflich, mittelmäßig, widerwärtig, sie haben keine Fühlung unter sich und der deutsche Israelit steht ebenso mitten im deutschen litterarischen Leben wie der englische mitten im englischen.

Das ist der eigentliche Sitz des Wahnes, der jetzt die Massen erfaßt hat und sein rechter Prophet ist Hr. v. Treitschke. Was heißt das, wenn er von unsern israelitischen Mitbürgern fordert, sie sollen Deutsche werden? Sie sind es ja, so gut wie er und ich. Er mag tugendhafter sein als sie; aber machen die Tugenden den Deutschen? Wer giebt uns das Recht unsere

Mitbürger dieser oder jener Kategorie wegen der Fehler, welche im Allgemeinen dieser Kategorie, es sei auch mit Recht, zur Last gelegt werden, aus der Reihe der Deutschen zu streichen? Wie scharf man die Fehler dieser Mitbürger empfinden, wie schroff man über alle Milderungsgründe sich hinwegsetzen mag, immer wird man logisch wie praktisch höchstens dahin kommen die Juden für Deutsche zu erklären, welche im Punkte der Erbsünde doppelt bedacht worden sind. Ernsthafte Männer, wenn sie sich dies deutlich gemacht haben, werden darüber nicht im Zweifel sein, daß es ebenso dringend geboten ist den schädlichen Wirkungen dieser Fehler durch prävenirende Gesetzgebung wie im Strafweg nach Vermögen zu steuern, als unmöglich nach dem supponirten Quantum der Erbsünde die Stellung des deutschen Bürgers zu regeln.

Aber mit dieser Einsicht ist nicht genug gethan. Es muß in die Auffassung der Ungleichheit, welche zwischen den deutschen Occidentalen und dem semitischen Blut allerdings besteht, größere Klarheit und größere Milde kommen. Wir, die eben erst geeinigte Nation, betreten mit dem Judenkrieg eine gefährliche Bahn. Unsere Stämme sind recht sehr ungleich. Es ist keiner darunter, dem nicht specifische Fehler anhafteten, und unsere gegenseitige Liebe ist nicht so alt, daß sie nicht rosten könnte. Heute gilt es den Juden – ob blos den ungetauften oder auch den getauften und in diesem Fall bis zu welchem Gliede, unterlassen die Herren zu untersuchen, da das herzliche Einverständniß der pastoralen und der germanischen Orthodoxie dabei in die Brüche gehen müßte und das künftige Blutmischungsregulativ von Haus aus in die Domaine des Herrn Ernst Dohm gehört. Morgen wird vielleicht bewiesen, daß genau genommen jeder Berliner nicht besser sei, als ein Semit. Noch etwas weiterhin, und der Pommer fordert die Erstreckung der Statistik auf die Windbeutelei und hofft durch Zahlen zu beweisen, daß dann in den westlichen Provinzen ein doppelter Procentsatz

sich herausstellen werde. Es wäre das nicht der ungeschickteste Weg um die Einheit unserer Nation zu untergraben. Wir verdanken sie mehr dem Haß unserer Feinde als unserem eigenen Verdienst; was der Krieg verbunden hat, kann der Friede, namentlich ein Friede, wie er jetzt in der Presse und auf den Tribünen schaltet, wiederum lockern. Allerdings wird das Weitergehen auf diesem Wege etwas mehr Umstände machen als der Gesammtangriff, den die große deutsche Nation jetzt sich anzuschicken scheint gegen den Mühlendamm zu unternehmen, welcher keinen Judas Maccabäus besitzt. Aber der Fanatismus ist leider nicht immer inconsequent; und der Hader unter West und Ost, unter Norden und Süden der Nation kann ebenso von den Todten wieder auferstehen, wie andere längst für gestorben und begraben gehaltene Ungeheuerlichkeiten. Uns allen klingt Moltkes Wort im Gedächtniß nach, daß was ein Feldzug gewonnen hat, dreißig Jahre der Vertheidigung fordert. Vertheidigung aber heißt nicht blos Einheit, sondern auch Einigkeit.
Es soll ganz und gar nicht in Abrede gestellt werden, daß die Sondereigenschaften der unter uns lebenden Personen jüdischer Abstammung weit schärfer empfunden werden als diejenigen anderer Stämme und selbst anderer Nationen. Sie sind von Haus aus bestimmter ausgeprägt und durch die beiden Theilen gleich verderbliche tausendjährige Unterdrückung der deutschen Semiten durch die deutschen Christen in künstlicher und zum Theil grauenvoller Weise gesteigert. Unsere politische wie unsere literarische Entwickelung trägt die Spuren davon und kein Historiker kann sie überschweigen. Die Geschichte des Hauses Rothschild ist für die Weltgeschichte von größerer Bedeutung als die innere Geschichte des Staates Sachsen; und ist es gleichgültig, daß dies die Geschichte eines deutschen Juden ist? Unser Jahrhundert hat vielleicht kein größeres Dichtertalent gesehen als Heine; und wer kann dieses Spielen des Verstandes mit dem eigenen Herzblut, dieses im Wollüstigen und Phantastischen gewal-

tige, der Charaktertragik Shakespeares schlechthin baare Gestaltungstalent anders begreifen, als wenn man sich seines Ursprungs erinnert? Gewiß, die Unterschiede sind da; und sie sind so beschaffen, daß der Judencultus einer gewissen Epoche oder – in welcher Form er heutzutage aufzutreten pflegt – die Judenfurcht wohl zu den einfältigsten Verwirrungen gehören, deren zu bedienen unsere Nation sich beliebt hat und noch beliebt. Aber diesen Schranken und Mängeln stehen wieder Fähigkeiten und Vorzüge gegenüber, deren Besitz nicht zum letzten Theil diese Agitation mit veranlaßt hat. Daß der reinste und idealste aller Philosophen als Jude gelebt und gelitten hat, ist auch kein Zufall; und an der jüdischen Wohlthätigkeit, auch gegen Christen, könnten diese sich ein Beispiel nehmen. Es ist eben wie überall. Licht und Schatten sind gemischt; ob mehr oder minder ungleich, wird niemand zu entscheiden wagen, der nicht Hofprediger ist. Ohne Zweifel sind die Juden, wie einst im römischen Staat ein Element der nationalen Decomposition*, so in Deutschland ein Element der Decomposition der Stämme, und darauf beruht es auch, daß in der deutschen Hauptstadt, wo diese Stämme factisch sich stärker mischen als irgendwo sonst, die Juden eine Stellung einnehmen, die man anderswo ihnen beneidet. Decompositionsprozesse sind oftmals nothwendig, aber nie erfreulich und haben unvermeidlich eine lange Reihe von Uebelständen im Gefolge; der unsrige weniger als der römische, weil die deutsche Nation keineswegs ein so blasser

* Ich habe in diese ernste Frage nicht die andere recht gleichgültige hineinziehen wollen, ob ein deutscher Schriftsteller sich einmal mehr oder weniger widersprochen hat, und habe darum nicht erwiedert auf die litterarischen Streifzüge gewisser Parlamentsredner, deren Vorträge besser Leitartikel der entsprechenden Presse geblieben wären. Indeß da ich einmal hier das Wort nehme, glaube ich hinzufügen zu sollen, daß meine Meinung über die Judenfrage vor dreißig Jahren ebenso dieselbe war, wie meine Stimmung gegen diesen Theil meiner Mitbürger. Wer sich von dem letzteren überzeugen will, worauf mehr ankommt, der lese zum Beispiel was ich über das Verhalten der Juden bei Caesars Tod gesagt habe. Wer mein Buch kennt, wird es bestätigen, daß dasselbe den Anspruch erhebt den Judenschmeichlern ebenso zu mißfallen wie den Judenhassern.

Schemen ist wie die caesarische Reichsangehörigkeit; aber so sehr bin ich meiner Heimath nicht entfremdet, daß nicht auch ich oft schmerzlich empfände, was ich gehabt habe und was meinen Kindern fehlen wird. Aber Kinderglück und Männerstolz sind nun einmal unvereinbar. Ein gewisses Abschleifen der Stämme an einander, die Herstellung einer deutschen Nationalität, welche keiner bestimmten Landsmannschaft entspricht, ist durch die Verhältnisse unbedingt geboten und die großen Städte, Berlin voran, deren natürliche Träger. Daß die Juden in dieser Richtung seit Generationen wirksam eingreifen, halte ich keineswegs für ein Unglück, und bin überhaupt der Ansicht, daß die Vorsehung weit besser als Herr Stöcker begriffen hat, warum dem germanischen Metall für seine Ausgestaltung einige Procent Israel beizusetzen waren.

Dies sind Ansichten über historische Vorgänge, die Andern zum Theil anders erscheinen werden; wenn der Fanatismus noch ein neutrales Gebiet anerkennt, sollten Meinungsverschiedenheiten über das Mehr oder Minder des Thatsächlichen nicht die Gemüther zerrütten und die Herzen entzweien. Worauf es ankommt, ist aus der Verwirrung und der Spaltung heraus zu sicheren Grundsätzen des praktischen Handelns zu kommen; und ich will aussprechen, was mir in dieser Hinsicht als Pflicht der Deutschen erscheint. Die Regierung kann hier wenig thun, auch wenn sie es will; es liegt jedem Einzelnen ob zu beweisen, daß wir ein freies Volk sind, fähig, sich selbst und seine Stimmungen zu beherrschen und begangene Fehler zu verbessern.

Die gute Sitte und noch eine höhere Pflicht gebieten, die Besonderheiten der einzelnen Nationen und Stämme mit Maß und Schonung zu discutiren. Je namhafter ein Schriftsteller ist, desto mehr ist er verpflichtet, in dieser Hinsicht diejenigen Schranken einzuhalten, welche der internationale und der nationale Friede erfordert. Eine Charakteristik der Engländer und der Italiener von einem Deutschen, der Pommern und der Rheinländer von einem Schwaben ist ein gefährliches Unternehmen: bei aller Wahrhaftigkeit und allem Wohlwollen hört der Besprochene doch von allem nur den Tadel. Das unvermeidliche und unvermeidlich ungerechte Generalisiren wirkt verstimmend und erbitternd, während es selbstverständlich eine Lächerlichkeit sein würde von solchen Schilderungen eine Besserung der bezeichneten Schäden zu erwarten. Darin vor allem liegt das arge Unrecht und der unermeßliche Schaden, den Herr v. Treitschke mit seinen Judenartikeln angerichtet hat. Jene Worte von den hosenverkaufenden Jünglingen und den Männern aus den Kreisen der höchsten Bildung, aus deren Munde der Ruf ertönt »die Juden sind unser Unglück« – ja es ist eingetroffen, was Herr v. Treitschke voraussah, daß diese »versöhnenden Worte« mißverstanden worden sind. Gewiß waren sie sehr wohlgemeint; gewiß liegt den einzelnen Klagen, die dort erhoben werden, vielfach Wahres zu Grunde; gewiß sind härtere Anklagen gegen die Juden tausendmal ungehört verhallt. Aber wenn die Empfindung der Verschiedenheit dieses Theils der deutschen Bürgerschaft von der großen Majorität bis dahin niedergehalten worden war durch das starke Pflichtgefühl des bessern Theils der Nation, welche es nicht bloß wußte, daß gleiche Pflicht auch gleiches Recht fordert, sondern auch davon die thatsächlichen Consequenzen zog, so sah sich diese Empfindung nun durch Herrn v. Treitschke proclamirt als die »natürliche Reaction des germanischen Volksgefühls gegen ein fremdes Element«, als »der Ausbruch eines tiefen lang verhaltenen Zornes.« Das sprach Herr v. Treitschke aus, der Mann, dem unter allen ihren Schriftstellern die deutsche Nation in ihren letzten großen Krisen den meisten Dank schuldet, dessen Feder eines der besten Schwerter war und ist in dem gewendeten, aber nicht beendeten Kampfe gegen den alten Erbfeind der Nation, den Particularismus. Was *er* sagte, war damit anständig gemacht. Daher die Bombenwirkung jener Artikel, die wir alle mit Augen gesehen

haben. Der Kappzaum der Scham war dieser »tiefen und starken Bewegung« abgenommen; und jetzt schlagen die Wogen und spritzt der Schaum.
Ohne Zweifel hat Herr v. Treitschke diese Wogen und diesen Schaum nicht gewollt, und es fällt mir nicht ein, ihn für die einzelnen Folgen seines Auftretens verantwortlich zu machen. Aber die Frage ist doch unerläßlich: was hat er gewollt? Jene »tiefe und starke Bewegung« hatte doch wohl irgend einen Zweck? Herr v. Treitschke ist ein redegewaltiger Mann; aber er selbst hat doch wohl kaum geglaubt, daß auf seine Allocution hin die Juden nun, wie er es ausdrückt, sämmtlich deutsch werden würden. Und wenn nicht, was dann? ein kleines klares Wort darüber wäre nützlicher gewesen als all die ziellosen großen. Nur so viel ist klar: jeder Jude deutscher Nationalität hat den Artikel in dem Sinne aufgefaßt und auffassen müssen, daß er sie als Mitbürger zweiter Klasse betrachtet, gleichsam als eine allenfalls besserungsfähige Strafcompagnie. Das heißt den Bürgerkrieg predigen. Der Ausnahme einzelner Personen und der persönlichen Bekannten, die nach Herrn v. Treitschkes Vorgang jetzt bei den Antisemiten landläufig geworden ist, hätten er und seine Nachfolger besser sich enthalten. Wenn ein Italiener ein Pasquill auf die deutsche Nation schriebe und Herrn v. Treitschke persönlich ausnähme, würde ihm nicht für die doppelte Beleidigung eine doppelte Abfertigung zu Theil werden? Mit vollem Recht haben diejenigen Juden, denen er nicht den Rücken dreht, ihn ihm gewiesen. Sicherlich hat er nur einen platonischen Bürgerkrieg im Sinne gehabt; aber dieser hat, wie billig, geendigt, wie die platonische Liebe zu endigen pflegt. Die schlechten Juden bleiben, was sie waren; die guten wenden von den Christen sich ab; und von den Christen selbst stürzt der Pöbel aller Klassen sich begierig auf das wehrlose Wild und die Besseren selber sind zum Theil im Innern unsicher und schwankend. Herr v. Treitschke hat mit gutem Recht einen politischen und moralischen Einfluß

auf seine Nation wie heute kein zweiter Publicist; er wird, wie es üblich ist, für seine hohe Stellung bestraft durch die Wirkung seiner Fehler.
Diese Hetze des Tages, wie sie in den Judenspiegeln und wie sie weiter heißen jetzt ihren Lauf hat, kann das Publikum nicht bannen, aber ächten. Dies wird hoffentlich nicht ausbleiben, und die entwichene Toleranz zurückkehren, – nicht diejenige, die sich von selbst versteht, gegen die Synagoge, sondern die wesentlichere Toleranz gegen die jüdische von ihren Trägern nicht verschuldete, ihnen als Schicksal auf die Welt mitgegebene Eigenartigkeit. Was über die Sonderstellung des deutschen Judenthums im Guten wie im Bösen zu sagen ist – der Geschichtschreiber wie der Litterarhistoriker unserer Zeit kann den Gegensatz nicht unerörtert lassen – dafür werden die Schriftsteller, welche in Betracht kommen, sehr wohl eine Form zu finden wissen, die der verständige Jude hinnehmen kann. Auch das Niederhalten des schlimmen Treibens gewisser jüdischer Elemente verträgt sich vollständig mit der Schonung und der Rücksicht, auf welche der unbescholtene jüdische Mitbürger genau so viel Anrecht hat wie der christliche. Der jüdische Wucher ist keine Fabel; und hoffentlich wird das neue Wuchergesetz ihm soweit steuern, als überhaupt den verbrecherischen oder auch nur gemeingefährlichen Handlungen von Staatswegen gesteuert werden kann. Wenn der Jude wie der Judenfreund dies lebhaft wünschen, so wird hoffentlich auch der eifrige Antisemit nichts dagegen haben, wenn bei dieser Gelegenheit es auch einem christlichen Blutsauger schlecht geht. Ferner wird es gut sein, sich zu erinnern, daß im Land Aegypten der Wucher keineswegs aufhörte, als König Pharao die Judenfrage in radicaler Weise gelöst hatte.
»Von einer Zurücknahme oder auch nur einer Schmälerung der vollzogenen Emancipation kann unter Verständigen gar nicht die Rede sein«, sagt Herr v. Treitschke; »sie wäre ein offenbares Unrecht«. Schlimm genug, daß man dergleichen

schon sagen muß! Aber was die sog. Antisemitenpetition der Herren Zöllner und Genossen erbittet, ist schlimmer, als ein offenbares Unrecht; es ist ein heimliches und tückisch verdecktes. Die Juden sollen, wenn Fürst Bismarck nach Herrn Zöllners unmaßgeblicher Ansicht die Nation reformirt, von allen obrigkeitlichen (autoritativen) Stellungen ausgeschlossen werden und ihre Verwendung im Justizdienst, namentlich als Einzelrichter, eine »angemessene Beschränkung« erfahren; und das Begleitschreiben macht den Fürsten darauf aufmerksam, daß die Staatsregierung im Stande sei, diese Bitte lediglich auf dem Wege der Verwaltung ohne jede Zuziehung der gesetzgebenden Factoren zu gewähren. Also hiernach steht es den Juden auch ferner frei, die Rechte zu studiren und die Prüfungen zu absolviren, nur angestellt können sie nicht werden. Eine Rechtsschmälerung ist es freilich nicht, wenn das Recht bleibt wie es ist – nur daß davon kein Gebrauch gemacht werden kann; ein guter Beitrag zu der römischen Lehre vom nudum jus und zu der culturhistorisch interessanten Untersuchung über die Gewissensweite der neu-germanischen Orthodoxen. Sind die preußischen Universitäten, die den Namen unserer Könige tragen, gegründet als Schlingen zum Heranlocken an Stellungen, in die der Einlaß versagt wird? Ich kann es verstehen, daß ein richtiger verbissener Antisemit die gute alte Zeit zurückwünscht, in welcher der Jude nur durch das Taufbecken fähig wurde sich zur Uebernahme einer obrigkeitlichen Stellung vorzubereiten. Aber die Forderung dieser Petenten bestätigt leider den alten Satz, daß der Fanatismus ein Krebsschaden ist, welcher schließlich auch das Gefühl der Ehre und der Ehrenhaftigkeit angreift.

Die Petition kommt zur rechten Zeit. Sie öffnet jedem die Augen, wie weit wir schon sind, und wohin wir kommen müssen und kommen werden, wenn diese Fluth weiter braust. Sie ist an unserer Universität in diesen Tagen zur Unterzeichnung herumgeboten worden mit einer salvatorischen Clausel in Bezug auf »die bürgerliche Stellung und den

Standpunkt« der Studenten, welche den Inhalt der Petition nicht berührt. In Bezug auf dieselbe heißt es in einem mir gedruckt, aber nicht unterzeichnet, vorliegenden Begleitbrief an die Commilitonen:

»Gegen alle Schwierigkeiten, Einwendungen und Bedenklichkeiten, die uns von irgend einer Seite erhoben werden könnten, sichert uns der unsre Stellung so bescheiden abgrenzende Zusatz. So wenigstens meint einer unsrer Herren Professoren in Berlin, der in seiner Eigenschaft als akademischer Lehrer, Staatsmann und Volksvertreter sicher in dieser Frage Autorität besitzt wie kein Zweiter. Ihn hatten wir Studenten, die wir in Berlin während der Ferien zuerst an die Angelegenheit heran traten, um Rath gefragt, sowohl über die Opportunität einer derartigen Klausel im Speciellen, wie unseres Vorgehens im Allgemeinen, und der überaus freundliche und detaillirte Bescheid, der uns von dieser Seite wurde, schloß mit den Worten: ›Ich sehe nicht nur keinen Grund Ihnen abzurathen, sondern ich wünsche Ihnen vielmehr alles Glück dazu.‹«

Es ist mir nicht wahrscheinlich, daß Herr v. Treitschke seinen Namen denen des Herrn Zöllner und seiner Genossen beigesellt hat, und noch weniger kann ich es für möglich halten, daß er der hier bezeichnete Berather ist. Aber er wird als solcher genannt, und eine Erklärung, daß er diesen Rath so nicht gegeben hat, erscheint mir dringend geboten, eben weil wir stolz darauf sind einen solchen Lehrer und einen solchen Mann den unsern zu nennen. Ueber den Vorgang selbst, so weit er die Universität betrifft, finde ich keine Veranlassung in diesem Zusammenhang mich zu äußern, zumal da dies eine Frage ist, bei der noch ganz andere Momente als pro- und antisemitische Stimmungen in Betracht kommen.

Schließlich ein Wort über die Stellung der Juden selbst zu dieser leidigen Bewegung. Selbstverständlich ist unsere Nation durch Recht und Ehre verpflichtet sie in ihrer Rechtsgleichheit zu schützen, sowohl vor offenem Rechtsbruch wie vor administrativer Prellerei; und diese unsere Pflicht, die wir vor allem uns selbst schulden, hängt keineswegs ab von dem Wohlverhalten der Juden. Aber wovor nicht wir sie schützen können, das ist das Gefühl der Fremdheit und Ungleichheit, mit welchem auch heute noch der christliche Deutsche dem jüdischen vielfach gegenüber steht und das, wie der gegenwärtige Augenblick einmal wieder zeigt, allerdings eine Gefahr in sich trägt für sie wie für uns – der Bürgerkrieg einer Majorität gegen eine Minorität, auch nur als Möglichkeit, ist eine nationale Calamität. Die Schuld davon liegt allerdings zum Theil bei den Juden. Was das Wort »Christenheit« einstmals bedeutete, bedeutet es heute nicht mehr voll; aber es ist immer noch das einzige Wort, welches den Charakter der heutigen internationalen Civilisation zusammenfaßt und in dem Millionen und Millionen sich empfinden als Zusammenstehende auf dem völkerreichen Erdball. Außerhalb dieser Schranken zu bleiben und innerhalb der Nation zu stehen ist möglich, aber schwer und gefahrvoll. Wem sein Gewissen, sei es positiv oder negativ, es verbietet dem Judenthum abzusagen und sich zum Christenthum zu bekennen, der wird dem entsprechend handeln und die Folgen auf sich nehmen; Betrachtungen dieser Art gehören in das Kämmerlein, nicht in die öffentliche Discussion. Aber es ist eine notorische Thatsache, daß eine große Anzahl von Juden nicht durch Gewissensbedenken vom Uebertritt abgehalten wird, sondern lediglich durch ganz andere Gefühle, die ich begreifen, aber nicht billigen kann. – Auch die zahlreichen specifisch jüdischen Vereine, wie sie zum Beispiel hier in Berlin bestehen, erscheinen mir, so weit nicht eben die jeder Discussion sich entziehende Glaubensfrage auch hier eingreift, entschieden vom Uebel. Ich würde keinem Wohlthätigkeitsverein beitreten, dessen Statuten ihn verpflichteten nur Holsteinern Hülfe zu gewähren; und bei aller Achtung vor dem Streben und dem Leisten dieser Vereine kann ich in ihrer Sonderexistenz nur eine Nachwirkung der Schutzjudenzeit erkennen.

Wenn diese Nachwirkungen auf der einen Seite hin verschwinden sollen, so müssen sie es nach der andern auch; und auf beiden Seiten ist noch viel zu thun. Der Eintritt in eine große Nation kostet seinen Preis; die Hannoveraner und die Hessen und wir Schleswig-Holsteiner sind daran ihn zu bezahlen, und wir fühlen es wohl, daß wir damit von unserem Eigensten ein Stück hingeben. Aber wir geben es dem gemeinsamen Vaterland. Auch die Juden führt kein Moses wieder in das gelobte Land; mögen sie Hosen verkaufen oder Bücher schreiben, es ist ihre Pflicht, so weit sie es können ohne gegen ihr Gewissen zu handeln, auch ihrerseits die Sonderart nach bestem Vermögen von sich zu thun und alle Schranken zwischen sich und den übrigen deutschen Mitbürgern mit entschlossener Hand niederzuwerfen.

Heinrich von Treitschke,
Zur inneren Lage am Jahresschlusse

Neben solchen großen Problemen deutscher Zukunftspolitik erscheint der neu auflodernde Judenstreit nur als das traurige Vermächtniß einer langen Epoche erschlafften Nationalstolzes und unsicherer religiöser Empfindung. Es ist unsere Schuld, daß das Judenthum in Deutschland sein Stammesbewußtsein so herausfordernd zur Schau trägt wie in keinem anderen großen Staate. Was wir über den leidigen Streit zu sagen wußten ist in diesen Blättern schon vor einem Jahre ausgesprochen worden. Heute genügt es die Thatsache zu constatiren, daß die »Judenfrage« in der That vorhanden ist. Eine so leidenschaftliche Aufregung, wie sie in den jüngsten Wochen die deutsche Hauptstadt durchzitterte, kann kein Agitator künstlich hervorrufen. Die zweitägige Debatte des Abgeordnetenhauses, welche der blinde philosemitische Eifer der Fortschrittspartei veranlaßte, hat die gegenseitige Erbitterung nur gesteigert; die beiden gemäßigten Mittelparteien bewahrten dabei ein beredtes Stillschweigen, weil sie kein Oel in's Feuer gießen wollten und doch fühlten, daß viele der Anklagen gegen die anmaßende Haltung des deutschen Judenthums wohlbegründet sind. Die Regierung hat sich bisher weder mittelbar noch unmittelbar über diese Bewegung ausgesprochen; an den Irrfahrten jenes Kometen, der in den Grenzboten zuweilen von der geraden Straße des einfachen Menschenverstandes abzuschweifen liebt, ist der Reichskanzler gänzlich unschuldig, wie jeder halbwegs Kundige weiß. Der Minister des Innern begnügte sich mit der selbstverständlichen Versicherung, daß die Regierung nicht beabsichtige die bestehenden staatsbürgerlichen Rechte aufzuheben; und er that recht daran, denn die Staatsgewalt soll nur reden wenn die Zeit des Handelns gekommen ist, und noch ist nicht abzusehen, wie der Staat irgend etwas zur Ausgleichung der unverkennbar vorhandenen Mißstände thun soll. An die Zurücknahme der Emancipation denkt, wie die Landtagsverhandlung gezeigt hat, kein irgend einflußreicher Politiker. Die Beschränkung der jüdischen Einwanderung wäre nur ein wenig wirksames Palliativ. Noch unglücklicher erscheint der Vorschlag, den Gerichten, wie den Offizierscorps, das Recht der Cooptation zu verleihen, damit die Ueberzahl der jüdischen Referendare vermindert werde. Unseren Gerichten fehlt die strenge militärische Mannszucht und Verschwiegenheit; auch ist das Cooptationsrecht für Behörden, welche eine obrigkeitliche Gewalt ausüben, aus naheliegenden politischen Gründen hochbedenklich.

Es liegt allein in den Händen der bürgerlichen Gesellschaft, und namentlich der Juden selbst, die vorhandene, nicht mehr abzuleugnende Verstimmung allmählich zu beseitigen. Die Erlebnisse der jüngsten Monate berechtigen aber leider keineswegs zu der Vermuthung, daß die deutschen Juden bereit seien sich mit ihren christlichen Mitbürgern ehrlich zu versöhnen. Viele von ihnen haben jedes noch so maßvolle, mahnende Wort, das ihnen zugerufen ward, mit wüthenden

Schmähreden beantwortet; sie haben das Judenthum der ausländischen Presse gegen ihre deutschen Landsleute in's Feld gerufen; sie haben offenbaren Terrorismus geübt – denn wie anders sollen wir es nennen, wenn man versuchte, einen ehrenwerthen Breslauer Gymnasiallehrer seines Amtes zu entsetzen, lediglich weil er eine den Juden unbequeme, aber durchaus gesetzliche Petition unterschrieben hatte? Sie haben sogar in mehreren Städten, in Breslau, Halle, Eisenach sich gradezu verschworen zur Schädigung christlicher Mitbürger, die ihnen mißliebig waren. Und eben jetzt veröffentlicht ein deutscher Jude, der offenbar zu den sogenannten Gebildeten gehört, die nichtswürdige Schrift Ben Sirah Militans, ein Machwerk, das von gemeinen Lästerungen gegen die »drei Götter« des Christenthums trieft! Oder ist es in der Ordnung, wenn das Vaterland Luthers und Goethes von jüdischen Journalisten als »die Heimath Rodenbergs und Auerbachs« angeredet wird?! Sieht man denn nicht, daß man auf diesem abschüssigen Wege endlich dahin gelangen muß, die längst vollzogene Emancipation wieder in Frage zu stellen? Das stärkste Argument der Gegner der Emancipation war doch immer dieses: »die Juden sind und bleiben eine Nation für sich; gewähren wir ihnen alle staatsbürgerlichen Rechte, so werden sie einen Staat im Staate bilden«. Schreitet das Judenthum weiter auf der neuerdings betretenen Bahn, dann werden wir diesen jüdischen Staat im Staate noch erleben, und dann müßte sich unter den Christen unfehlbar der Ruf erheben: hinweg mit der Emancipation! Wer unter unseren jüdischen Mitbürgern sich schlechtweg als ein guter Deutscher fühlt, sollte heute allen seinen Einfluß aufbieten um seine Glaubensgenossen vor einer gefährlichen Ueberhebung und Absonderung zu warnen. Sonst kann unser Boden vielleicht noch rohe Ausbrüche unheimlichen Hasses sehen, die den Deutschen, den Christen wie den Juden, nicht zur Ehre gereichen würden. –

10. December 1880

Heinrich von Treitschke, Erwiderung an Herrn Th. Mommsen

In dem Augenblicke, da dies Heft bereits geschlossen ist, erhalte ich die Schrift von Th. Mommsen »Auch ein Wort über unser Judenthum«.

Es gereicht mir zur Freude, daß ein Mann wie Mommsen sich nicht dabei beruhigt hat, eine »Erklärung« zu unterzeichnen, deren hohle Schlagwörter an die schlimmsten Tage des Jahres 1848 erinnerten, sondern nunmehr endlich seine Ansicht mit Gründen vertheidigt. Ich erkenne auch dankbar an, daß er heute nicht mehr, wie in jener »Erklärung«, alle Schuld allein auf Seiten der Christen sucht, sondern auch für die Fehler der Juden einige Worte wohlberechtigten Tadels findet.

Gleichwohl bleibt eine starke Meinungsverschiedenheit zwischen ihm und mir bestehen. Ich fasse sie kurz in folgenden fünf Punkten zusammen.

Mommsen glaubt, das Judenthum bilde in Deutschland »ein Element der Decomposition der deutschen Stämme« und sei darum in der deutschen Hauptstadt so mächtig geworden. Ich bin der entgegengesetzten Ansicht. Blätter wie der Börsencourier, die Frankfurter Zeitung u.s.w. befördern durchaus nicht die Versöhnung zwischen den Sachsen, den Schwaben, den Franken, sondern lediglich ein heimathloses Weltbürgerthum; sie thuen was in ihren Kräften steht um unserem Volke den nationalen Stolz, die Freude am Vaterlande zu zerstören. Diese Elemente des Judenthums sind allem deutschen Wesen feindlich.

Mommsen geht mit einigen gleichgiltigen Worten über den religiösen Gegensatz hinweg. Ich stehe anders als er zu dem positiven Christenthum. Ich glaube, daß unser tief religiöses Volk durch die reifende Cultur zu einem reineren und kräftigeren kirchlichen Leben zurückgeführt werden wird, und kann daher die Schmähungen der jüdischen Presse gegen das

Christenthum nicht mit Stillschweigen übergehen, sondern ich betrachte sie als Angriffe auf die Grundlagen unserer Gesittung, als Störungen des Landfriedens.

Mommsen tadelt den unedlen Kampf der Mehrheit gegen die schwache Minderheit. Ich meine, daß dieser Tadel einer Begriffsverwirrung entspringt. Die schwache Minderheit beherrscht mittelbar oder unmittelbar weitaus die meisten Organe der öffentlichen Meinung. Wer heute in der Presse die Ueberhebung des Judenthums bekämpft, der mißbraucht nicht die Macht des Stärkeren, sondern er steht Einer gegen Hundert.

Ich habe anerkannt, daß viele unserer jüdischen Mitbürger längst zu guten Deutschen geworden sind, und nur bedauert, daß andere sich unserem nationalen Leben grundsätzlich fern halten. Mommsen erwidert mir: »die Juden sind Deutsche so gut wie er und ich«; nachher führt er jedoch sehr nachdrücklich aus, daß ein Theil dieser »Deutschen« sich in einem national-jüdischen Sonderleben wohl gefalle. Er sagt also mit anderen Worten genau dasselbe wie ich. Ich glaube aber, meine Ausdrucksweise war die correctere.

Mommsen findet endlich mein Auftreten in der Judenfrage inopportun; und hierin liegt, wie mir scheint, der Kern seiner Ausführungen. Ich frage dawider: ist es patriotischer, einen vorhandenen, von aller Welt empfundenen socialen Uebelstand in der Stille fortwuchern zu lassen, oder ihn nach der Weise freier Völker offen zur Sprache zu bringen? Ich habe das Letztere für richtiger gehalten. Meine ausgesprochene Absicht war, die gut deutschgesinnten Juden daran zu erinnern, daß die Haltung eines Theiles ihrer Glaubensgenossen den Anforderungen nicht entspricht, welche jede große Nation an ihre Bürger stellen muß. –

Dieser sachlichen Erörterung muß ich, ungern genug, zwei persönliche Bemerkungen folgen lassen.

Herr Mommsen wirft mir vor, daß ich meine Behauptungen über die jüdische Einwanderung nicht zurückgenommen habe.

Ich erwidere einfach, daß ich das von ihm empfohlene Neumann'sche Buch nicht kenne. Da er die Schrift empfiehlt, so werde ich sie lesen; und sollte ich ihre Beweisführung stichhaltig finden, so werden diese Jahrbücher nicht anstehen, eine Behauptung, die mit dem Kerne der Streitfrage wenig zu thun hat, zu berichtigen.

Herr Mommsen fordert ferner meine Erklärung über einen Satz eines vertraulichen akademischen Circularschreibens, der möglicherweise so gedeutet werden kann, als ob ich der moralische Urheber der Antisemiten-Petition der Leipziger Studenten wäre. Der Sachverhalt ist für meine Collegen durchaus kein Geheimniß. Hätte Herr Mommsen mich selbst oder unseren Rector oder viele andere Collegen einer vertraulichen Frage gewürdigt, so würde er wissen, daß ich die von ihm gewünschte Erklärung schon längst gehörigen Orts abgegeben habe; er würde ferner wissen, daß der mit meinem Namen getriebene Mißbrauch schon längst zurückgenommen worden ist. Da er jedoch eine öffentliche Anfrage für collegialisch hält, so stehe hier meine Antwort.

Elf Monate lang hatte ich mit Studenten niemals über die Judenfrage gesprochen; ich wußte auch gar nicht, daß sich die akademische Jugend mit der Angelegenheit beschäftigte. Da empfing ich am 22. October von einem mir bisher unbekannten Leipziger Studenten, der sich damals hier aufhielt, einen Brief des Inhalts: er und seine Freunde beabsichtigten sich der Försterschen Petition anzuschließen; sie bäten mich um Rath. Als der Briefsteller bald nachher persönlich bei mir erschien, sagte ich ihm etwa Folgendes:

1. ich sei, wie er aus meinen Jahrbücher-Artikeln wissen müsse, mit der Petition nicht einverstanden und hätte daher trotz wiederholter Aufforderung mich geweigert, dieselbe zu unterzeichnen;

2. ich sei akademischer Lehrer und könne daher an keiner Kundgebung der Studirenden mich irgendwie betheiligen;

3. wenn er und seine Freunde ihre Sympathie für die Petition

äußern wollten, so könnte ich ihm selbstverständlich nicht abrathen, da ich kein Recht hätte Anderen meine Gesinnung aufzuerlegen; doch hielte ich mich verpflichtet ihn auf zwei Bedenken aufmerksam zu machen. Ein Versuch der Studenten, auf die Beschlüsse der gesetzgebenden Gewalt einzuwirken, sei m. E. ganz ungehörig; sie müßten also ihrer Kundgebung mindestens eine andere angemessenere Form geben; sie müßten ferner darauf halten, daß der akademische Friede ungestört bliebe.

Nach dieser Unterredung hörte ich wochenlang nichts mehr von der Sache, bis ich plötzlich zu meinem äußersten Erstaunen, in Folge einer Zeitungsnotiz jenen Satz des Leipziger Studenten-Circulars kennen lernte. Ich schrieb sogleich an jenen Studenten, erinnerte ihn an den wirklichen Inhalt unseres Gesprächs und verlangte, daß jene Stelle sofort gestrichen würde. Er antwortete mir sehr reumüthig, bat mich um Verzeihung, betheuerte, er habe sich während der Unterredung in großer Aufregung befunden und mich daher gänzlich mißverstanden; er versprach sodann jene Stelle sogleich streichen zu lassen, was in der That geschehen ist.

Nachher habe ich einem Mitgliede unseres Academischen Senats den Hergang brieflich dargestellt, mit der Bitte um weitere Mittheilung an den Rector und die Senatoren. Das Ende war, daß der Herr Rector mir unaufgefordert erklärte: er sei jetzt vollkommen zufriedengestellt und die ganze Angelegenheit abgethan.

Zu einer öffentlichen Berichtigung konnte ich mich nicht entschließen. Alle meine Freunde stimmten mit mir darin überein, daß es mir nicht gezieme, auf Zeitungsredereien dieses Schlages zu antworten. Wenn aber der kleine Klatsch unter der glänzenden Flagge Theodor Mommsens dahinsegelt, dann freilich muß ich reden.

Aus Herrn v. Treitschkes Erwiederung auf meine Schrift im neuesten Heft der Preußischen Jahrbücher ersehe ich, daß die ihm in dem gedruckten Brief der antisemitischen Studenten beigelegte Mittheilung auf Mißverständniß und Mißbrauch seines Namens beruht, wie ich das in dieser Schrift bereits vorausgesetzt hatte. Auf diese Bestätigung kam es mir an; die Form, in der sie abgegeben worden ist, kann mir gleichgültig sein.

Jener Brief ist mir aus studentischen Kreisen zugekommen und ich habe zu erkennen Gelegenheit gehabt, welchen Schaden er gestiftet hat und stiften mußte. Ich habe, als ich von ihm Kenntniß erhielt, sofort, eben durch die von Herrn v. Treitschke gewünschte Vermittelung, ihm von der Existenz sowie von den Wirkungen dieser Erklärung Nachricht zukommen lassen. Als ich einige Zeit darauf nach seiner Antwort fragte, wurde mir erwiedert, daß diese noch ausstehe. Daß sie seitdem erfolgt ist, versichert Herr v. Treitschke*; mir war dies nicht bekannt und hatte ich keine Veranlassung mich darnach weiter umzuhören. Denn was mir, und nicht mir allein, schlechterdings nothwendig erschien und weßhalb ich jene Schritte gethan hatte: die öffentliche und ausdrückliche Berichtigung dieser Angabe durch Herrn v. Treitschke, die ich mit voller Sicherheit erwartete, blieb aus. Da ich diese auf dem collegialischen Wege nicht erreichte, habe ich sie direct provocirt, und ich freue mich sie erreicht zu haben. Daß Herr v. Treitschke die Zöllnersche Petition selbst nicht unterzeichnen konnte, war für jeden klar; nicht so klar, daß er es auch mißbilligte, wenn Andere sie unterschrieben, und diese Mißbilligung war in hohem Grade wünschenswerth. Die pro- wie antisemitischen Agitationen, die Demonstratio-

* Es hat sich seitdem herausgestellt, daß diese Anfrage später, als wir es erwarten durften, an Herrn v. Treitschke gelangt ist und er seinerseits sie sofort beantwortet hat. — 23. 12. 80.

nen gegen einzelne akademische Lehrer und die andern dargebrachten Ovationen dieser Art sollen und müssen ein Ende haben; die bösartige Bewegung hat Unheil genug an unserer Universität angerichtet und die jetzt vorliegende Erklärung wird dafür wesentlich ins Gewicht fallen. Daß sie Herrn v. Treitschke abgezwungen werden mußte, nimmt ihrem Werthe gewiß nichts.

Ueber die Sache selbst finde ich mich nicht veranlaßt etwas hinzuzufügen. Neu ist in seiner Erwiederung nur der Vorwurf, daß ich nicht collegialisch verfahren bin; oder auch nicht neu. Denn dieser mächtige und erfahrene Publicist von Profession, der eine politische Monatsschrift herausgiebt und verschiedene andere Preßstimmen beherrscht, hat ja schon einmal, als die Erklärung der Siebzig ihm deutlich gemacht worden war, sich unter den Schutz der Lehrfreiheit geflüchtet. Jetzt ruft er den Schirm der Collegialität an. Also das steckt hinter all den tönenden Worten?

Ich bin stolz darauf Professor zu sein an der Universität Berlin, stolz auf die Anstalt, stolz auf meine Collegen, und ich war es bisher insbesondere auch auf diesen. Aber wenn ein Theil meiner Mitbürger von einem Berliner Universitätslehrer, der zugleich noch manches andere thut als dociren, gemißhandelt wird, dann stecke ich den Professor in die Tasche, und ich rathe Herrn v. Treitschke das Gleiche zu thun.

Berlin, den 15. 12. 1880

Heinrich von Treitschke,
Die jüdische Einwanderung in Deutschland

Das Vorhandensein einer regelmäßigen jüdischen Einwanderung von Osten her wurde bis vor Kurzem fast allgemein als unzweifelhaft betrachtet. Nicht blos J. G. Hoffmann theilte diese Ansicht. Auch der amtliche »Rückblick auf die

Bewegung der Bevölkerung im preußischen Staate von 1816 bis 1874« sagt noch: »Die jüdische Bevölkerung im preußischen Staate vermehrt sich großentheils durch Einwanderung, und zwar aus dem russischen Reiche und der österreichisch-ungarischen Monarchie.« Selbst in jüdischen Kreisen wurde die Thatsache kaum bestritten. Der streng-jüdische Verfasser des Sendschreibens »Das Judenthum und seine Aufgaben im neuen Deutschen Reich« (Leipzig 1871) forderte (S. 20) »Beseitigung des jüdischen Proletariats auf der ganze Erde, insbesondere aber in den mit ihrem Schnorrerthum jetzt Deutschland überschwemmenden osteuropäischen Ländern der Halbcultur«. Neuerdings hat eine Schrift von Dr. S. Neumann, unter dem zuversichtlichen Titel »die Fabel von der jüdischen Masseneinwanderung« (Berlin 1880), diese Ansicht zu widerlegen versucht. Der Verfasser giebt zu, daß in Preußens alten Landestheilen im Jahre 1871 unter je 100,000 Einwohnern etwa hundert Juden mehr wohnten als im Jahre 1822; er weist sodann nach, daß diese starke Vermehrung noch zurückbleibt hinter dem Ueberschusse der jüdischen Geburten, und schließt daraus, daß der jüdischen Einwanderung in Preußen eine noch stärkere jüdische Auswanderung gegenüberstehen müsse. Nach seinen Tabellen sind in den Jahren 1843–71 aus Preußen 36,702 Juden mehr ausgewandert als eingewandert; der Ueberschuß der Auswanderung betrug also im Jahre etwa 1265 Köpfe. Bis hierhin ist dem Verfasser sein Beweis gelungen. Wie groß war aber die absolute Zahl der jüdischen Ein- und Auswanderer? Auf diese Frage weiß Herr Neumann nur durch Vermuthungen zu antworten, da die amtliche Statistik das Glaubensbekenntnis der Ein- und Auswanderer nicht mehr angiebt. Und doch kommt auf diese Frage schlechthin Alles an; denn die socialen Wirkungen einer starken fremdländischen Einwanderung werden durch das Wiederabströmen der Zugezogenen nicht aufgehoben; es liegt vielmehr auf flacher Hand, daß diejenigen Elemente des Judenthums, welche Deutschland nach Verlauf einiger Jahre wieder verlassen, am wenigsten geneigt sein werden sich zu germanisiren. – Meines Wissens hat bisher nur eine deutsche Stadt, Leipzig, diese verwickelten socialen Verhältnisse einer genauen statistischen Beobachtung gewürdigt: und hier ergeben sich Zahlen, welche keineswegs geeignet sind, die Annahme einer regelmäßigen jüdischen Einwanderung aus Osteuropa als eine »Fabel« erscheinen zu lassen. Im Jahre 1875 lebten in Leipzig 2551 Juden. Von diesen waren nur 527 = 20,5 % in Leipzig geboren (außerdem noch 27 in anderen Theilen des Kgr. Sachsen); dagegen 160 in Schlesien, 201 in Posen, endlich 704 in Rußland, Oesterreich-Ungarn und anderen Ländern Osteuropas (241 in Galizien, 237 in Rußland u.s.f.). Also mehr als ein Viertel (an 28 %) der jüdischen Bevölkerung Leipzigs ist aus Osteuropa eingewandert. Und der weitaus größte Theil dieser Einwanderer muß erst während der jüngsten Jahre zugezogen sein; denn die Leipziger jüdische Gemeinde zählte im Jahre 1847 erst 33 selbständige Mitglieder, im Jahre 1877 aber 310. (Mittheilungen des statistischen Bureaus der Stadt Leipzig XI, 40. Hasse, die Stadt Leipzig 1878, S. 149.) Die Dinge liegen durchaus nicht so einfach wie Herr Neumann und seine liberalen Bewunderer glauben. Wir bedürfen noch umfassender statistischer Erhebungen, bevor die Angelegenheit spruchreif werden kann.

Januar 1881

Nachwort

Der Judenhaß ist einer der pontinischen Sümpfe, welche das schöne Frühlingsland unsrer Freiheit verpesten.

Ludwig Börne (1821)

Am 16. September 1879 brach Heinrich von Treitschke zu einer sechswöchigen Reise nach Italien auf, die ihn bis nach Pästum führte. Drei Tage später hielt der Hofprediger Adolf Stöcker in Berlin seine erste Judenrede – »Unsere Forderungen an das moderne Judenthum« –, die der Propaganda für die christlich-soziale Arbeiterpartei dienen sollte. Man weiß gut, daß Stöcker an Antisemitismus zunächst nicht gedacht hatte, daß seine Absicht vielmehr war, die durch Bismarcks Sozialistengesetz politisch entmachteten Arbeiter ins christliche, ins nationale Lager zu locken. Erst als sich zeigte, daß ihm da so gut wie jeder Erfolg versagt blieb, erst als andere gezeigt hatten, daß zwar nicht die Arbeiter, wohl aber das Kleinbürgertum mit antisemitischer Demagogik zu gewinnen war, bediente auch er sich dieses Vehikels – und hatte von da an einen gewissen Erfolg, wenngleich sich freilich schon bei ihm wie bei allen Späteren zeigte, daß Sozialismus und Antisemitismus sich nicht reimen.

Stöckers öffentliches Auftreten zeigt einen Klimawandel an. Bis dahin hatte der politische Antisemitismus, von dessen Entstehen und Ausbreitung die Rede noch wird sein müssen, in den Händen mehr oder minder obskurer Journalisten gelegen, ob diese nun Wilhelm Marr, Otto Glagau, Joachim Gehlsen oder wie immer hießen. Stöcker dagegen schaffte ihm Einlaß in die Wahlversammlungen, er deckte ihn mit der Achtung, die einem Hofprediger durchaus entgegengebracht wurde, er machte ihn hoffähig. Aber hoffähig, das war auch 1879 nicht genug. Sollte das Bildungsbürgertum für ihn gewonnen werden, dann konnte das nicht im Namen der Religion oder eines auch noch so verwaschenen Pseudo-Sozialismus geschehen; dann mußte der Antisemitismus nicht von der Kanzel, sondern vom Katheder verkündet werden. Diesen historischen Part hat Heinrich von Treitschke übernommen.

Gewiß, Stöcker hat seinen Antisemitismus als Wahlredner formuliert und Treitschke den seinen als Publizist in den »Preußischen Jahrbüchern«, und ihre Augenblickswirkung verdankten beide dem, was man damals für politische Beredsamkeit hielt, aber in der Vorstellung der Menge blieb der eine so gut Prediger wie der andere Professor. Sie sind einander näher gewesen, als dem Berliner Ordinarius lieb sein konnte, näher auch als seinen heutigen Verteidigern lieb ist, und zwar in einem Punkte, der ihren Antisemitismus von dem der Nationalsozialisten zu unterscheiden scheint. Im Gegensatz zu Wilhelm Marr kennen sie beide einen Unterschied zwischen guten Juden und schlechten, zwischen deutschen und nichtdeutschen. In ihren Prämissen kennen sie Ausnahmen, in ihren Schlüssen verallgemeinern sie. Gerade das war es, wessen das Bürgertum bedurfte, offensichtlich nur das konnte dem nicht-totalitären Bürgertum den Antisemitismus annehmbar machen. Beide, Stöcker und Treitschke, haben einen Antisemitismus großgemacht, der jederzeit unter dem Deckmantel des Scheins behaupten konnte – und behauptet hat – gar nicht antisemitisch zu sein. Sie lieferten das Alibi gleich mit.

»Die Judenfrage, sagte Stöcker, ist schon lange eine brennende Frage; seit einigen Monaten steht sie bei uns in hellen Flammen.« »Unterdessen, schrieb wenig später Treitschke, arbeitet in den Tiefen unseres Volkslebens eine wunderbare, mächtige Erregung. Es ist als ob die Nation sich auf sich selbst besänne... Vor wenigen Monaten herrschte in Deutschland noch das berufene ›umgekehrte Hep Hep Geschrei‹. ... Heute sind wir bereits so weit, daß die Mehrheit der Breslauer Wähler ... sich verschwor unter keinen

Umständen einen Juden in den Landtag zu wählen... es ist keine leere Redensart, wenn man heute von einer deutschen Judenfrage spricht.«

Er distanzierte sich wohl von Schmutz und Roheit, aber auch Stöcker sorgte sich, daß aus Gegnerschaft kein Haß würde. Was mehr wußte der Hofprediger vorzubringen? Die jüdisch-liberalen Blätter hätten den Mut nicht, auf die Klagen und Anklagen ihrer Angreifer zu antworten und suchten die Judenfrage totzuschweigen. Das moderne Judentum erscheine ihm als große Gefahr für das deutsche Volksleben. In der Judenpresse atme ein Haß gegen das Christliche, der den tiefsten Abscheu verdiene. Die Juden seien und blieben ein Volk im Volke, ein Staat im Staate, in ihrem Besitz seien die Geldadern, Bank und Handel, in ihren Händen die Presse, und sie drängten sich unverhältnismäßig zu den höheren Bildungsanstalten. Er stellte drei Forderungen auf: 1. »ein klein wenig bescheidener«, 2. »ein klein wenig toleranter«, 3. »Bitte, etwas mehr Gleichheit«. Er sagte auch, daß das deutsche Volk wieder ein christliches Volk werden müsse (in seiner zweiten Rede: »Nothwehr gegen das moderne Judenthum«) und verlangte »Wiedereinführung der confessionellen Statistik, damit das Mißverhältniß zwischen jüdischem Vermögen und christlicher Arbeit festgestellt werden kann; Einschränkung der Anstellung jüdischer Richter auf die Verhältnißzahl der Bevölkerung; Entfernung der jüdischen Lehrer aus unseren Volksschulen, zu dem Allen Kräftigung des christlich-germanischen Geistes«. Alle diese Behauptungen und Forderungen werden sich im Lauf der Diskussion wiederholen. Daß sie von Stöcker nicht erfunden sind, braucht man kaum zu betonen. Aber man sollte hervorheben, daß der Antisemitismus sich militant gibt, aus Angst, daß er offensiv ist und defensiv zu sein vorgibt, daß dem Verlauf dieses »Bürgerkrieges« dieselbe Mechanik zugrunde liegt wie den drei Kriegen zwischen 1870 und 1945.

Während Adolf Stöcker in Berlin seine Reden hielt, reiste

Treitschke in Italien und schrieb seinem »liebsten Weib«, was er erlebte. Die »tiefe Nothwendigkeit des Christenthums« wurde ihm dort vor Augen geführt, und in Rom, »unter dem echten Lateinerblute« wurde er, zu seiner Beruhigung offensichtlich, stets für einen Deutschen gehalten und nicht länger für einen Italiener: »Der entscheidende Unterschied liegt in den Augen ... und in den Hüften; die bleiben das Vorrecht der germanischen Völker, Slaven und Romanen haben keine.« Am 27. Oktober trat er seine Rückreise an und begann pünktlich am 30. Oktober seine Kollegs. Gleichzeitig schrieb er für die »Preußischen Jahrbücher« einen außenpolitischen Artikel, »Unsere Aussichten«, über den er seinem Verleger andeutete: »Einige Aenderungen werden wohl nötig werden, denn in dieser heillosen Judensache muß man jedes Wort wägen. Ich will nicht reizen, sondern versöhnen ... Und doch muß man den Kerlen auch sagen, daß nicht wir, sondern sie selber an der jetzt losbrechenden furia tedesca schuld sind.«

Der Artikel erschien im Novemberheft und hatte Folgen, die Treitschke aufs äußerste überraschten. Er mag gedacht haben, daß man ihn hinnehmen würde, und er muß geglaubt haben, daß Recht und Wahrheit auf seiner Seite seien. Alle seine subjektiven Äußerungen in dem nun beginnenden Streite beweisen das. Für einen Antisemiten hat er selbst sich keinesfalls gehalten, aber seine Gegner hielten ihn ebenso dafür wie seine Verteidiger. Er war ja doch nur seiner Überzeugung gefolgt, auf deren leitmotivischen Charakter im gesamten Schaffen Treitschkes Walter Bußmann* aufmerksam gemacht hat. Aber gerade »Überzeugung« mußte ihn, wo Analyse vonnöten gewesen wäre, notwendig dem Vorurteil verfallen lassen.

Von Außenpolitik ist in dem Artikel viele Seiten lang die Rede. Die Aussichten schienen Treitschke, der nach 1871 immer wieder mit einem neuen Kriege rechnete, ziemlich düster.

* Walter Bußmann, Treitschke. Sein Welt- und Geschichtsbild. Göttingen 1952

Seine Prognose brachte ihn auf seine Lieblingsidee, daß Deutschland in solcher Lage vor allem eine starke Regierung und »treue Eintracht zwischen der Krone und dem Volke« brauche. Die Nation habe das erkannt und in den letzten Wahlen bewiesen. Sie sei des Gezänks im Parlament überdrüssig, Fortschrittspartei und Nationalliberale hätten das spüren müssen. Damit ist die Brücke von der Gefahr von außen zu der Gefahr von innen gebaut. Die Deutschen sind dabei, sich auf sich selbst zu besinnen, die Reichsgewalt zu stärken, Bismarck also zu folgen, den Freihändlern und Befürwortern des Parlamentarismus abzusagen und auch endlich den inneren Feind zu bekämpfen, der all das nicht will, was das Volk will: den inneren Feind, das heißt Sozialisten und Juden.

Wir begegnen Stöckers Gespenstern wieder. Die Presse, sagt Treitschke, sei selten so wenig ein treues Spiegelbild der öffentlichen Meinung gewesen, sie nehme keine Notiz von dem Erwachen des Volksgewissens. Ein gefährlicher Geist der Überhebung sei in jüdischen Kreisen erwacht, die Einwirkung des Judentums auf das nationale Leben sei schädlich, das Übergewicht des Judentums in der Tagespresse unbillig, die Juden sollten tolerant werden und die Deutschen seien ein christliches Volk, aber jüdische Journalisten schmähten und lästerten das Christentum. Eigenes kommt hinzu, so vor allem die Aufforderung, die jüdischen Mitbürger müßten sich rückhaltlos entschließen, Deutsche zu werden, und der berüchtigte Satz »Die Juden sind unser Unglück«. Daß daneben noch die Rede war von der Schar strebsamer hosenverkaufender Jünglinge aus der unerschöpflichen polnischen Wiege und von Juden, die nichts seien als deutsch redende Orientalen, konnte Treitschke weder als Vermittler noch als Versöhner empfehlen. Mochte er sich auch deutlich oder undeutlich von den Weisheitssprüchen christlich-sozialer Stumpredner distanzieren, seine Sprache und sein Denken distanzierten ihn nicht. Treitschke beschränkte sich auf Behauptungen, für die er keinen einzigen Beweis erbrachte, er ließ das

Gefühl sprechen und zog sich auf völkische Phrasen zurück. Wie ernst wollte ein Historiker und Politiker genommen werden, der von der »stürmischen deutschen Welt« sprach, vom »Erwachen des Volksgewissens«, von den »Jahrtausenden germanischer Gesittung«, auf die kein »Zeitalter deutsch-jüdischer Mischcultur« folgen dürfe, vom »germanischen Wesen« und der »alten gemüthlichen Arbeitsfreudigkeit« seines Volkes, von der »natürlichen Reaction des germanischen Volksgefühls«, der schlicht postulierte »wir sind nun einmal das leidenschaftlichste aller Völker«?

Treitschke war nicht als Außenseiter in diese Diskussion hineingeschlittert, die nationale Ideologie, die sich nach der Reichsgründung entwickelte, war ganz und gar die seine, er hatte sie vorgeformt und hat sie weiterentwickelt, er hatte den Einheitsstaat gewollt, die preußische Hegemonie gefordert und ist unter den ersten gewesen, die den unitarischen Liberalismus, der dieses Deutsche Reich ermöglicht hat, es aber parlamentarisch gebändigt sehen wollte, verrieten, um sich dem antiparlamentarischen Konservatismus in die Arme zu werfen und Schritt für Schritt nur noch zu wollen, was der Zerstörer des Liberalismus und Parlamentarismus, was Bismarck wollte. Es hatte eine Zeit gegeben, da er dem Volke mehr vertraute als der Krone, aber 1866 wird seine Wendung zum Konservatismus deutlich. Damals beschloß er eine Schrift über den Liberalismus zu veröffentlichen, die später unter dem Titel »Das constitutionelle Königthum in Deutschland« erschienen ist. In ihr finden wir seine ersten wirklich dezidiert antisemitischen Äußerungen, über den »tiefen Gegensatz zwischen dem schwerfälligen und doch so wunderbar tiefen und schöpferischen germanischen Wesen und diesem beweglichen und doch so unfruchtbaren Semitenthum, das die Dummheit unter sich gar nicht aufkommen läßt«, verbunden mit antikapitalistischen und antisozialistischen Gedanken. Nur waren damals, gleich nach der Reichsgründung, die Gewichte noch ein wenig gerechter verteilt.

Es ist unschwer zu erkennen, daß in dieser »verspäteten Nation« die Tendenz immer stärker werden konnte, dem gerade erst entstandenen Einheitsstaate eine jahrtausendealte Tradition einzureden, die dann natürlich germanisch orientiert war und den Deutschen die Möglichkeit gab, sich als Germanen nicht nur zu fühlen, wozu sie wenig Grund hatten, sondern auch als Germanen sich von anderen abzugrenzen und sich ihnen überlegen zu fühlen: Romanen, Slawen, Juden etwa. Die Einheit, diese höchst prekäre, höchst labile Einheit wurde künstlich stabilisiert durch Völkerhaß und Rassenhaß. Es kam ein zweites hinzu. Der Nationalstaat der Gebildeten, der Professoren, war 1848 gescheitert. Geschaffen hat ihn dann Bismarck als einen Obrigkeitsstaat gegen den Liberalismus. Die Gebildeten waren da schon deklassiert durch die neue kapitalistische und industrielle Schicht, aber sie konnten diesen Tatbestand verdrängen, wenn sie den Obrigkeitsstaat als den ihren akzeptierten und durch kollektiven Nationalstolz kompensierten*. Genau das scheint für Treitschke zuzutreffen, in dem präzisen Sinne, in dem Hans Paul Bahrdt ideologischen Antisemitismus eine Spielart des spekulativen Nationalismus nennt.

Treitschkes Antisemitismus ist nicht ein isoliertes, erschreckendes Phänomen innerhalb einer sonst gesunden Gedankenwelt. Er ist eng verschwistert mit einer ganzen Fülle anderer Anti-Gefühle, von denen viele, allzu viele, auf den wenigen Seiten seines ersten Pamphlets zum Vorschein kommen. Es geht dort ja nicht nur gegen die Juden, sondern deutlich auch gegen den Liberalismus, gegen die Bildung, gegen den Sozialismus, gegen die Aufklärung, gegen den Unglauben, gegen die Strafrechtsreform, gegen den Materialismus, gegen die Emanzipation.

Das Erschrecken der Öffentlichkeit war groß, ein Tabu

* Hans Paul Bahrdt, Soziologische Reflexionen über die gesellschaftlichen Voraussetzungen des Antisemitismus in Deutschland. In: Entscheidungsjahr 1932. Tübingen 1965

schien verletzt, oder, mit Mommsen, »der Kappzaum der Scham war dieser ›tiefen und starken Bewegung‹ abgenommen«. Es ging nicht darum, daß auf einmal ein Antisemit mehr da war – das spielte damals schon kaum noch eine Rolle –, sondern darum, daß der Antisemitismus mit Treitschke die Berliner Universität erobert hatte, das »geistige Leibregiment des Hauses Hohenzollern, dem Palais des Königs gegenüber einquartiert«, wie Dubois-Reymond einmal gesagt hat.* Keine andere antisemitische Schrift hat darum solche publizistischen Folgen gehabt, keine andere vergleichbare zu so vielen aufgekündigten Freundschaften geführt, keine andere so viele Träger bedeutender und berühmter Namen zur Stellungnahme herausgefordert. Eines dabei ist freilich auffällig: Die Auseinandersetzung hat sich fast ausschließlich zwischen Treitschke und Juden, getauften und ungetauften, abgespielt. Für die Beschimpften ist kein Christ außer Theodor Mommsen und dem wackeren Frankfurter Gymnasialprofessor Karl Fischer (geb. 1840) eingetreten, wenn man von nahezu gleichgültigen Beiträgen im »Merkur« und den Königsberger »Reformblättern« absehen will. Dagegen waren sechs der Beteiligten Rabbiner: Caro (1844–1915) aus Erfurt, Freund aus Görlitz, Glück aus Oldenburg, Joël aus Breslau, Meyer (1853–1925) aus Berlin, Radin (1848–1909) aus Löbau, zwei waren Politiker, beide nationalliberale Abgeordnete – wie Treitschke –: Ludwig Bamberger und Heinrich Bernhard Oppenheim, einer war protestantischer Pfarrer und als getaufter Jude in der Judenmission tätig: Paulus Cassel (1821–1892), alle anderen waren Professoren: Heinrich Graetz in Breslau, Hermann Cohen in Marburg, Harry Breßlau und Moritz Lazarus in Berlin. Von den beiden Verteidigern Treitschkes ist der eine unbekannt: Wilhelm Endner, während der andere sich auch sonst einen Namen als Antisemit gemacht hat: H. Naudh.

* in seiner chauvinistischen Festrede vom 3. VIII. 1870

Von der Heftigkeit der Diskussion kann man sich einen Eindruck machen, wenn man Zeitungen und Zeitschriften des Jahres 1880 durchblättert. Die Extreme sind angedeutet durch die »Grenzboten« und »Im neuen Reich« einerseits, die »Israelitische Wochenschrift« und Ludwig Philippsons (1811–1889) »Allgemeine Zeitung des Judenthums« anderseits. Die Erregung setzte sich bis in Privatkorrespondenzen fort. Berthold Auerbachs Briefe an Jakob Auerbach kennen vom November 1879 an fast nur noch ein Thema, Treitschkes »infame Judenhetze« und was auf sie folgte. Ein später Nachklang ist Ignaz Döllingers Münchener Akademierede »Die Juden in Europa«.
Was geschah aber in Berlin selbst, an der Universität, zu deren berühmtesten Lehrern Treitschke zählte? Wie hat diese Körperschaft sich verhalten? Besser und entschlossener als je wieder eine deutsche Universität, wenn es um die Abwehr des Antisemitismus ging. Sie hat Treitschke moralisch isoliert. Ganze drei Professoren standen vorbehaltlos auf seiner Seite: der Jurist Heinrich Brunner, der Historiker Karl Wilhelm Nitzsch und, dreifach beschämend, Herman Grimm. Wir besitzen einen Brief von Nitzsch an Maurenbrecher (vom 19. Dez. 1879)*, in dem es heißt, Treitschkes »Erklärungen über die Juden haben hier, wie Sie wissen, unendlichen Lärm erregt ... Unsere jüdischen Kollegen ... fühlen sich, meiner Ansicht nach ohne jeden Grund, tief verletzt, Mommsen erklärt die Artikel für das ›Entsetzlichste‹ oder ›Scheußlichste‹ (ich weiß nicht genau), ›was je geschrieben ward‹, und der gute Droysen findet ihn, in sittlicher Entrüstung, ›höchst unpassend‹ ... Ich denke, dieser Sturm von Indignation zeigt bis zur Evidenz, wie sehr der Aufsatz ins Schwarze getrof-

* Archiv für Kulturgeschichte VIII, 1910, S. 460 f. Ein weiterer Brief, an W. Schrader, ebda X, 1912, Seite 106, wo von 12 Mitgliedern der Universität, die zu Treitschke hielten, die Rede ist. Nitzsch wäre der ›junge‹ Dilthey zuzugesellen, der am 13. Jan. 1881 an Treitschke schrieb: ›Mommsen's Broschüre hat mich tief geschmerzt.‹ Vgl. Der junge Dilthey, Stuttgart und Göttingen 1960², Seite 316 f.

fen und wie zeitgemäß er war.« Nitzsch bereitete eine Schrift zur Verteidigung Treitschkes vor, starb aber über ihrer Abfassung. Als im November 1880, im Zusammenhange mit der Zöllnerschen Antisemitenpetition, die Erklärung der 75 veröffentlicht wurde, gehörten außer dem Rektor der Universität Virchow und Gneist, aber auch Treitschkes engere Kollegen Scherer, Droysen, Wattenbach und Mommsen zu ihren Unterzeichnern. Mommsen bestätigte ausdrücklich, daß diese Erklärung sich gegen Treitschke richtete. Er hat auch sonst nicht gezögert, seine Meinung zu sagen. Das merkwürdigste Beispiel ist seine Festrede in der Akademie zur Vorfeier des Geburtstages des Kaisers vom 18. März 1880*: »Ist das Reich Kaiser Wilhelms wirklich noch das Land Friedrichs des Großen, das Land der Aufklärung und der Toleranz, das Land, in dem nach Charakter und Geist, und nicht nach Konfession und Nationalität gefragt wird? ... Der Kampf des Neides und der Mißgunst ist nach allen Seiten hin entbrannt. Wirft man uns doch die Fackel in unsere eigenen Kreise, und der Spalt klafft bereits in dem wissenschaftlichen Adel der Nation.« Das dürften ungewöhnliche Worte bei ungewöhnlicher Gelegenheit an ungewöhnlichem Ort gewesen sein.

Wir wissen mehr, wir kennen Levin Goldschmidts Brief vom 4. Mai 1881 an Treitschke**, in dem er die Gründe seines Bruchs mit dem Freund aus Heidelberger Zeiten darlegt. Wir kennen Franz Overbecks Brief an den Freund aus Leipziger Zeiten (vom 19. Dez. 1880), der ein unverstelltes, wenn auch »herzliches *dissentio*« als Antwort auf die Zusendung von Treitschkes antisemitischen Schriften erteilt***. Aber was dachten die anderen? Es ist ein Tagebuchdiktat Rankes erhalten (vom 1. Jan. 1881), der zwar in dem »Zwist« lediglich

* Theodor Mommsen, Reden und Aufsätze. Berlin 1905, S. 89 ff.

** Levin Goldschmidt, Ein Lebensbild in Briefen. Berlin 1898, S. 432 ff.

*** C. A. Bernoulli, Franz Overbeck und Friedrich Nietzsche. Eine Freundschaft. Jena 1908, Band I, Seite 364 ff.

eine legislative, durch das Emanzipationsgesetz von 1869 bedingte Frage sah, ihn aber ebenso wie den »offenen Gladiatorenkampf« »zwei der bedeutendsten Talente der Universität« bedauerte*. Doch nur einer von den Berühmten scheint noch direkt in den Streit eingegriffen zu haben, wenn auch auf seine Weise: Wilhelm Scherer. Er veröffentlichte ein Feuilleton über »Kreuzzüge und Toleranz«**, in dessen letztem Absatz er, ohne einen Namen zu nennen, das Mittelalter verläßt und auf Treitschke zu sprechen kommt: »In diesem ekelhaften Judenstreite, der in Deutschland Dimensionen angenommen hat, von denen man in Oesterreich vielleicht nichts ahnt, werden nicht nur muthwillig neue Standes- und Classenkämpfe geschürt, als ob wir an dem Jammer der Social-Demokratie nicht genug hätten; es wird von treuen patriotischen Männern im besten Glauben eine unreine Sache verfochten, welche ursprünglich von der reichsfeindlichen Presse, von Ultramontanen, Reactionären und Particularisten zur Verdächtigung der maßgeblichen Reichspolitik in Bewegung gesetzt war; es wird den schlechten Instincten der Masse geschmeichelt...«

Treitschke hat all diese Reaktionen nicht verstanden. Es ging ihm wie schon einmal zuvor, als er sich in einem Aufsatz über den »Socialismus und seine Gönner«, einer Fundgrube reaktionären Denkens, mit den Kathedersozialisten angelegt hatte. »Daß Sie sich durch meinen Ton verletzt fühlen, schrieb er an Gustav Schmoller (7. August 1874), hat mich aufrichtig verwundert... Was mich leitete, war die Sorge um die idealen Güter unserer Cultur, welche heut von einer bestialischen Pöbelbewegung bedroht werden; und

* Historische Zeitschrift, Band 151 (1935), Seite 332 ff.

** Neue Freie Presse, Wien, 20. Januar 1880. Es handelt sich dabei um einen Vorabdruck aus der Literaturgeschichte, dem eigens die auf die Gegenwart zielenden Passagen angehängt sind. Vgl. Geschichte der deutschen Litteratur, Berlin 1883, Seite 87–99. Ein zweites Mal nahm Scherer gegen Treitschkes Antisemitismus Stellung, als er die 2. Auflage der ›Zehn Jahre deutscher Kämpfe‹ besprach. Vgl. W. Scherer, Kleine Schriften, Bd. 2, Berlin 1893, Seite 287.

diese Sorge wird nahezu von der gesammten geistigen Aristokratie Deutschlands getheilt...«
Auch damals hat Treitschke sich in der Öffentlichkeit unschuldiger gegeben, als er war. Während er in einem Briefe an seinen Mitredakteur Wehrenpfennig, dessen Antisemitismus aktenkundig ist, zugab, daß er im zweiten Teil seiner Abhandlung sanfter werden wolle, heißt es dreiviertel Jahr später im »Offenen Brief an Gustav Schmoller«: »Wenn Sie in dem zweiten Aufsatze eine veränderte Stimmung oder gar einen versteckten Rückzug wahrnehmen wollen, so erwidere ich einfach: nicht meine Stimmung beim Schreiben, sondern Ihre Stimmung beim Lesen der beiden Aufsätze hatte sich verändert.« Treitschke gehört zu den Überzeugungstätern, die um jeden Preis Recht behalten wollen und um keinen Preis etwas zurücknehmen mögen, so sehr die Zeugnisse auch gegen sie sprechen. Über den noblen Mommsen hat er später in gekränkter Unschuld geklagt »Warum muß er sich ohne jeden Grund vordrängen, warum mich öffentlich wie einen Schulbuben mit Verweisen überhäufen? Ich mußte mich doch meiner Haut wehren« (24. November 1880, an Hirzel).
Daß Heinrich von Treitschkes judenfeindliche Schriften in den Zusammenhang des Universitäts-Antisemitismus gehören*, ist unleugbar, aber man darf dabei nicht übersehen, daß sie nicht rassisch, sondern national determiniert waren. Es lag nicht in seiner Absicht, den akademischen Frieden zu stören oder gar Stimmung gegen seine jüdischen Kollegen zu machen. In ihnen sah er tüchtige Gelehrte, die teilnahmen an einer gemeinsamen, deutschen Aufgabe; er verkehrte mit ihnen genauso unbefangen wie mit allen anderen. Von dem, was er schrieb, war nichts direkt gegen sie gewandt. In keinem Falle wollte er Männer wie Moritz Lazarus, Harry Breßlau oder Levin Goldschmidt treffen. Vielmehr meinte er, gerade diese müßten auf seiner Seite stehen, ihm Recht ge-

* Vgl. Arthur Rosenberg, Treitschke und die Juden. Zur Soziologie der deutschen akademischen Reaktion. Die Gesellschaft VII, 2 (1930), Seite 78 ff.

ben. Darin täuschte er sich. Sie setzten sich zur Wehr, nicht für sich, sondern für die deutschen Juden überhaupt, denn nicht sie waren persönlich angegriffen, sondern diese pauschal. Treitschke begriff das nicht und sah in den Zurückweisungen nur wieder einen Beweis dafür, daß die Judenfrage in der Tat vorhanden sei, einen Beweis für die übertriebene Empfindlichkeit der deutschen Juden. Da er ausdrücklich betont hatte, daß die Emanzipation nicht rückgängig gemacht und die verfassungsmäßigen Rechte der Juden nicht wieder eingeschränkt werden könnten, glaubte er sich auf dem Boden des Rechtes und der Verfassung. Offensichtlich war er nicht in der Lage zu beurteilen, worin sich zehn Jahre nach Verkündung des Emanzipationsgesetzes die formulierte Verfassung und die Verfassungswirklichkeit unterschieden und daß das Papier Papier zu bleiben drohte. Es ist dabei kennzeichnend, daß die den Juden gewährte vollkommene Parität in seinen Augen kein einklagbarer Rechtstitel war; es erregte ihn, daß die Juden auf ihrem »Schein« bestanden, ohne ihn sich verdienen zu wollen. Verdienen konnten sie sich ihn seiner Meinung nach durch Teilnahme am nationalen Leben und durch nationale Gesinnung, durch Reichstreue, durch Konservatismus, Eigenschaften, die ein großer Teil der deutschen Juden allerdings in der Folgezeit erwarb. Es ging ihm nicht anders als Bismarck, der in der Kabinettssitzung vom 14. November 1881 erklärte, er sei »nur gegen die fortschrittlichen, nicht gegen die konservativen Juden«. Seine Kollegen nahmen, sofern sie sich ihrer wissenschaftlichen Arbeit widmeten, an dem teil, was er als nationales Leben verstand, aber sie alle mußten sich der Diskriminierungen erinnern, denen sie selbst an einer Institution, in deren Absicht angeblich nur die freie Entfaltung von Wissenschaft und Forschung lag, ausgesetzt waren. Levin Goldschmidt hat einmal bei späterer Gelegenheit davon erzählt*, und aus dem

* Levin Goldschmidt, Zur Reichstagswahl vom 21. Februar und 2. März 1887. Berlin 1887, S. 53 ff.

engeren Fache Treitschkes sind die Fälle von Philipp Jaffé* und Jacob Caro** nur zu bekannt. Es gab 1879 noch viele Bereiche des öffentlichen Lebens, die den Juden verschlossen waren. Sie mußten fürchten, daß auch die Universitäten sich ihnen wieder verschließen würden, wenn selbst Treitschke Forderungen an sie stellte, die sich lediglich an sie, und an sie als Juden, richteten. Sie wünschten, in einem Staat zu leben, der in den Fragen der Religion, der Abstammung und der Herkunft sich neutral verhielt. Nur in einem solchen Staat hätten sie als gleichberechtigte Bürger überhaupt ungestört leben können. Daher polemisierten sie so heftig gegen Treitschkes germanischen und christlichen Staat, in dem sie Fremdlinge bleiben mußten.

Sie sahen zwischen Stöcker und Marr einerseits und Treitschke anderseits keinen Unterschied, es war mit Manuel Joëls Worten für sie einerlei, ob sie »statt im Rothwälsch der Pöbelsprache, in elegantem Professorendeutsch abgethan« wurden. Seligmann Meyer, der Redakteur der »Jüdischen Presse« ereiferte sich: »Haß gegen Juden und Judenthum, Befangensein in Vorurtheilen bleibt daher als einziges Motiv Ihres Vorgehens übrig. Und so haben Sie es denn erreicht, daß in der Aera der Judenhetze des Jahres 1879 neben dem Namen eines Exjournalisten und ehemaligen Sclavenhandels-Verfechters, eines Hetzcaplans und Schneidergesellen auch der Name Heinrich von Treitschke für alle Zeiten genannt wird.«

Nicht anders äußerte sich Harry Breßlau, und bei Mommsen heißt es: »Was *er* sagte, war damit anständig gemacht. Daher die Bombenwirkung jener Artikel, die wir alle mit Augen gesehen haben.«

Treitschke hatte den Ton angegeben. Viele seiner Gegner stimmten sich auf ihn ein. Er hatte den Juden vorgeworfen,

* Alfred Dove, Ausgewählte Schriftchen vornehmlich historischen Inhalts. Leipzig 1898, S. 353 ff.

** Jacob Caro, Vorträge und Essays, Gotha 1906, S. 6 ff.

keine Deutschen zu sein, und nun warfen sie ihm vor, daß es mit seinem Deutschtum und seiner Gesinnung für den Staat, in dem er geboren sei, Sachsen nämlich, auch nicht weit her sein könne. Sie lebten seit 2000 Jahren in Deutschland, aber wie sei das mit Treitschkes Vorfahren? »Auf deutscher Erde, schreibt der Rabbiner Glück, stand unsere und unserer Väter Wiege, deutsch ist unsere Sprache, deutsch sind unsere Sitten, dem deutschen Vaterlande weihen wir unser Herzblut«, und Hermann Cohen, in dessen Broschüre alle rechtlichen, sozialen und politischen Probleme im abstrakten Ideenhimmel des Neukantianismus aufgelöst werden: »Wir lieben alle unser Vaterland, weil es unser Mutterboden ist, weil wir unsre Heimath lieben, ... weil im Vaterland unsre Muttersprache, die deutsche Zunge klingt: erster Laut, den ich gelallet, süßes, erstes Mutterwort!« Und nun wieder Glück: »Wie wollen Sie mit Sicherheit darthun, daß Ihre Urahnen von wirklich germanischem Geblüt ... seien«, oder heftiger Manuel Joël: »Kann denn Herr von Treitschke angeben, wo seine Väter vor 1800 Jahren waren? Wollen Sie, Herr Professor, einen körperlichen Eid leisten, daß Sie ein wirklicher Nachkomme der Germanen sind, die einst in den deutschen Eichenwäldern gelebt?«*

Die Ereignisse von 1870/71 waren auch an den deutschen Juden nicht spurlos vorübergegangen. Sie reagierten darauf in ihrer Mehrheit nicht anders als die Mehrheit der deutschen Christen; darin mindestens waren sie tatsächlich assimiliert. Wenn Heinrich Graetz vom »Heldenvolk«, seinen »Heroen« und seinen »glorreichen Siegen« spricht, dann klingt

* Noch einen, törichten, Schritt weiter ging Isidor Singer, der in einer wirren Broschüre die Vermutung äußerte, daß auch Treitschke in Wahheit jüdischer Abstammung sei. (Sollen die Juden Christen werden?, Wien 1884², Seite 87.) Singer hat dem politischen Antisemitismus wiederholt seine publizistische Aufmerksamkeit geschenkt und dabei Bismarck so wenig geschont wie Treitschke, den er bald den ›geistigen Vater des deutschen Antisemitismus‹ nennt (a. a. O., Seite 66), bald den ›antisemitischen Papst‹ (Berlin, Wien und der Antisemitismus, Wien 1882, Seite 16).

das wie ein Zitat aus Heinrich von Treitschke, und Hermann Cohen geht in der Staatsvergottung eher noch weiter als dieser, wenn er sagt »seinem Staate dienen zu können, muß als heilig gelten, wie Gottesdienst«.

Daß der aufflackernde Antisemitismus der siebziger Jahre eine Frucht mißgeleiteten Nationalgefühls war und in unmittelbarem Zusammenhang mit der Reichsgründung stand, ist schon damals deutlich erkannt worden, und zwar von vielen Seiten. Paulus Cassel, der sah, daß die Freiheit in Deutschland jedem immer nur passe, solange sie ihm selber passe, sprach von einem Überschwang nationaler Reizung, Mommsen von dem selbstmörderischen Treiben des Nationalgefühls und wandte sich dagegen, daß die germanische Ahnenprobe den Deutschen machen solle; wie er fragte, ob denn die Tugenden den Deutschen machten, so stellte Ludwig Bamberger die Formel auf »Je mehr Haß, desto mehr Tugend«. »Gerade der Cultus der Nationalität trägt diese Versuchung mehr als jeder andere in sich und artet leicht dahin aus, den Haß gegen andere Nationen zum Kennzeichen echter Gesinnung zu machen« heißt es bei ihm. Dieser Kult germanischer Tugendhaftigkeit geht bis in die Zeit der Romantik und Vorromantik zurück und wurde nach 1870/71 aus tiefenpsychologisch einsichtigen Motiven ungemessen wiederbelebt. Den Juden fiel dabei die Rolle des »Gegenbildes« zu*. »Wozu, sagte schon Joël, ist denn das Judenthum da, wenn nicht, um als Folie zu dienen?« Es wäre allerdings falsch, anzunehmen, daß die Fronten in dieser Frage sich klar geschieden hätten. Auch unter den Gegnern des Antisemitismus waren viele, die die These vom germanischen Deutschen teilweise akzeptierten.

Sie waren, wie nur natürlich ist, auch untereinander nicht einig. Abgesehen davon, daß sie fast alle einige von Treitsch-

* Iring Fetscher, Zur Entstehung des politischen Antisemitismus in Deutschland. In: Antisemitismus. Frankfurt 1965, S. 9ff. - Zum Begriff des »Gegenbildes« vgl. Eric Voegelin, Rasse und Staat. Tübingen 1933.

kes Anti-Gefühlen teilten und das Neuheidentum oder den Materialismus, den Sozialismus oder das Reformjudentum verurteilten, neigten sie dazu, sich von Heinrich Graetz zu distanzieren. Kaum ist Graetzens wissenschaftliche Leistung die Ursache davon gewesen, eher seine Kritik an deutschen Zuständen, die nicht nur von Treitschke als Kritik am deutschen Geiste mißverstanden wurde, mit dem sich zu identifizieren er und die deutschen Juden gleichermaßen bereit waren. Ob allerdings Ludwig Bamberger einen Grund hatte, von Stellen zu sprechen, »als hätte sie ein Stöcker der Synagoge geschrieben«, mag fraglich bleiben, so unduldsam Graetz auch scheinen mochte. Graetz war der einzige, den Treitschke namentlich angegriffen hatte. Seiner »Geschichte der Juden« warf er fanatische Wut gegen das Christentum und »Todhaß grade wider die reinsten und mächtigsten Vertreter germanischen Wesens« vor. Das war sachlich unberechtigt, aber wie kam Treitschke gerade auf Graetz? Er hatte in den Sommerferien 1879, mit den Vorarbeiten zum zweiten Bande seiner »Deutschen Geschichte« beschäftigt, Graetzens elften Band gelesen und »kaum Worte gefunden, um seinen Ekel auszusprechen«. Allzu befangen in den eigenen Plänen hatte er nicht sehen können, daß Graetz im Gegensatz zu ihm keine Deutsche Geschichte, sondern eine Geschichte der Juden geschrieben hatte und daß alles, was er sagte, die Stellung der Juden in Deutschland und das Verhältnis der Deutschen zu ihnen illustrieren sollte. Da freilich mußte Graetz nur allzu oft zum Ankläger werden, und es ließ sich nicht vermeiden, daß er auch Klage gegen Luther oder Goethe oder Fichte führte. Ihn interessierte weniger Luthers oder Goethes oder Fichtes »Größe« als vielmehr, was sie über die Juden geschrieben hatten. Daran übte er Kritik. Er hatte etwas zu verteidigen, was angegriffen war. Das tat er eifervoll, nicht anders als Treitschke auch und gar nicht so verschieden von ihm. Wer die zahllosen Passagen in Treitschkes »Deutscher Geschichte« über die Juden mit Passagen aus Graetzens

»Geschichte der Juden« über Deutsche vergleicht, wird manche Übereinstimmung im Tone finden, wenngleich Treitschke zu noch gröberen Verzerrungen neigt. Er tat Graetz Unrecht, hat ihm im Verlaufe des Streites ununterbrochen Unrecht getan. Ein paar Seiten aus dem elften Band waren keine rechte Grundlage, Graetz zu beurteilen. Sieht man sich die Zitate, die Treitschke in seinem zweiten Artikel bemängelt, genauer an, so erkennt man fast allemal, daß Treitschke offensichtlich etwas hat mißverstehen wollen, so wie er auch absichtsvoll die bekannten Schlußsätze des elften Bandes mißverstand. Er beraubte, was er zitierte, seines Zusammenhanges, so daß seine Leser nicht mehr sehen konnten, wogegen sich Graetzens Eifer in Wirklichkeit richtete. Er empört sich, daß Graetz von getauften Juden sagte: »sie verlassen die Quelle lebendigen Wassers, um sich Labung aus übertünchten Gruben zu holen« und hält das für eine Schmährede. Kannte er die Bibel, aus der Graetz zitierte, so schlecht? Hatte ihm Graetz nicht mit seinem Zusatz »wie in der alten biblischen Zeit« einen Hinweis auf das Gemeinte gegeben? Er war verblendet und machte Graetz zu seinem Prügelknaben, zum Beispiel eines Juden, der für keinen Deutschen gelten könne, eines Orientalen, »der unser Volk weder versteht noch verstehen will«. Kein bedeutender Mann ist Graetz zu Hilfe gekommen; sein eigener Schüler Hermann Cohen distanzierte sich von ihm, Ludwig Philippson verglich ihn als »Parteigänger und Romantiker« mit Treitschke selbst*, und Mommsen sprach von seiner »talmudistischen Geschichtschreiberei«. Graetz suchte Jacob Bernays dafür zu gewinnen, Mommsen zu antworten, aber dazu kam es nicht**.

Wie berechtigt die Proteste gegen Treitschkes gemäßigt klingende antisemitische Parolen waren, zeigte sich, als es nicht mehr darum ging, mit Treitschke darüber zu handeln, was

* Allgemeine Zeitung des Judenthums, 1880, S. 21

** Reuwen Michael, Graetz contra Treitschke. Bulletin des Leo Baeck Instituts IV (1961), S. 301 ff.

den Deutschen ausmache und was nicht, welchen Wert man Rasse, Staat oder Nation geben wollte, ob Presse und Börse verjudet seien oder nicht, ob den Juden die Bürgerrechte geschenkt seien und sie sie sich verdienen müßten oder nicht, ob es eine deutsche Religion gebe oder das Judentum genauso deutsch sei wie das Christentum oder nicht, ob eine Mischkultur segensreich sei oder nicht, das zeigte sich, als professionelle Antisemiten Treitschkes Partei ergriffen. Was vorauszusehen war, geschah: sie beriefen sich auf Treitschke, sie forderten, auf ihn, Stöcker, Glagau und Marr sich gründend, was er zu fordern abgelehnt hatte.
Treitschke hatte bei den Juden nur Talente dritten Ranges gefunden, aber er tadelte ihr Drängen nach Bildung und fürchtete für die gutmütigen Deutschen ihrer Sorglosigkeit und Schwerfälligkeit wegen. Was ihm Gefährdung scheint, wird bei Endner zu Gefahr. Darin folgte er Marr. Treitschke glaubte an die Assimilierbarkeit der Juden, obwohl er sie einschränkte, Endner hielt sie alle für unassimilierbar. Er verlangte wie Stöcker, sie sollten endlich körperlich arbeiten, und wie dieser forderte er, sie sollten ihre Feiertage und ihre Speiseregeln aufgeben und von der Beschneidung lassen. Verständigung war da nicht mehr möglich.
Auch bei Naudh nicht. Der sah im Judentum die Religion des Manchestertums, der Christus den transzendentalen Kommunismus entgegengesetzt habe, sah im Christentum den Ausdruck arischen Gewissens und nannte die Juden »Parasiten«*. Sie seien den Deutschen allerdings ihrer Reinblütigkeit wegen unendlich überlegen. Diese Gedanken haben weitergewirkt; sie sind schon hier mit Sozial- und Sexualneid verknüpft und mit Antiliberalismus und einem fatalen Pseudo-Sozialismus verschwistert. Selbst die antikapitalistische Sehnsucht der Nationalsozialisten findet sich bei ihm. Mehr als das, er verlangt, daß den Juden das aktive und passive Wahlrecht entzogen würde, daß sie von Staats-

* Vgl. Alexander Bein, »Der jüdische Parasit«. Vierteljahrshefte für Zeitgeschichte XIII (1965), S. 121 ff.

und Kommunalämtern auszuschließen und gleichmäßig auf Deutschland zu verteilen seien – und zwar nicht nur sie, sondern auch ihre Mischlinge bis zur dritten Generation.
Treitschke hielt es für unter seiner Würde, darauf zu reagieren. Als wäre er ganz und gar unschuldig daran gewesen. Aber es kam schlimmer. In ganz Deutschland wurden Unterschriften für eine von dem Leipziger Professor Friedrich Zöllner und Nietzsches Schwager Bernhard Förster ausgehende Antisemiten-Petition gesammelt, in der gefordert wurde, was auch Stöcker und Naudh gefordert hatten: Einschränkung oder Verhinderung der jüdischen Einwanderung, Ausschließung der Juden von allen obrigkeitlichen Stellungen, und manches mehr. Mit dieser Petition wurde Treitschke bald in Verbindung gebracht, durch eigene und durch Schuld eines Leipziger Studenten.* Mommsen hat ihm die Erklärung, daß er sich damit nicht identifiziere, förmlich abringen müssen. Immerhin stellte sich bei dieser Gelegenheit heraus, daß Treitschke dem Studenten zwar nicht zugeraten, aber auch keineswegs abgeraten hatte. Kein Ruhmesblatt für ihn. Der Antisemitismus, dessen politische Implikationen noch zur Sprache kommen sollen, war damit vor das Forum der Politik selbst gebracht.
Die Fortschrittler brachten den Inhalt der Petition in einer Interpellation vor das Preußische Abgeordnetenhaus, in dem zwei Tage darüber gestritten wurde. Uns interessiert hier nur ein Satz, den der Abgeordnete Eugen Richter als Führer der Fortschrittspartei gegen den Abgeordneten Adolf Stöcker richtete und in dem er sagte: »das ist gerade das besonders Perfide an der ganzen Bewegung, daß während die Socialisten sich bloß kehren gegen die wirthschaftlich Besitzenden, hier der Racenhaß genährt wird, also etwas, was der einzelne nicht ändern kann und was nur damit beendigt werden kann, daß er entweder todtgeschlagen oder über die

* Vgl. zur Rolle der Studentenschaft [Ludwig Quidde], Die Antisemitenagitation und die deutsche Studentenschaft. Göttingen 1881.

Grenze geschafft wird.*« Diese Konsequenzen hat man 1880 schon gekannt; was nach 1933 geschah, war nicht überraschend, nicht der plötzliche Ausbruch eines unerwartbaren Fiebers. Aber 1880 ist im Parlament und an den Universitäten dagegen gekämpft worden, konnte dagegen gekämpft werden, weil beide Institutionen noch intakt waren, weil sich weder Bismarck noch die Obrigkeitsideologie bis dahin völlig hatten durchsetzen können.

Im Preußischen Abgeordnetenhause kämpften die Abgeordneten der Fortschrittspartei fast allein gegen Zentrum und Konservative. Die Sozialisten hatte Bismarck sich schon vom Halse geschafft; auch gegen Treitschke haben sie ihre Stimme nicht erhoben. Sie sind stumm geblieben und haben den Linksliberalen das Feld überlassen, die die Sache der Juden zu der ihren gemacht hatten. Was sich da als Judenhetze gab, war in ihren Augen, auch bei Treitschke, Anti-Liberalismus. Die beiden Abgeordneten unter Treitschkes Gegnern stimmten darin vollkommen überein. Oppenheim sah in der Judenfrage nur ein Prätext, Bamberger verbarg nicht, daß der Aufsatz, an dessen Schluß die Judenfrage behandelt werde, seine Spitze gegen den Liberalismus richte und daß »der Angriff gegen die Juden nur eine Diversion im heutigen großen Feldzuge gegen den Liberalismus« sei. Mommsen ist auf diese Zusammenhänge nicht eingegangen, weil er als Professor sprechen wollte, nicht als Politiker. Seinen Liberalismus verraten hat er darum nicht.

Wie eng bei Treitschke Anti-Liberalismus und Antisemitismus zusammengehören, kann man seinem Werk und seinen Briefen ablesen. Obwohl er mit dem Kanzler einen infamen Haß auf den Abgeordneten Lasker, den Laskerleben zu nennen er sich nicht scheut, teilte, sind seine Absichten 1879 kaum unmittelbar politische gewesen, aber der Augenblick, den er für seine Artikel wählte, war ein politischer. Er verstrickte sich in diesem Falle vielleicht unwillent-

* Die Judenfrage im preußischen Abgeordnetenhause. Breslau 1880, S. 106

lich in die Innenpolitik und diente auch damit Bismarcks Zielen.
Treitschke hatte von »wenigen Monaten« gesprochen, seit denen das Volk sich auf sich selbst besönne und der Christenhetze der Juden Einhalt gebiete. Er konnte damit nur auf Stöcker anspielen, aber Breßlau wies ihn darauf hin, daß der Antisemitismus bereits seit 1875 in Blüte stand. Der Gründerkrach von 1873 hatte der krassesten Prosperität ein Ende bereitet, Tausende hatten ihr Geld verloren. Sie suchten nach Schuldigen und fanden sie schnell in den Juden. Otto Glagau machte in der »Gartenlaube« den Anfang. Für ihn war die soziale Frage die Gründerfrage und die Judenfrage, alles andere schien ihm Schwindel. Es folgte die agrarische »Deutsche Landeszeitung«, die »Kreuzzeitung« mit ihren »Ära-Artikeln«, die zwar Stimmung gegen die Juden machen, in Wirklichkeit aber Bismarck treffen wollte*. Seine Politik sei Judenpolitik, der »regierende Bankier« Bleichröder sei Jude, die Führer der Nationalliberalen Partei, auf die Bismarck sich stützte, Lasker und Bamberger, seien ebenfalls Juden. Die »Deutsche Eisenbahnzeitung« und die katholische »Germania« folgten ebenfalls. Zentrum und Konservative, Kleinbürger und Großagrarier waren einander näher gekommen; es war an Bismarck, sie sich nutzbar zu machen.
Zögernd geht er in ihr Lager über. Die Liberalen hatten sich seinen Zollreformplänen widersetzt und seine verfassungsfeindlichen Ausnahmegesetze gegen die Sozialisten verhindert. Der Streit um die Militärvorlage kam hinzu. Eine allgemeine Wirtschaftskrise legte Bismarck nahe, mit den Freihändlern zu brechen und durch Schutzzölle die einheimische Industrie und Landwirtschaft zu fördern. Dazu frei-

* Vgl. dazu Kurt Wawrzinek, Die Entstehung der deutschen Antisemitenparteien (1873—1890). Berlin 1927 und Paul W. Massing, Vorgeschichte des politischen Antisemitismus. Frankfurt 1959. Auf die wirtschaftlichen Grundlagen des Antisemitismus in allen seinen Spielarten geht Hans Rosenberg, Große Depression und Bismarckzeit, Berlin 1967, besonders Seite 88 ff., ein.

lich mußte er sich der Liberalen entledigen, was ihm auf dem Wege über den Antisemitismus gelang. Es scheint, daß er einen Teil der in jenen Jahren aus dem Boden sprießenden antisemitischen Blätter aus dem Welfenfonds unterstützt hat. Er war weder pro- noch antisemitisch, sondern auch in dieser Frage nichts als amoralisch. Wenn die Fortschrittler als Judenpartei diffamiert werden konnten, warum sollte ihn das stören? Wenn den jüdischen Liberalen der Kulturkampf in die Schuhe geschoben werden konnte, als er nicht mehr zu gewinnen war, warum nicht? Sein »Preßlakai« Moritz Busch*, ein notorischer Antisemit, besorgte ihm diese Arbeit, und als ihm schließlich noch das Nobilingsche Attentat zu Hilfe kam, war sein Spiel gewonnen. Das Parlament wurde aufgelöst, die Liberalen unterlagen, die Sozialisten wurden ausgeschaltet, der Pakt zwischen Großgrundbesitz und Großindustrie kam zustande. Der Antisemitismus konnte blühen. Er blühte. Auch Treitschke machte ihn blühen, zum Entsetzen aller aufgeklärten und fortschrittlichen Deutschen.

Die Frage, ob Treitschke überhaupt ein Antisemit war, ist in der letzten Zeit wiederholt gestellt und unterschiedlich beantwortet worden. Sigurd Pfeil** hat sie mit oberflächlichen Kenntnissen und mangelhafter Logik verneint, aber auch Hans Liebeschütz*** ist vor einer klaren Entscheidung

* Er erwähnt Bismarcks Freude über Treitschkes ›geistreiche Judenartikel‹ in seinen ›Tagebuchblättern‹ Bd. 2 (1899), Seite 579.

** Heinrich von Treitschke und das Judentum. Die Welt als Geschichte XXI (1961), S. 49 ff.

*** Treitschke and Mommsen on Jewry and Judaism. Leo Baeck Institute, Year Book VII (1962), S. 153 ff. Eine ausführliche Analyse von Treitschkes Antisemitismus enthält dagegen Hans Liebeschütz, Das Judentum im deutschen Geschichtsbild von Hegel bis Max Weber, Tübingen 1967, S. 157 ff. — Was unter Hitler aus dem Antisemitismus geworden ist, scheint gerade in der Bundesrepublik forschenden Historikern den Blick dafür zu trüben, was Antisemitismus ohne seine letzte Konsequenz gewesen ist. Das Hangen an überlieferter Lehre und eine gewisse Scheu vor Ideologiekritik mögen dabei eine Rolle spielen. Andreas Dorpalen (Heinrich von Treitschke. New Haven und London 1957, Seite 241 ff.) läßt keinen Zweifel daran aufkommen, daß er Treitschke für einen militanten Antisemiten zurückgeschreckt. Wir haben gesehen, daß Treitschkes Schriften zur Judenfrage aus dem größeren Zusammenhange des deutschen Antisemitismus seit 1875 und der »Berliner Bewegung« nicht gelöst werden können und warum der Moment, den er für sie gewählt hat, für ihn und die betroffenen Juden so unglücklich war. Aber warum hat er gerade ihn und gerade er ihn gewählt? Seit den antisemitischen Äußerungen der Schrift über das konstitutionelle Königtum waren acht Jahre verstrichen, ohne daß Treitschke sich geregt hatte. Er hätte viele Gelegenheiten finden können, aber er nutzte keine. Stöcker allein hätte das nicht vermocht. Ist also 1879 irgend etwas geschehen, was den Impuls auslöste? Vielleicht. Wir müssen uns dazu erinnern, daß die schärfsten Angriffe in Treitschkes erstem Artikel Graetz und der jüdischen Presse gelten. Auf Graetz war er bei den Vorarbeiten zum zweiten Bande seiner »Deutschen Geschichte« gestoßen, auf die jüdische Presse beim Studium der Rezensionen des ersten Bandes, der Anfang 1879 erschienen war.

Auf keines seiner Werke ist er so stolz gewesen wie auf dieses, bei keinem anderen hat er so gereizt auf jede Kritik reagiert wie bei diesem. Mit ihm hatte er als Historiker Bismarcks Reichsgründung aus dem Reiche des Zufalls in das Reich der Notwendigkeit erhoben. Damit haben sich seine Kritiker nicht abgefunden. Der erste Band ist noch

hält, aber Martin Broszat (Die antisemitische Bewegung im wilhelminischen Deutschland. Diss. Köln 1952, Seite 42) findet bei ihm nur ein »Minimum an Antisemitismus«, und Walter Bußmann, der in seiner Treitschke-Monographie (a. a. O.) auf dieses Problem überhaupt nicht eingegangen war, sagt bei anderer Gelegenheit (Die großen Deutschen, Band V. Berlin 1957, Seite 377): »Das in der publizistischen Erregung gefallene Wort ›Die Juden sind unser Unglück‹ wirft einen dunklen Schatten auf sein Bild und läßt ihn einem Antisemitismus zugehörig erscheinen, mit dem er seinen Motiven nach nichts zu tun hat, aber mit dem er durch seine Schuld identifiziert werden konnte.« Ganz für den Antisemitismus hat Ernst Leipprand aus Sympathiegründen Treitschke ›gerettet‹. (Heinrich von Treitschke im deutschen Geistesleben des 19. Jahrhunderts, Stuttgart 1935, Seite 178 ff. — Eine extrem heftige Kritik an der westdeutschen Treitschke-Forschung findet man in einer äußerst kenntnisreichen, wenn auch oft dogmatischen Schrift von Hans Schleier (Sybel und Treitschke. Berlin 1965).

nicht lange erschienen, da mehren sich in seinen Briefen die Ausfälle gegen die »Judenpresse« und gegen »semitische Schamlosigkeit«. Nur in der Presse herrsche »orientalische Unzucht«, alle schöpferischen Köpfe seien auch heute noch Germanen. Auf viele Besprechungen reagierte er fast neurotisch, am härtesten traf ihn jedoch die Kritik in der »Neuen Freien Presse«. Er tat sie ab als die »Kothspritzerei des Wiener Juden Richter & Co«. Die Presse hatte ihn verkannt, die Presse war jüdisch. In den Semesterferien reiste er, wie gesagt, nach Italien. Gleich nach seiner Rückkehr schrieb er »Unsere Aussichten«.

Einen ersten bedeutungsvollen Hinweis auf Treitschkes Stellung zu den Juden finden wir in seiner Habilitationsschrift von 1858. Dort heißt es »auch die Juden ... kann die Politik da nicht mit Stillschweigen übergehen, wo sie mächtig sind«. Das könnte ein Schlüsselwort sein. Alle seine späteren Äußerungen hängen an irgendeiner Stelle mit dem Problem jüdischer Macht zusammen, soweit sie nicht lediglich affektiver Natur sind. Er schreibt 1871 an seine Frau, mit Bezug auf die Schrift über das konstitutionelle Königtum: »Der Groll über die colossale Macht der Juden nimmt hier in allen Ständen so furchtbar zu, daß ich fast fürchte, es werde in 10, 20 Jahren einmal zu einem Rückschlage, einer Pöbelbewegung gegen die Juden kommen.« In dem Aufsatz gegen den Sozialismus und seine Gönner (1874) findet sich ein Passus über einen Teil der Presse, in dem »die feile Habgier dieser Kreise, der Shylockscharakter der schlechteren Elemente unseres Judenthums oft in häßlicher Gemeinheit« auftrete. Nach 1878 mehren sich die Klagen über die Judenpresse, die Juden im Parlament, den »Einbruch des Judenthums in das deutsche Leben«. Die »Deutsche Geschichte« enthält in jedem ihrer Bände Ausfälle von so schroffer Tonart und Unwahrhaftigkeit gegen die Juden, daß Alexander Bein mit Recht sagen konnte, sie habe mehr zur Verbreitung des Antisemitismus beigetragen als die radikal-antisemitische Literatur selbst*. Auch seine Vorlesungen über »Politik« sind nicht frei davon geblieben. Auf Mommsen, den er nicht verstehen wollte, anspielend, sagte er: »Immer waren die Juden ›ein Element der nationalen Dekomposition‹, auf ehrlich Deutsch: der nationalen Zersetzung.« Für ihren Kosmopolitismus sei kein Raum mehr, worüber man offen reden müsse, unbekümmert darum, daß die jüdische Presse beschmutze, was lautere historische Wahrheit sei. Auch dort blieb er formal auf dem Boden der Verfassung und erwähnte, was für edle Juden er selbst gekannt habe. Das schafft seine maßlosen Ausfälle nicht aus der Welt, so wenig wie ein freundlicher Satz über Heines »schlichtweg deutsch empfundene Gedichte«.

Theodor Mommsen hat das klar erkannt und Treitschke entgegengehalten, er predige den Bürgerkrieg einer Majorität gegen eine Minorität. Für ihn bestand kein Bruch zwischen beschworener Verfassung und Lebenswirklichkeit. Seine Gefühle den Juden gegenüber sind so neutral wie nur möglich, er behandelt sie nicht anders als jeden der deutschen Stämme, denen er sie in ihrer Bedeutung zuordnet. Er behandelt sie vor allem als Deutsche, so gut wie Treitschke und er einer seien. Nicht Lazarus und Breßlau, nicht Bamberger und Oppenheim, nicht die sechs Rabbiner oder Graetz haben den Ausgang des Antisemitismusstreites bestimmt, sondern eben Mommsen. Er und Treitschke, beide saßen damals auf den Bänken der Nationalliberalen, aber Mommsen kehrte zur Fortschritts-Partei zurück, während Treitschke sich dem rechten Flügel der Nationalliberalen gesellte. Für ihn war es von Beginn an nur darum gegangen, »welche Partei bereit ist, den deutschen Staat sans phrase zu gründen«, für Mommsen nicht nur darum, sondern auch um eine liberale Demokratie. Für Treitschke blieb Bismarck der Reichsgründer, für Mommsen hatte er »der Nation das

* Der moderne Antisemitismus und seine Bedeutung für die Judenfrage. Vierteljahrshefte für Zeitgeschichte VI (1958), S. 340 ff.

Rückgrat gebrochen«. Treitschke bejahte je länger je lieber Bismarcks Tathandlungen, Mommsen schauderte je länger je mehr vor ihnen. Mit ihren politischen Vorstellungen hing auch ihre Beurteilung der »Judenfrage« zusammen. In Mommsens Meinung war der Antisemitismus im vulgärsten Sinne ein Massenwahn, und daß Treitschke sich zu dessen »rechtem Propheten« machte, empörte ihn. Er sah in Treitschkes »Judenartikeln« einen Bruch des internationalen und des nationalen Friedens, wie er denn überhaupt, im Gegensatz zu Treitschke, unter der als Folge des Krieges von 1870/71 eintretenden Störung der allgemeinen Kommunikation litt. Treitschke fürchtete nur einen neuen Krieg, Mommsen sah das schwer Erreichte durch inneren Unfrieden gefährdet. Während Treitschke gouvernemental dachte und die Subalternität des politischen Stils prägen half, wurde Mommsen die Verspießerung des politischen Denkens zur Qual*. Von 1879 an etwa änderte sich die Atmosphäre an den preußischen Universitäten. Die Professoren waren in Deutschland Staatsbeamte, und sie wurden wie alle Beamten von Bismarck einer Art heimlicher »Gleichschaltung« unterworfen**. In diese Entwicklung fügte sich Treitschkes antisemitische Agitation. Auch das mag zu den Gründen für Mommsens scharfe Zurückweisung seines Kollegen und Freundes gehört haben. Als die Stimmenzahl der Antisemiten in der Wahl von 1893 sich von 48 000 auf eine Viertelmillion erhöhte, hat Mommsen noch einmal das Wort ergriffen und Hermann Ahlwardt nicht schonsamer behandelt als dreizehn Jahre zuvor Heinrich von Treitschke***. Wenig später soll er auf die Nachricht hin, daß Meinecke Treitschke bewogen hatte, nach Sybels Tode die Historische Zeitschrift zu übernehmen, gesagt haben: »Nun schreibe ich keine Zeile mehr für die Historische Zeitschrift.«† Er widersetzte sich vergeblich Treitschkes

* Alfred Heuss, Theodor Mommsen und das 19. Jahrhundert. Kiel 1956, S. 203.

** Vgl. dazu: Erich Eyck, Bismarck. 3. Band, Erlenbach-Zürich 1944, S. 278 ff.

*** Hermann Bahr, Der Antisemitismus. Berlin 1894, S. 28 ff.

† Friedrich Meinecke, Erlebtes 1862-1919. Stuttgart 1964, Seite 132.

Wahl in die Akademie: »neben dem kann ich nicht bleiben« schrieb er an seine Frau (15. Mai 1895)*

Die Auseinandersetzung zwischen Mommsen und Treitschke verschärfte sich von Schritt zu Schritt; sie wurde persönlicher und eindeutiger, woran die Tatsache, daß Treitschke »von dem, was er gesagt hat, kein Wort zurücknimmt«, ihren Anteil gehabt haben mag. Er flüchtete sich von Ausrede zu Ausrede, so daß Mommsen schließlich »den Professor in die Tasche steckte«. Auch das half nichts, Treitschke blieb unbelehrbar durch Fakten und Argumente. Man hat diese seine Neigung, ich weiß nicht, mit wieviel Recht, auf seine Schwerhörigkeit zurückführen wollen; jedenfalls behauptete sein ehemaliger Gegner Gustav Schmoller, daß er seines Leidens wegen »nicht mehr in Rede und Gegenrede seine Urteile habe abschleifen und modifizieren können«**. Die Schwerhörigkeit wird die Ursache seiner Obstinatheit nicht gewesen sein, aber sie mag diese befördert haben. Wie auch immer, die Entwicklung folgte Treitschke, aber sie gab Mommsen Recht. Es waren in diesen Männern die beiden an der Berliner Universität denkbaren Extreme aneinandergeraten: ein verstockter Konservativer und ein unbestechlicher Liberaler, ein Empfinder und ein Denker, ein verschwommener Phrasendrescher und ein glänzender Stilist, ein Moralredner und ein Moralist. Der Liberale, der Denker, der Stilist, der Moralist hat für den Augenblick den Sieg davongetragen, aber nur für den Augenblick.

* Albert Wucher, Theodor Mommsen. Göttingen 1956, Seite 195.

** Gustav Schmoller, Charakterbilder. München 1913, S. 202, und Walter Bußmann, a.a.O. S. 3 ff. — Daß weniger Treitschkes Schwerhörigkeit als vielmehr seine feste Überzeugung, die Volksseele voll und ganz zu verstehen, Ursache seiner Halsstarrigkeit gewesen sei, meint Andreas Dorpalen, a.a.O. S. 78.

Nachbemerkung

Ich habe der Stadt- und Universitätsbibliothek in Frankfurt, der Deutschen Bücherei in Leipzig und der Biblioteka Universytecka in Wroclaw für ihre über das Maß des Üblichen hinausgehende Hilfe zu danken. Ohne ihre Großzügigkeit und Bereitwilligkeit wäre es mir nicht möglich gewesen, die Unterlagen für diesen Band zu sammeln.

Nachtrag zu Seite 13:

Das Wort »Stump-Redner« ist nicht immer verstanden worden. Es ist offensichtlich nicht von dt. »Stümper«, sondern von engl. *»stump«*, im Sinne von »Rednertribüne« abgeleitet. Der »Stumpredner« wäre dann ein »Propagandaredner«.

Nachtrag zu Seite 248:

Auch Droysen hat Treitschke — auf dessen Anfrage hin — mitgeteilt, daß sich die »Erklärung« vom 12. Nov. 1880 gegen ihn richte und daß er, was die »Judenfrage« angehe, Treitschkes Richtung entgegen sei. Vgl. Johann Gustav Droysen, Briefwechsel. Berlin und Leipzig 1929. Zweiter Band, Seite 937 f.

Hinweis

Aus der neueren Literatur sind zu erwähnen:
- der Artikel ›Antisemitismus‹ in ›Geschichtliche Grundbegriffe‹ Bd. 1, Stuttgart 1972
- Alex Bein, Die Judenfrage. Biographie eines Weltproblems. 2 Bde, Stuttgart 1980
- Reinhard Rürup, Emanzipation und Antisemitismus, Göttingen 1975
- Hermann Greive, Geschichte des modernen Antisemitismus in Deutschland, Darmstadt 1983
- Detlev Claussen, Vom Judenhaß zum Antisemitismus, Darmstadt 1987

Heinrich von Treitschke, Unsere Aussichten. Preußische Jahrbücher, Nov. 1879

M(anuel) Joël, Offener Brief an Herrn Professor Heinrich von Treitschke, Breslau 1879[4]

Heinrich Graetz, Erwiderung an Herrn von Treitschke. Schlesische Presse, 7. Dez. 1879

Heinrich von Treitschke, Herr Graetz und sein Judenthum. Preußische Jahrbücher, Dez. 1879

Heinrich Graetz, Mein letztes Wort an Professor von Treitschke. Schlesische Presse, 28. Dez. 1879

Harry Breßlau, Zur Judenfrage. Sendschreiben an Herrn Prof. Dr. Heinrich von Treitschke. Berlin 1880[2]

Heinrich von Treitschke. Noch einige Bemerkungen zur Judenfrage. Preußische Jahrbücher, Jan. 1880

Wilhelm Endner, Zur Judenfrage. Offene Antwort auf das offene Sendschreiben des Herrn Dr. Harry Breßlau an Herrn von Treitschke. Berlin 1880

Hermann Cohen, Ein Bekenntniß in der Judenfrage. Berlin 1880

Ludwig Bamberger, Deutschthum und Judenthum. Leipzig 1880

H. Naudh (= H. G. Nordmann), Professoren über Israel. von Treitschke und Bresslau. Berlin 1880

Heinrich von Treitschke, Zuschrift an die Post. Deutsche Kämpfe. Neue Folge. Leipzig 1896, S. 116 ff.

Heinrich von Treitschke, Antwort auf eine studentische Huldigung. Ebda S. 119 ff.

Theodor Mommsen, Brief an den Redakteur der Nationalzeitung. Ebda S. 123 f.

Heinrich von Treitschke, Eine Erwiderung. Ebda S. 123 ff.

Theodor Mommsen, Auch ein Wort über unser Judenthum. Berlin 1880[4]

Heinrich von Treitschke, Zur inneren Lage am Jahresschlusse. Preußische Jahrbücher, Dez. 1880

Heinrich von Treitschke. Erwiderung an Herrn Th. Mommsen. Ebda

Heinrich von Treitschke, Die jüdische Einwanderung in Deutschland. Ebda, Jan. 1881

Nicht in den Band aufgenommene Schriften

J(echeskel) Caro, Den Judenfeinden Treitschke, Marr und Stöcker. Erfurt 1879

Paulus Cassel, Wider Heinrich von Treischke. Für die Juden. Berlin 1880[3]

Karl Fischer, Heinrich v. Treitschke und sein Wort über unser Judenthum. Ein Wort zur Verständigung. M. Gladbach und Leipzig 1880

S. Freund, Wir alle sind die Kinder eines Vaters. Görlitz 1879

J. Glück, Ein Wort an den Herrn Professor Heinrich von Treitschke. Oldenburg 1880

M(oritz) Lazarus, Was heißt national? Ein Vortrag. Berlin 1880

S(eligmann) Meyer, Ein Wort an Herrn Heinrich von Treitschke. Berlin 1880

S(eligmann) Meyer, Zurückweisung des dritten judenfeindlichen Artikels des Herrn Professor Heinrich von Treitschke. Berlin 1880

Moses Aron Nadir (= Adolf Moses Radin), Offener Brief eines polnischen Juden an den Redacteur Herrn Heinrich v Treitschke. Loebau 1879

H(einrich) B(ernhard) Oppenheim, Stöcker und Treitschke. Die Gegenwart, 3. Jan. und 10. Jan. 1880

Ludwig Philippson, Mommsen: »Auch ein Wort über unser Judenthum«. Allgemeine Zeitung des Judenthums, 28. Dez. 1880